손 없는 날을 받아 이사를 하고 태어난 일시를 맞추어 짝을 찾던 우리네 관습은, 운명이라는 단어 앞에 너무나 나약한 인간에게 안심을 주기 위해서였을지 모릅니다. 그렇다면 한 인간이 아니라 전체 인류로 본다면 우연과 행운에 의지해서만 살아가게 될까요? 이 책은 인간의 욕망과 이성이 모둠 속 삶의 양식을 합의해 나갔음을 설명하고자 합니다. 그리고 그 탐구의 과정을 찬찬히 설명해 줍니다. 지금의 삶의 형태의 연유를 궁금해하는 분들에게, 그리고 미래의 삶의 모습에 대해 궁금해하는 분들에게 일독을 권합니다.

○ 마인드 마이너 송길영
(베스트셀러 『시대예보』 저자)

처음 이한소 작가를 만났을 때 예상보다 훨씬 젊어서 놀랐다. 그럼에도 복잡한 경제 현상을 자신만의 철학으로 다뤄가는 내공은 만만치 않다. 부록의 WCC(세계시민통화)에서 화폐에 복지기능을 부여한다는 발상도 흥미롭고 인상깊다. 시간에 따라 화폐 액면가를 감소시킨다는 접근방식은 질비오 게젤의 자유화폐를 연상시킨다.

○ 질비오게젤연구모임 유종오 회계사
(베스트셀러 『재무제표 무작정 따라하기』 저자)

선택된 윤리

이한소 지음

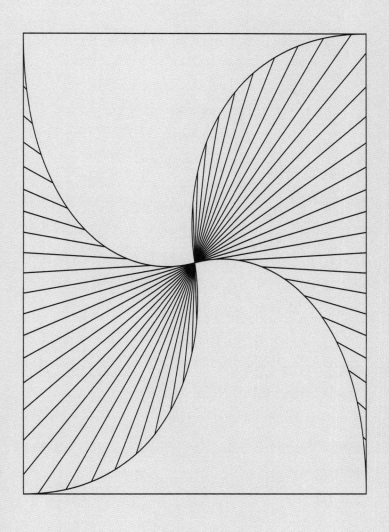

불가능을 제외하고 남은 것이 아무리 그럴듯하지 않더라도, 진실이다.
○『네 사람의 서명』, 아서 코난 도일

6.521 삶의 문제의 해결은 이 문제의 소멸에서 인지된다.
○『논리-철학 논고』, 루트비히 비트겐슈타인

어려서부터 거짓말이 싫었다. 문제는 이 세상에는 온갖 거짓말이 넘쳐났고, 나에게는 그런 거짓말이나 허튼소리를 알아채는 재능이 있다는 것이었다. 재미있게도 이 재능, 이를테면 허튼소리 감지기는 나 자신에게도 반응했다. "저건 허튼소리야"라고 생각하면 다시 한번 감지기가 작동한다. "왜 허튼소리인지 말하지 못하면서 허튼소리라고 단정 짓는 것은 허튼소리야" 얼마 안 가 나는 마주치는 주장에 대해 "그것이 정말인가 아닌가?", "그 근거는 무엇인가"를 묻고 있었다. 나중이 되어 느꼈지만 이렇게 비판적 사고를 익힐 환경이 자연스럽게 조성된 것은 행운이었다고 생각한다. 결국 나는 허튼소리 감지기를 내 일부로 받아들였고, 세상의 거짓말에 불평만 하며 살기보다는 흩어져 있는 진실을 찾아보기로 했다.

이런 상황에서 과학에 빠지게 된 것은 어찌 보면 자연스러운 결과일지도 모른다. 자연과학은 다른 분야에 비해 스스로 오류를 바로잡는 작용이 가장 활발했다. 이 오류를 바로잡는 과정은 과학적 방법이라고 불리며 과학의 근간을 차지했다. 또한, 시간이 지나 모든 허튼소리가 남을 속이기 위해 만들어진 것은 아니며 그 일부는 진실에 다가가기 위한 과정이었음을 배울 수 있었다. 하지만 세상에는 과학의 영역에 속하지 못한 문제들이 많았다. 과학은 세상의 사물이 어떻게 작동하는가에 대해서는 제법 명쾌한 답을 주었지만, 이 세상에서 어떻게 '살아가야 하는지Should'에 대한 답을 주기에는 무리가 있었다. 나는 자연과학뿐 아니라 철학, 윤리, 법, 정치, 경제, 심리학 등 다양한 분야에 관심을 가지게 되었다.

　　후회하지는 않지만 잘한 결정인지는 모르겠다. 처음으로 책을 써 볼까 생각한 것은 조만간 인간의 능력을 뛰어넘는 인공지능이 출현할 수도 있다는 이야기를 들은 때였다. 인간 수준 인공지능과 더불어 발전된 놀라운 기술의 등장은 윤리적 문제를 포함하여 상상하기 힘들 만큼 큰 변화를 사회에 가져올 것이 분명했다. 하지만 이에 대한 사람들의 관심과 준비는 부족해 보였다. 그런데 인공지능에 윤리와 사회 체제를 적용해 보기 위해서는, 그리고 최소한 책을 쓰기 위해서는 먼저 나 자신부터 현재 우리가 살고 있는 사회에 대해 자세히 알아볼 필요가 있었다.

신기한 일은 여기서부터 시작되었다. 다양한 분야에서 선구적인 사람들의 사상과 연구를 접하고 그중 설득력 있는 것을 모아 정리해 나가자 안개처럼 뿌옇던 이 세상이 마치 퍼즐이 끼워 맞춰지듯 점점 더 명확히 보이기 시작했다. 놀라운 경험이었다. 심지어 이 세상에서 어떻게 '살아갈지will'에 대한 일종의 유용한 지침을 발견하는, 예상외의 수확까지 얻었다. 책을 쓰는 목적은 이 과정에서 얻은 경험을 공유하는 것으로 완전히 바뀌었다(원래 주제를 도저히 유지할 수 없게 된 탓도 있다. 그 이유는 1장에서 밝힌다).

더욱 마음에 드는 것은 이 과정의 전후로 내 사고방식이 완전히 바뀌었다는 점이다. 내가 가장 싫어하는 것 중 하나는 다르게 생각할 타당한 근거를 접하고도 원래 견해를 바꾸려 하지 않는 태도다. 토론이나 연구 후에 생각이나 의견이 바뀌지 않음이 그 견해가 틀렸다는 것을 뜻하지는 않지만—처음부터 옳았을 수도 있으니까—생각이 바뀌었다는 것은 발전할 수 있는 태도를 가졌다는 증거가 아닌가.

<개정판에 붙이는 문단>

이 책을 20자로 요약하자면 '현대 선진국의 제도는 결국 발전된 형태의 황금률'
이라는 것이다. 책은 위 주제를 제시하는 4.2장을 중심으로 전반부와 후반부로
나뉜다. 전반부는 주로 4.2장을 이해하는 데 필요한 개념을 소개하며, 후반부는
선진국의 각종 제도가 어떻게 4.2장에서 내보인 도식에 맞아 들어가는지 다양한
요소와 사례를 들어 설명하는 구조다. 주변에 물어보자 초반은 약간 어렵게 느
껴졌으나 조금만 지나면 쉽게 읽힌다는 이야기가 많았다. 특히 1부는 나처럼 의
심 많고 따지기 좋아하는 사람들을 위해 논리적 토대를 쌓는 부분이다. 일반 상
식에서 크게 벗어나지 않으니 단어를 익힌다는 느낌으로 가볍게 읽고 넘어가도
무방하다.

      최근 우리가 선진국이라 부르는 여러 나라에서, 앞으로 소개할 제도에
역행하는 정책이나 정당이 지지받는 모습을 보며 두려움을 느낀다. 자신들이
자발적으로 내버리려는 그 제도가 실제로 어떤 기능을 수행하고 있는지 사람들
이 잘 모르기 때문이라고 생각한다. 선진국을 이해해야 선진국에 살 수 있다.
이 책이 선진국을 이해하는 실마리가 되길 희망하며, 책을 알리는 데 흔쾌히 도
움 주신 모든 분들께 감사의 말씀을 전한다.

목차

객관적 윤리와 주관적 선호

1장 객관적 윤리

1.1. 내 차고 안의 용

누가 유대인인지는 내가 결정한다.
◦ 카를 루에거

어떤 사회가 윤리적이고 정의로운 사회일까? 『정의론』의 저자 존 롤스는 '원초적 입장'이라는 답을 내놓았다. 한 토론장을 상상해 보자. 이 토론장에서는 사회구성원들이 모여 어떤 사회를 만들어야 할지 토론한다. 지적 장애나 언어 장애 등으로 토론이 불가능한 사회구성원도 어떤 방법인지는 몰라도 이 토론장에서는 토론이 가능하다. 단, 이 토론장에는 '무지의 베일'을 써야 한다는 규칙이 있다. 무지의 베일을 쓰면 그 사람은 자신이 사회에서 어떤 삶을 살게 될지 알 수 없다. 그는 부유한 부모에게서 태어날지, 가난한 부모에게서 태어날지, 가정은 화목할지, 장애나 질병이 있는지도 알 수 없다.

이렇게 무지의 베일을 뒤집어씀으로써 사회구성원들은 원초적 입장에 놓인다. 롤스가 주장하는 정의로운 사회는 원초적 입장에서 결정된 사회다. 그리고 이렇게 원초적 입장을 수용한다면, 사회는 사회구성원의 광범위한 자유를 평등하게 보장해야 하며, 가장 불행한 삶을 살게 될 최소수혜자에게 최대의 이익이 돌아가도록 해야 하고, 모두에게 공정하고 균등한 기회가 주어져야 한다는 원칙에 동의하게 된다고 말한다.

롤스가 제시한 이 정의로운 사회의 원칙은 이후 사람들의 생각과 행동에 큰 영향을 끼쳤다. 많은 사람이 쉽게 받아들일 수 있다는 사실 자체가 그의 이론이 가진 힘일지도 모른다. 나 또한 그의 원칙이 일리가 있다고 느꼈으나 마음 한구석에서는 찜찜한 기분을 떨쳐낼 수 없었다. 무언가 중요한 부분이 빠져 있었다. 사람들이 무지의 베일을 통해 위와 같은 원칙을 합의할 수 있을까? 일단 그렇다고 치자. 그런데 어떻게 사람들에게 무지의 베일을 씌울 것인가? 이미 고유의 삶을 살고 있는 사람들이 왜 원초적 입장에서 합의하려고 할 것이며, 그렇게 하지 않는다면 누가 어떻게 무지의 베일을 쓰도록 강제할 것인가? 만약 사람들에게 원초적 입장을 강요해야 한다면 그것이 왜 옳고, 왜 하필 다른 방법이 아니라 반드시 원초적 입장을 선택해야 하는지의 당위와 함께 현실적으로 그것을 강제할 수단이 필요했다.

찜찜한 구석은 이뿐만이 아니었다. 사회구성원의 기준은 무엇이고 누가 정하는가? 게리맨더링(특정 집단에 유리하게 선거구를 획정하는 것)의 문제다. 결국 정의正義란 이 기준을 정하는 사람(또는 것)에 달린 것이 아닌가? 그렇다면 정의正義의 정의定義를 독점하는 정의正義 카르텔이, 우월한 아리아 인종만이 무지의 베일을 쓸 자격이 있다고 선언하더라도 무조건 따라야 하는가? 그들이 자신들의 이익을 위해 나머지를 속이고 있지 않다고 어떻게 확신할까? 만약 인간 외 동물도 원초적 입장의 혜택을 입는다면 인간보다 수가 20억 배 정도 많은 곤충은 살충제를 불의의 상징으로 지목할 것이다. 동물이 된다면 식물은? 세균은? 바이러스는? 프라이온(감염성 단백질)은? … 돌멩이는? 토론장의 신비로운 규칙에 따라, 무지의 베일을 쓴 돌멩이는 능수능란하게 자신의 의견을 논변할 것이다. 그런데 쪼개진 돌멩이는 두 명으로 인정해야 할까? 애당초 돌멩이가 주장하고 싶은 것은 무엇일까? 수없이 많은 의문이 떠올랐지만 아쉽게도 명쾌한 대답은 없었다.

우리는 흔히 윤리라는 단어를 누구나 마땅히 지켜야 할 시대를 초월한 보편적인 규칙이라는 뜻으로 사용한다. 그리고 "윤리적인 행동이군"이라던가 "그건 비윤리적이야!"라고 즐겨 말한다. 문제는 이 윤리의 기준이 사람에 따라, 시대에 따라 바뀐다는 것이다.

고대 그리스에서는 노예제도가 존재했고 일부 남성들만 시민의 자격을 가지고 정치에 참여할 수 있었다. 아리스토텔레스는 이에 대해 노예의 본성을 가지고 노예로 적합하게 태어난 사람들이 있으며 이들은 노예로 사는 것이 낫다고 주장했다. 오늘날 이 위대한 학자와 같은 주장을 공공연히 펼치는 사람이 있다면 비난을 피하기 힘들 것이다.

대체 무슨 일이 일어난 걸까? 2,000년 전 윤리적이었던 노예제도는 지금은 비윤리적이라고 평가된다. 오늘날 악행으로 분류되는 많은 사건은 과거 정의의 이름으로 실행되었다. 이렇게 윤리의 기준이 시대와 상황에 따라, 사람에 따라 바뀐다면 지금 윤리적인 것들이 앞으로도 계속 윤리적일 것이라고 확신할 수 있을까? 우리는 종종 어떤 윤리 규칙이 옳은지 그른지를 다투지만, 식탁 위에 놓인 사과의 개수에 대해서는 다투지 않는다. 무엇보다 사과의 개수는 실제로 세어 검증할 수 있다. 주어진 윤리 규칙의 참과 거짓을 검증할 수 없다면 그것을 왜 따라야 하는가?

정의는 신탁과 닮았다. 신탁을 전해 들어야만 하는 나 같은 사람들은 주술사가 전해 주는 신탁이 진짜인지 아닌지 알 수 없다. 차이가 있다면 오늘날 주술사의 권위는 인정되지 않지만 다른 사람들이 무엇을 원해야 하고 어떻게 살아야 하는지를 규정하는 정의 카르텔의 권위는 건재하다는 것이다.

그럼에도 불구하고, 희망의 끈을 놓지 말고 시대를 초월한 보편적인 윤리가 존재한다고 가정하고 이것을 객관적 윤리라고 하자. 그렇다면 객관적 윤리에 따라 규정되는, 반드시 도달하거나, 행하거나, 인정돼야만 하는 무언가는 정의, 선善, 객관적 가치라고 할 수 있을 것이다. 하지만 앞서 우리는 어떤 윤리 규칙이 객관적 윤리에 해당하는지 아닌지 알 수 없다는 것을 보았다. 존재하기는 하지만 그것이 무엇인지 알 수 없다면 대체 무슨 의미가 있을까?

천문학자 칼 세이건은 책 『악령이 출몰하는 세상』에서 재미있는 이야기를 들려준다. 어떤 사람이 자신의 차고에 용이 살고 있다고 말한다. 당신은 그 용을 직접 확인하고 싶을 것이다. 그를 따라 차고에 갔지만 용은 보이지 않는다. 실망한 당신에게 그는 용이 분명히 여기에 있지만 사실은 '보이지 않는 용'이라고 한다. 그럼 당신은 밀가루를 뿌려 발자국을 남기거나, 적외선 감지기로 용이 내뿜는 불을 감지하거나, 페인트를 뿌려 형체를 파악하자고 할 수 있다. 하지만 그는 그 용은 날아다니기 때문에 발자국을 남기지 않고, 내뿜는 보이지 않는 불은 열이 없으며, 형체가 없기 때문에 페인트를 뿌려도 묻지 않는다고 말한다. 그는 당신이 제시한 모든 검사방법에 대해 그것이 통하지 않는 이유를 댄다. 그렇다면 보이지 않고, 발자국도 남기지 않고, 열이 없는 불을 뿜으며, 형체가 없는 용이 차고에 있다는 것은 차고에 용이 없는 것과 무슨 차이가 있는가?

검사할 수 없는 용이라는 것은 그것을 계속 주장했다가는 정신병 환자로 진단될 수 있다는 가능성을 제외하고, 우리의 삶에 아무런 영향을 끼치지 못한다. 마찬가지로 그것이 무엇인지 알 수 없다면, 객관적 윤리 또한 우리 삶에 아무런 영향을 끼치지 못한다. 곰곰이 생각해 보면 정말로 우리에게 영향을 미치는 것은 객관적 윤리의 존재가 아니라 "그건 비윤리적이야!"라고 소리치는 사람의 존재다. 물론 객관적 윤리가 무엇인지 알 수 없다는 것이 객관적 윤리가 존재하지 않는다는 증거가 되진 않는다. 놀랍게도, 타당한 주장으로 살펴볼 만하다.

1.2. 악마의 증명

어떤 견해가 논박되지 않는다고 해서
그 견해를 참이라고 믿어야 할 근거는 어디에도 없다.
○ 『지적 사기』, 앨런 소칼·장 브리크몽

중세 유럽의 법학자들에게는 '악마의 증명'이라는 비유가 있었다. 악마의 존재를 증명하는 것은 간단하다. 악마를 데려와 보여 주면 그만이다. 하지만 악마가 존재하지 않음을 증명하는 것은 불가능하다. 악마가 정체를 숨기고 어딘가에 살고 있을 가능성을 부정할 수 없기 때문이다. 용도 마찬가지다. 어떤 사람이 용이 존재한다고 주장한다. (용이 마음에 들지 않는다면 다른 상상의 동물로 바꿔 생각해도 무방하다.) 그는 용이 헝가리에 주로 서식하며 뜨거운 불을 내뿜고, 꼬리에는 스테고사우루스와 같이 뿔처럼 생긴 가시가 나 있다며 용의 생태를 자세히 설명하기 시작한다. 이 이야기를 들은 당신은 용 같은 건 실제로 존재하지 않으며, 소설에나 나올 법한 이야기라고 말한다.

상대방은 용이 존재한다고 주장하고 당신은 용이 존재

하지 않는다고 주장하는 상황이 되었다. 이때, 상대방이 당신에게 용이 존재하지 않는 증거를 제시하라고 한다. 그런데 이것은 그리 간단한 문제가 아니다. 무언가가 없음을 증명하기 위해서는 존재하는 모든 것을 살펴보고 그중에 그것이 없다는 것을 확인해야 한다. 현실적으로 불가능하다. 이내 말문이 막힌 당신은 그걸 증명할 방법은 없다고 말한다. 상대는 의기양양한 표정으로 용이 존재하지 않는다는 증거가 없으므로 용은 존재한다는 결론을 내린다. 당신은 속고 있는 기분이 들지만 증거를 제시하지 못한 것은 사실이다. 그렇다면 상대의 결론이 옳은 것일까?

물론 상대의 결론에는 오류가 있다. 한 사람의 논거가 빈약하다고 해서 다른 사람의 논증이 입증되는 것은 아니기 때문이다. 용이 존재하지 않는 증거를 제시하지 못한다는 것은 용이 존재한다는 증거가 아니다. 용이 있다는 결론을 내리는 데 용의 생태를 얼마나 잘 묘사하는지는 중요하지 않다. 소설의 생생함은 그것이 실화라는 증거가 아니다. 그보다는 용을 직접 보여 주거나, 그것이 힘들면 용의 사진이나 비늘조각이라도 보여 주어 용이 존재한다는 근거를 제시해야 한다. 이것은 실제로 용이 존재한다면 가능한 일이다. 만약 용이 존재한다는 증거가 훌륭하게 제시된다면, 용이 존재하지 않는다는 주장은 매우 불리해질 것이다.

우리는 '결혼한 총각'이라는 말처럼 논리적으로 모순되

는 것이 아니라면 어떤 것이 존재하지 않는다고 확신할 수 없다. 그렇다고 모든 상상의 존재를 긍정하는 것은 그다지 유용한 사고방식이 아니다. 용의 비늘이 부채꼴인지 마름모꼴인지의 논쟁은 용의 비늘을 실제로 확인하기 전까지 결론이 나지 않는다. 비행기를 설계하는 사람이 비행기가 새와 부딪힐 가능성을 고려하는 것은 현명한 일이지만 날개 달린 말이나 코가 빨갛게 빛나는 순록과 충돌할 가능성을 고려한다면 조만간 새로운 직업을 찾아야 할 것이다. 우리가 취할 수 있는 실용적인 마음가짐은 근거 없이 무언가가 존재한다는 주장은 일단 무시하되, 고려하기에 충분한 근거가 제시된다면 잠정적으로 주장을 수용하고 그것이 정말로 타당성 있는 근거인지 검증하는 열린 자세일 것이다.

　　원래의 논지로 돌아와 보자. 우리는 어떤 윤리 규칙이 시대를 초월하여 보편적으로 적용되는 객관적 윤리인지 아닌지 검증할 방법이 없으며, 객관적 윤리라는 것이 실재하는지 아닌지도 알지 못한다. 객관적 윤리는 전형적인 보이지 않는 용이다.

　　과거의 나 또한 여느 사람들과 같이 마치 객관적 윤리가 존재하는 것처럼 생각해 왔고, 이 책에 그 내용을 정리하기 위해 다양한 윤리 중 어떤 것이 진짜일까 고민했다. 하지만 객관적 윤리의 존재 자체를 의심하게 되자 상황은 완전히 바뀌었다. "객관적 윤리는 이러이러한 것이다"라고 주장하는 사람은 많았지만 "이것이 객관적 윤리가 존재하는 증거다"라고 설득력 있는 주장을 제시하는 사람은 찾을 수 없었고, 나 자신도 제시하는 데 실패했다. 등골이 오싹해졌다. 그때까지의 내 생각은 너무 거대해서 알아채지 못한 허튼소리에 기반하고 있던 것이다.*

어느 날 파티에서 인류 보편적인 윤리의 존재가 의심스럽다는 사람을 마주친다면 일단 자리를 피한 뒤 이상한 사람을 만났노라고 잊어버릴 수 있다. 하지만 나 자신이 객관적 윤리를 의심하기 시작했다면 두 가지 선택지가 있다. 일상으로 돌아가 찜찜한 마음을 억누르며 살거나, 토끼 굴이 얼마나 깊은지 들여다보거나.

돌아올 수 없는 강을 건너, 나는 내 사고방식을 바닥부터 뜯어고쳐야 했고 책 쓰기는 예상보다 훨씬 오래 걸릴 것이 분명해졌다. 이 책에서 객관적 윤리를 전제하는 것처럼 보이는 문장은 단순히 내 감상을 표현한 것이거나 'X 하기 위해서는'이라는 조건이 생략된 것이다. 만약 문맥에서 적절한 조건을 끌어낼 수 없다면 아직 새로운 사고방식에 익숙하지 못한 내 잘못이다.

---

*   이 문장은 내가 객관적 윤리를 입증하는 데 실패했고, 따라서 객관적 윤리의 존재를 전제로 했던 당시의 생각은 모두 폐기해야 했다는 뜻이다. 이것은 미지의 것을 탐구하는 것이 무의미하다는 뜻이 아니다. 용을 발견해낼 용감한 동물학자의 등장은 언제나 환영이다.

1.3. 메타선진국과 선택된 윤리

행복한 가정은 모두 비슷하지만,
불행한 가정은 저마다의 이유로 불행하다.
○ 『안나 카레니나』, 레프 톨스토이

지금까지의 논의를 통해 더 이상 "시대를 초월한 보편적인 윤리란 이러이러한 것이다"를 주장하기는 곤란하게 되었다. "우리는 무엇을 해야 하는가"라는 질문이 "용의 비늘은 어떤 모양인가"를 묻는 것만큼이나 무의미함을 깨달은 이후, 내 관심은 점차 "대체 우리는 무엇을 하고 있는가"로 옮겨 갔다. 흥미롭게도 오늘날 존재하는 수백 개의 국가 중 일부 선진국은—다른 나라에 비해—제법 정의로운 것처럼 여겨진다. 그리고 정말 신기하게도 이렇게 정의롭다고 여겨지는 국가들은 서로 비슷비슷한 제도와 정치체제를 가지고, 다른 국가들까지 유사한 제도를 채택하는 추세를 보인다. 인간에게 객관적 윤리가 무엇인지 알 수 있는 능력이 없다면, 어째서 국가들이 더 다양한 형태로 분화하는 것이 아니라 서로 비슷한 모습으로 수렴하는 것일까? 이 흥미로운 현상에는 무언가 공통적인 원인이 있어 보였다. 덧붙여 이 책의 새로운 주제로 삼기에 모자람이 없다.

정치학자 프랜시스 후쿠야마는 책 『역사의 종말』에서 20세기 말 공산주의의 상징이었던 소련이 해체되며 냉전에서 승리한 자유민주주의가 인류의 마지막 사회체제가 될 것이라 예측했다. 나는 미래에 어떤 정치체제가 세계를 장악할지 예측할 용기는 없다. 그 대신 현재 선진국의 윤리(개인의 자유, 법 앞의 평등을 추구하고 민주주의, 법치주의, 시장경제, 자본주의를 채택한 복지국가)가 작동하는 메커니즘과 이에 도달할 수 있게 만든 원동력을 설명하고자 한다.

여기서 선진국이라는 단어는 '만약 사람들에게 자신이 살 국가를 선택할 권리가 주어졌을 때 많이 선택되는 나라'라는 뜻으로 사용한 것이다. 실제로 많은 사람이 (일상적 의미의) 선진국에 살고 싶어 하니 그리 무리한 정의定議는 아닐 테다.* 그리고 윤리라는 단어는 '개인이 타인(또는 사회)과 상호작용할 때 따르고 있는 규칙'이라는 축소된 의미로 사용했고, 별다른 언급이 없는 한 그렇게 사용할 것이다. 사실상 문화, 제도, 사회 규범과 같은 단어로 대체해도 큰 무리가 없다. 보다시피, 이 책에서 다룰 선진국의 윤리라는 것은 어느 한 국가에 한정된

---

* 사람들이 자신이 원하는 것을 정의로운 것이라고 말하는 경향이 있음을 고려하면 선진국의 제도를 정의롭게 느끼는 것도 그다지 이상해 보이지 않는다.

1부 객관적 윤리와 주관적 선호

것이 아니다. 그렇기에 실제 선진국을 하나 골라 비교하면 몇몇 요소나 세부사항에서 급진적이거나 융통성이 없어 보일 수도 있다. 내가 다루고자 하는 것은 그보다는, 오늘날 여러 선진국이 유사한 형태로 공유하고 있는 윤리, 이를테면 메타선진국의 윤리다. 혹은 실현 가능하고 적어도 지금까지는 지속되었으며, 동시에 선택권이 주어진다면 많은 사람이 원하고 선택할 윤리라는 뜻에서 선택된 윤리라고 할 수 있겠다.

2장 주관적 선호

2.1. 선택하는 개인

객관적 가치의 부재는 주관적 관심을 버리거나
무언가 원하기를 그만둘 합당한 이유가 되지 못한다.
○ 『윤리: 옳음과 그름의 발명』, J. L. 매키

1장에서는 정의 카르텔의 권위를 부정하고 객관적 윤리라는
개념을 포기한 대신, 어째서 메타선진국의 윤리를 가능하게
한 원동력을 탐색하게 되었는지 그 과정을 이야기했다. 결론
부터 말하겠다. "개인은 주관적인 선호를 지닌다". 이것이 내가
찾아낸, 메타선진국이 현재의 윤리를 이룬 근원이자 원동력이
다. 개인이 선호를 지닌다는—혹은 지닌 것처럼 행동한다는—
언뜻 당연해 보이는 이 명제로부터 어떻게 메타선진국의 윤리
가 도출되는지 본격적으로 논의를 펼치기 전에, 우리가 마주
한 상황과 선호가 어떻게 구성되고 변화하는지, 왜 선호를 이
용하는지 살펴보려고 한다.

　　개인(혹은 개체)은 매 순간 선택을 한다. 크게는 국회의
원 선거 투표를 하고 직업을 선택하는 것부터 작게는 아침에

먹을 시리얼을 고르는 것까지, 심지어 아무것도 하지 않기로 결정하는 것도 결국 선택을 한 것이다. 여기서 중요한 것은 이런 개인의 선택이 완전히 무작위적이지 않다는 것이다. 다시 말해 개인의 행동과 선택에는 어떤 경향성이 있다. 덕분에 사람들은 어떤 상황에서 타인이 무엇을 느끼는지는 알 수 없어도 그 사람이 대체로 어떤 선택을 할지는 알 수 있다. 종합하자면, 개인은 선호(선택의 경향성)를 지니고 그 자신이나 다른 사람들은 그것을 파악할 수 있다.

　　　그런데 타인이 무엇을 느끼는지는 알 수 없다는 것이 무슨 뜻일까? 친구와 과수원을 지나친다. 친구가 사과를 보며 빨갛게 익었다고 말한다. 당신도 동의한다. 당신과 친구 둘 다 사과를 보고 빨갛다고 말했지만, 이것을 두고 친구가 당신과 똑같은 것을 느꼈다고 할 수 있을까? 물론 당신은 빨간색이 어떤 느낌인지 안다. 어렸을 때부터 수없이 보아 왔고 그것을 빨간색이라고 부른다고 배웠다. 하지만 당신이 본 빨간색의 느낌이 친구의 그것과 일치할 것이라는 보장은 없다. 예를 들어, 친구는 빨간색을 볼 때 당신이 파란색을 보는 느낌이 들 수도 있다. 친구는 그 느낌을 빨간색이라고 배웠기 때문에 빨간색이라고 부른다. 당신과 친구는 서로 다른 느낌이 들었지만, 똑같이 빨간색이라고 말할 수도 있다는 것이다. 당신은 친구가 무엇을 느끼는지—또는 당신이 느낌이라 부를 만한 것을 느끼기나 하는 것인지—확신할 수 없다. 당신이 알 수 있는 것은 그저 그 친구가 700나노미터 근처 파장의 빛(빨간색)을 구별할 수 있고, 그것에 대해 의사소통할 수 있다는 것뿐이다.

머릿속을 들여다볼 수 있다고 해도 사정은 나아지지 않는다. 최신의 MRI(자기공명영상) 기술, 또는 공상과학영화에 나올 법한 진보된 기술로 뇌를 들여다본다 해도 우리가 알 수 있는 것은 어떤 상황에 뇌의 어느 곳에 있는 뉴런(신경세포)이 어떻게 반응하는가 정도다. 물론 어떤 사람의 뇌를 철저하게 연구한다면 그 사람의 성격이나 버릇에 대해 훨씬 잘 알 수 있을 것이다. 하지만 그 사람의 성격을 잘 알게 된다는 것은 결국 그 사람이 어떤 상황에서 어떤 선택을 할지 잘 알게 된다는 것이지, 그 사람이 무엇을 느끼는가를 알게 되는 것이 아니다.

이렇듯 사람들은 타인이 무엇을 느끼는지 직접 알 수 없다. 하지만 타인의 행동을 관찰하여 그 사람이 무엇을 좋아하고 싫어하는지, 주어진 상황에서 어떤 선택을 내릴지 예측하는 것은 가능하다. 즉, 상대의 선택을 관찰하여 선호를 파악할 수 있다. 예를 들어, 어떤 아이의 행동을 관찰하여 그 아이가 당근을 먹는 것보다 사과를 먹는 것을 선호한다고 성공적으로 판단할 수 있다. 느낌은 관찰되지 않지만, 선택은 관찰 가능하다. 개체는 선호의 집합으로 인식된다.

물론 어떤 사람의 선호를 파악할 때 그 사람이 직접 "무엇을 선호한다"라고 말하는 것을 참고할 수도 있다. 하지만 참고만 가능할 뿐, 정확하게 선호를 파악하고 싶다면 그 사람의 선택을 관찰해야 한다. 왜냐하면, 선호는 선택의 경향성이고 그 사람이 자신의 선호에 대해 잘 모르거나 거짓말을 할 가능성을 무시할 수 없기 때문이다.

　　모든 개인이 자신의 선호에 따라 선택을 한다는 것이 사람이 모두 이기적이라는 뜻은 아니다. 우리는 타인의 선호를 충족시키려 하는 선호 또한 흔히 찾아볼 수 있다. 이것을 이타적 선호라고 한다면, 많은 부모가 아이에게 이타적 선호를 지닌 것이 관찰된다. "개체는 선호를 가진다"라는 말과 "모든 선호는 이기적이다"라는 말은 독립적이다. 선호는 이기적일 수도, 이타적일 수도 있다.

2.2. 선택의 기준

> 인간 정신의 주요 원천 또는 인간의 마음을 들끓게 하는 주요 원인은
> 쾌락과 고통이다. 이런 감각적인 감정이 우리의 사유나 감정에서 사
> 라지면 우리는 대개 정서도 느낄 수 없고 행동할 수도 없으며, 욕구
> 나 의욕 역시 보나 마나 불가능해질 것이다.
> ○ 『인간 본성에 관한 논고』, 데이비드 흄

우리는 서로가 어떤 것을 느끼는지 알지 못하면서도 사람들
이 감정을 느낀다는 문화적인 가정假定에 익숙하다. 사과를 좋
아하는 아이를 다시 떠올려 보자. 우리는 이 아이가 감정을 느
낀다고 가정하고 다음과 같이 생각한다. 이 아이의 행동을 보
니 사과를 먹을 때는 긍정적 감정(맛있다 등)을 느끼고 당근을
먹을 때는 부정적 감정(맛없다 등)을 느끼는 것 같다. 각 상황에
느끼는 감정이 다르기에 이 아이는 당근보다 사과를 먹는 것
을 좋아한다고 생각할 수 있는 것이다. 이것은 아이의 행동(선
택)을 관찰하여 선호를 파악한 것이지만, 우리는 아이가 감정
을 느낀다고 가정함으로써 이것을 선택의 기준으로 지목할 수
있게 된다.

　예로부터 선택의 기준으로써 감정은 긍정적 감정과 부

정적 감정, 행복과 불행, 쾌락과 고통 등 여러 가지 이름으로 불려 왔다. 사람들이 행복을 추구하고 고통을 회피하려고 행동한다는 이 가정을 '행복가정'이라고 부르자.

행복가정이 윤리의 영역에서 활용된 가장 유명한 예는 '최대 다수의 최대 행복'이라는 표어로 유명한 공리주의일 것이다. 말 그대로 사람들의 행복을 모두 합한 것을 최대화해야 한다는 윤리적 사상이다. 하지만 행복, 즉 감정과 느낌을 어떻게 측정할 것인가라는 근본적인 문제와 다수의 행복을 위해서 소수의 행복이 무시될 수 있는 등 여러 가지 문제점이 지적되어 문자 그대로를 따르는 공리주의는 현재 폐기되다시피 했다(혹은 다른 사상의 토대가 되어 수정, 발전되었다). 하지만 그 간단하고 직관적인 특성 덕분인지 대부분 상황에서 사람들이 따르기 쉬운 사상이며, 흥미롭게도 사람들의 행복을 늘려야 한다는 부분만큼은 크게 비판받지 않는다.

선택의 기준으로 행복가정을 받아들이면 또 하나 흥미로운 현상을 관찰할 수 있다. 그것은 사람들이 여러 가지 감정을 종합하여 선택한다는 것이다. 한 가지 선택으로 발생한 일련의 상황이 항상 한 가지 감정만 유발하는 것은 아니다. 만약 당신이 승진하기 위해 열심히 일한다는 선택을 했다면 승진하면서 발생할 행복과 열심히 일하면서 발생할 고통을 종합적으로 판단해 선택한 것이다. 질병을 피하고자 예방접종의 따끔함을 참거나 가진 돈을 당장 써 버리지 않고 나중을 위해 저축해 두는 현상에도 같은 설명이 가능하다. 사람들은 자신의 선택에서 발생할 미래의 행복과 고통을 종합해서 판단을 내린다.

행복가정은 유용하기는 하지만 그렇다고 해서 타인이 진정으로 무엇을 느끼는지 알 거나 측정할 수 없다는 사실은 바뀌지 않는다. 행복가정에는 "타인이 무엇을 느끼는지는 알 수 없지만, 감정을 느낄 것이다"라고 생각해야 하는 근본적인 결함이 있다. 그러나 우리의 문화와 언어에 행복가정이 너무나 깊게 뿌리내리고 있어서 이것을 완전히 배제하면 이 책의 가독성에 심각한 타격을 입을 것이다. 예를 들어, "그 아이는 당근을 싫어한다"라는 문장은 "그 아이는 당근을 먹는 것을 회피하는 선호를 보인다"로 쓸 수 있는데, 독자들은 이런 문장을 볼 때마다 "(그 빌어먹을 저자가) 선호는 선택을 관찰하여 파악할 수 있는 선택의 경향성이라고 했지"라고 잇따라 상기해야 하는 불편이 따른다. 이런 이유로 독자의—그리고 이 책을 쓰는 나 자신의—정신건강을 위해 아예 감정을 선택의 기준으로 정의해 버리고자 한다. 다시 말해 긍정적 감정은 개체가 그것이 예상되는 선택을 증가시키는 요소, 부정적 감정은 그것이 예상되는 선택을 감소시키는 요소로 정의할 수 있다.

이렇게 개체의 선택 기준을 감정 혹은 느낌이라고 정의해 놓으면, "개인은 긍정적 감정(행복, 쾌락) 때문에 어떤 상황을 추구하고(원하고, 좋아하고), 부정적 감정(불행, 고통)* 때문에 어떤 상황을 피한다(싫어한다)"는 기존과 별다를 것 없는 서술부터, "인간은 항상 행복을 추구한다"는 논란이 될 법한 서술까지 정의에 따라서 옳은 것이 된다. 이 방법은 우리에게 익숙한 방식으로 현상을 설명할 수 있어 편리하고 기존 행복가정의 결함도 회피할 수 있어 우아하다.

---

* 여기에서 부정적 감정이나 고통이란 단순히 통각을 말하는 것이 아니다. 긍정적 감정과 부정적 감정이 각각의 선택을 증가, 감소시키는 요소라는 구성 개념으로 정의했기 때문에 개체의 실제 선택을 관찰하여 구분해야 한다. 실제로 통각이 긍정적 감정으로 작용하는 경우, 다시 말해 개체가 통각을 느끼는 선택을 증가시키는 경우도 있는데, 매운 음식(매운맛은 미각이 아니라 통각이다)을 자발적으로 먹는 것이 그 예다. 다른 예시는 소설 『그레이의 50가지 그림자』에서도 찾아볼 수 있다.

2.3. 고정된 선호

자손과 부모 간의 경미한 차이를 만들어 내는 원인이 무엇이든 간에, 구조상의 모든 더 중요한 변화를 만들어 내는 것은 개체에게 이득이 되는 그런 차이에 대한 자연 선택의 꾸준한 축적이다.
○『종의 기원』, 찰스 다윈

최초의 자기 복제 거대 분자에게도 행위의 이유는 있었지만 분자는 그 이유는 알지 못했다.
○『마음의 진화』, 대니얼 데닛

2013년 개봉한 슈퍼맨 영화 〈맨 오브 스틸〉에서 악당이 말한다. "그동안 역사가 증명한 것이 있다면, 진화는 언제나 승리한다는 거지". 틀린 말은 아니지만, 동어 반복에 불과하다.** 진화에 관한 흔한 오해 중 하나는 의식적으로 생물을 선택하고 발전시키는 누군가가 필요하다고 생각하는 것이다.*** 아무래도 진화에 따라붙는 자연선택이나 적자생존(적합한 개체가 생존한다)이라는 말에서 선택이나 적합과 같은 단어가 오해를 불러일으킨 건 아닌가 싶다.

**   "총각은 결혼하지 않은 남자다"라는 문장처럼, 사실 동어 반복이기 때문에 논리적으로 틀릴 수가 없다.

***   "X에 관한 흔한 오해 중 하나는 Y다" 형태의 문장은 앞으로도 간혹 등장할 텐데, 그중에 일부는 내가 실제로 가지고 있던 오해이기도 하다.

자연선택이 진화의 중심적인 메커니즘인 것은 사실이 지만 의식적으로 진화의 방향을 선택하는 누군가가 존재해야 한다는 뜻은 아니다. 자연선택의 작동 방식은 정말 간단하다. 기존의 생물로부터 그와 유사한 생물이 탄생한다.* 이때 돌연 변이 등의 이유로 기존의 생물과 약간 다른, 다양한 생물이 나 타난다. 이 모든 생물 중 일부가—이유야 어찌 되었건—죽어 서 사라진다. 이것이 자연선택이다. 과정을 보면 알겠지만, 실 제로 발생했고 발생하고 있는 현상이다. 자식은 부모와 닮았 지만 똑같지는 않고 누군가는 죽는다.

어떤 특징을 가진 생물이 탄생하는 속도가 죽는 속도보 다 빠르면 그 수가 늘어날 것이고, 느리면 수가 줄어들다 결국 사라질 것이다. 그런데 사람들은 이 과정에서 살아남은 개체 를 보며 마치 누군가 의도적으로 변화를 일으키기라도 한 것 처럼, "환경에 적합하도록 진화했다"라고 이야기한다. 실상은 다양하게 발생한 변화 중에서 환경에 적합하지 않은 것이 이 미 사라져 눈에 띄지 않게 된 것뿐이다. 선호의 다양성은 죽음 에 의해 제한된다.

---

*　그럼 "최초의 생물은 어떻게 탄생했는가?" 하는 질문이 떠오를 것이다. 현재 유 력한 가설은 우연히 합성된 자기복제가 가능한 핵산(유전자의 재료) 덩어리가 생명의 기원이 되었다는 설이다. 이 핵산 덩어리가 현존하는 모든 생물의 공통 조상인 셈이다. 이런 사건은 수억 년에 한 번 일어날까 말까 하는 기적 같은 우 연일지도 모른다. 그리고 첫 수억 년 동안 지구에 생명이 있었다는 흔적은 아 직까지 발견되지 않았다.

1부 객관적 윤리와 주관적 선호

이처럼 자연선택이란 기본적으로 의식적인 개입이 없는 무자비한 과정이다. 만약 발전이라고 부를 법한 일이 일어났더라도 그 과정에 의도적으로 개입한 누군가를 항상 필요로 하지는 않는다. 게다가 진화에는 완성이라는 것이 없고 어떤 생물이 새롭게 등장할지도 알 수 없다. 37억 년 생명의 역사에서 호모 사피엔스(지금의 인류)가 등장한 것이 고작 30만 년 정도라는 것을 생각해 보자.

환경에 부적합한 것이 이미 사라지고 난 사후(事後)에 해석과 평가가 이루어지는 특성 때문에 진화는 승리하지 않을 수 없다. 만약 누군가가 "나는 진화하는 것에 걸겠어"라고 말한다면 그것은 마치 경마장에서 "나는 이기는 말에게 걸겠어"라고 말하는 것과 같다. 경마장에서는 이기는 말이라고 써 있는 마권은 팔지 않으며, 경기가 끝난 후에 돈을 걸 수도 없다. (스포일러 주의: 결국 그 악당은 졌다.)

그런데 어떤 생물이 환경에 적합(또는 부적합)하다고 할 때 그 생물의 무엇이, 어디에 적합하다고 하는 것일까? 나방은 빛을 향해 날아가는 습성이 있다. 더 정확하게는 광원으로부터 일정한 각도를 유지하며 난다. 덕분에 나방은 밤하늘에 빛나는 달을 기준으로 방향을 잡을 수 있다. 대부분의 식물 또한 빛이 강한 쪽으로 자라는 경향이 있는데, 이것은 물론 광합성에 유리하다. 이처럼 비교적 단순한 생물은 환경의 특정 신호자극에 대한 고정행동패턴을 보인다. 우리는 이런 생물의 행동을 본능에 따른다고 말한다. 나방과 식물이 환경에 적합하다고 말하는 것은 이 자극에 대한 반응이 복제와 생존에 적합하다는 것이다. 여기에서 생물이 특정 자극에 고정된 반응을 보인다는 것은, 그 생물이 특정 상황에 항상 동일한 선택을 한다고 바꿔 말할 수 있다. 선호는 선택의 경향성이라고 했으므로, 나방은 빛을 향해 날아가는 선호를 가진 것이고 식물은 빛이 강한 쪽으로 자라는 선호를 가진 것이다. 종합하자면, 어떤 생물이 환경에 적합한지 부적합한지 이야기할 때 우리는 그 생물의 선호를 평가하는 것이다. (생물학자들은 형질이나 표현형이라고 부를 것이다.) 이처럼 특정 자극에 고정된 반응을 보이는 선호(형질)는 다음과 같이 모델화할 수 있다.

고정된 선호

특정 자극 + 고정된 반응

문제는 환경이 고정되어 있지 않다는 것이다. 환경이 변하는 이유는 여러가지겠지만, 흥미롭게도 가장 흔한 원인은 주변 개체의 선택이다. 어떤 개체의 환경에, 다른 개체가 어떻게 포함된다는 것일까? 토끼와 여우를 생각해 보자. 토끼의 생존은 주변 여우의 선택에 영향을 받는다. 반대도 마찬가지로 여우의 생존은 주변 토끼의 선택에 영향을 받는다. 토끼와 여우는 서로 환경의 일부다. 게다가 어떤 토끼(여우)의 생존은 주변의 다른 토끼(여우)의 선택에도 영향을 받는다. 같은 종이건 다른 종이건 둘 이상의 개체는 서로에게 환경으로 작용한다.

생물의 선택이 환경을 변화시키는 다른 예로 생물에 의해 지구의 대기 조성이 변화한 산소대폭발 사건을 들 수 있다. 지금까지 밝혀진 사실에 따르면 원시 지구의 대기에는 산소가 거의 없었다. 지금처럼 산소가 풍부해진 원인은 수십억 년 전 광합성 능력을 얻은 원시 생물의 등장으로 추정된다. 어떤 생물이 자신이 사는 행성의 대기 조성을 변화시키는 것은 전혀 부자연스러운 현상이 아니다. 이들은 광합성을 통해 이산화탄소가 풍부한 대기를 산소가 풍부한 대기로 바꾸어 놓았다. 산소가 없던 원시 지구에 산소로 호흡하는 현재의 생물—예컨대 인간—을 데려다 놓으면 한 시간도 생존하기 어려울 것이다. 그런데 이 사건은 산소 대재앙이라는 이름으로도 불린다. 산소가 없는 대기에 적응해 있던 당시의 생물에게 산소는 독에 가까웠고, 갑자기 풍부해진 산소 때문에 대부분 멸종하고 말았다. 이렇듯 생물의 환경은 주변의 생물과 그 영향을 포함한다. 그리고 새로운 생물은 끊임없이 나타난다. 그러므로 환경은 계속 변화한다.

나방과 식물이 아직 멸종하지 않은 것을 보면 이들의 선호는 현재 환경에서 대체로 잘 작동하는 것 같다. 하지만 환경이 달라지면 이야기는 달라진다. 물론 환경이 개체의 생존에 유리하게 변화할 수도 있지만, 불리하게 변화할 수도 있다.

예를 들어, 나방은 산불이나 해충 퇴치용 자외선 포충기와 같이 달보다 환한 광원이 있는 환경에서는 그 광원에 계속 다가가다가 죽는다.* 이렇듯 본능만 따르는 단순한 생물은 환경의 변화에 취약할 수밖에 없다.

그렇다면 나방이 어떻게 해야 변화하는 환경에서 살아남을 수 있을지 생각해 보자. 일단 달빛과 산불을 구별할 수 있으면 좋을 것 같다. 하지만 어떤 빛이든 한 가지 반응을 보인다면 구별하는 의미가 없으니 빛의 종류에 따라 다른 반응을 보여야 한다. 예를 들어, 달빛은 따라가고 산불은 도망치면 되겠다. 하지만 여전히 특정 자극(달빛, 산불)에 고정된 반응을 보이므로 포충기 같은 기존의 자극과 구별할 수 없는 새로운 환경 변화에는 또다시 취약해진다.

항상 변화하지만 어떻게 변화할지는 모르는 환경에서, 오래 살고 번성하기 위해서는 자극을 구별하고 이에 따라 적절한 반응을 선택할 수 있어야 한다. 선호를 수정하고 학습하는 능력은 보편적 생존자로 향하는 첫걸음이 된다. 나방의 경우라면 포충기가 지금까지 경험한 달빛과는 다른 자극이라는 것을 파악하고, 다른 나방이나 곤충이 죽는 것을 본 뒤, 그것을 회피하기로 결정할 수 있어야 한다.

---

*   만약 이 산불이 태양을 향해 너무 높게 자란 나무가 벼락을 맞아서 발생한 것이라면 나방은 나무의 선택으로부터 영향을 받아 죽게 된 것이다. 나무는 나방에게 환경의 일부다.

이렇듯 한 개체가 자신의 선호를 수정하는 것은 특정 자극에 고정된 반응을 보이는 것보다 훨씬 복잡한 구조를 필요로 한다. 개체가 죽을 때까지 고정된 선호만 가지는 단순한 생물만 존재하는 세계에서, 새롭게 환경에 적합한 선호가 등장하는 방법은 앞서 설명한 무작위에 가까운 변화와 자연선택이라는 극도로 느리고 지루한 방법이 유일하다. 더군다나 성공적인 돌연변이는 흔치 않고 대부분의 돌연변이는 환경에 부적합하다. 하지만 모두 알다시피 진화는 결국 자신의 선호를 수정할 수 있는 복잡한 생물을 등장시키기에 이른다.

2.4. 수정 가능한 선호

진화가 이미 우리를 위해 계산을 끝낸 상태다. 그리고 우리에게 그 계산 결과의 대용물인 감정을 선사했다.
○ 『진화경제학』, 마이클 셔머

나를 죽이지 못한 것은 나를 강하게 만든다.
○ 『우상의 황혼』, 프리드리히 니체

인간을 포함하여, 개나 고양이 같은 복잡한 개체는 선호를 수정하는 능력이 있다. 수정 가능한 선호는 다음과 같이 모델화할 수 있다. 이것은 개체의 선택이 마치 이런 과정을 거치는 것처럼 보인다는 뜻이지, 이 과정이 반드시 의식적으로 진행된다는 뜻은 아니다.

수정 가능한 선호

상황 인식 + 모델을 이용한 시나리오 생성 + 감정에 따른 선택

상황 인식과 선택이 고정된 선호에서 각각 자극과 반응에 대응한다고 하면, 모델을 이용한 시나리오 생성이 눈에 띈다. 여기서 모델이란 세계가 어떻게 작동할지에 대한 기술記述

을 말한다. 모델을 이용한 시나리오 생성은 간단하게 말하자면 미래 예측으로, 가상으로 선택의 결과를 예측해 보는 것이다. 미래를 디자인한다고 해도 좋다. 수정 가능한 선호를 선호의 일반적인 경우로 본다면 고정된 선호는 미래 예측과 선택이 한 가지만 가능한, 수정이 까다로운 특수한 경우로 간주할 수도 있겠다.

개에게 "앉아"를 가르쳐 보자. 처음에는 앉아 있는 개에게 "앉아"라고 말하고 간식을 주는 것을 몇 번 반복한다. 이후에는 서 있는 개에게 "앉아"라고 말하고 개가 우연이라도 앉으면 간식을 준다. 이것을 반복하다 보면 개는 주인이 "앉아"라고 말할 때 앉으면 좋은 일(간식)이 생긴다는 것을 학습한다. 즉, 이 세상에 대한 모델이 형성(혹은 기존의 것이 수정)된다.

훈련된 개의 선호를 찬찬히 살펴보자. 이 개는 이제 주인이 "앉아"라고 말하는 상황을 다른 상황과 구별할 수 있다. 주인이 "앉아"라고 말한 것을 인식했다면 개에게는 두 가지 선택지가 있다. 앉으면 간식을 얻고, 앉지 않으면 간식을 얻지 못할 것이다. 개는 두 시나리오 중 선택을 해야 한다. 여기에서 선택의 기준인 감정이 등장한다. 간식을 먹는 것은 먹지 않는 것보다 좋다(감정). 개는 앉는 선택을 한다. 이제 이 개는 주인이 "앉아"라고 말할 때 앉는 것을 선호하게 되었다. 단순한 생물이 예컨대 세탁기처럼 생산된(태어난) 이후로 변경되지 않는 펌웨어 프로그램만 가지고 있다면, 복잡한 생물은 스마트폰처럼 애플리케이션 프로그램을 설치할 수 있는 운영체제를 가지고 태어난다고 할 수 있다.

이처럼 복잡한 개체는 자신이 할 수 있는 선택과 그 결과를 예측하고, 감정에 따라 선택을 내린다. 어떤 선택을 실제로 해 보지 않고서도 그 선택이 이 세상에서 어떻게 작용하여 어떤 결과를 가져올지 예측한다는 뜻으로, 개체 내부에서 자연을 시뮬레이션할 수 있게 된 것이다. 덕분에 새로운 선호가 등장하는 데 걸리는 시간은 비약적으로 줄어들었다.

특히 인간의 경우 새로운 선호가 퍼져 나가는 시간마저 비교 대상이 없을 정도로 짧다. 바퀴를 보고 따라 만드는 것은 바퀴를 처음 만들어 내는 것보다 쉽다. 유용한 것을 모방하는 데 드는 시간은 그것을 새로 만드는 시간보다 훨씬 짧다. 언어를 이용한 의사소통 능력을 갖춘 존재에게는 더더욱 그렇다. 학습의 재료인 경험을 언어를 통해 전달할 수 있는 까닭이다.

그렇다고 해서 선호를 수정할 수 있는 생물이 자연선택의 영향에서 완전히 벗어나는 것은 아니다. 절벽을 향해 걸어가는 사람을 상상해 보자. 이 사람의 선호가 환경에 적합하다면 다음과 같은 선택을 할 것이다. 앞에 절벽이 있는 것을 인식한다(상황 인식). 계속 걸어가면 떨어질 것이고 멈추면 떨어지지 않을 것이라고 생각한다(시나리오 생성). 떨어지는 것보다 떨어지지 않는 것이 좋으므로 멈춘다(선택). 이 세 가지 과정에서 어느 하나라도 문제가 있으면 이 사람은 죽는다. 상황 인식에 실패하면 절벽이 있는 줄도 모르고 떨어진다. 절벽을 보았지만 계속 걸어가도 떨어지지 않을 것이라는 비현실적인 믿음을 가지면, 떨어진다.* 절벽도 보았고 계속 걸어가면 떨어진다는 것을 알더라도 결정적으로 이것을 싫어하지 않는다면, 떨어진다. 자신의 선호를 수정할 수 있는 개체를 선호의 중간 선택자라고 한다면 자연은 선호의 최종 선택자라고 할 수 있다. 자연 시뮬레이션은, 자연선택된다. "개체가 무엇을 좋아하는가"를 묻는 단계를 넘어, 자연선택은 "개체가—우리가—그것을 왜 좋아하는가"라는 질문에 답한다.

선호의 수정은 크게 상황 인식 능력이 변화한 경우, 미래 예측 능력이 변화한 경우, 선택 기준인 감정이 변화한 경우로 나눌 수 있다. 이 세 가지 요소는 서로 긴밀하게 영향을 주고받는데, 이 중에서도 감정은 (아직은) 의도적으로 변화시키기 어려운 요소다. 예를 들어, 예전에 나는 민트 초콜릿 칩 아이스크림이 차가운 치약을 먹는 것 같아 싫어했지만 지금은 제법 즐겨 먹는다. 아이스크림에 대한 감정이 변화한 것이지만 이 변화를 내가 의도적으로 일으켰다고 말하기는 어렵다.

지금은 약물이나 수술 등으로 극히 제한적으로 시도되

---

* 모든 비현실적인 모델이 환경에 부적합한 것은 아니다. 예컨대 절벽에 다가가면 귀신에 들린다는 모델도 유용하게 이용될 수 있다. 이 모델을 가진 개체는 (귀신에 들리는 것은 '싫다'라는 감정과 결합하여) 결과적으로 절벽을 피하는 선택을 내린다. 다만 비현실적인 모델은 응용력이 떨어진다. 위 모델 같은 경우 높은 건설 현장 같은 곳에서는 별로 도움이 되지 않는다.

고 있지만, 만약 기술의 발전으로 자신이 어떤 상황에 어떤 감정을 느낄지 선택할 수 있게 되더라도 그 선택 또한 기존의 감정에 의한 선택일 수밖에 없고, 기존의 감정이라는 것은 자연선택의 산물이다. 그리고 의도적으로 선택된 감정도 자연선택의 대상이 될 것이다.

개체는 선호 충족 선택 기계다. 개체의 (주관적) 목적은 행복 추구와 선호 충족 그 자체이지, 반드시 생존을 목표로 해야 하는 것은 아니다. 다만, 생존에 심각하게 부적합한 선호는 개체와 함께 사라진다. 오늘날 생물들이 대체로 생존하는 것을 선호하는―쉽게 말해 죽기 싫어하는―것은 자연선택의 결과다. 죽기 좋아하는 생물들은 이미 죽었다. 절벽의 예에서, 떨어지는 것을 싫어하지 않는 사람들은 이미 떨어져서 그 선호와 함께 사라졌다.

한편, 상황 인식 능력과 미래 예측 능력은 비교적 쉽게 변화할 수 있을 뿐 아니라 상호보완적으로 발전하는 경향이 있다. 이것은 모델(이 세상이 어떻게 작동할 것인지에 대한 기술)이 미래 예측뿐 아니라 상황을 인식할 때도 이용되기 때문이다.

대항해 시대, 오랫동안 배를 타는 선원들은 잇몸에 피가 나며, 방치하면 죽음에 이르는 병인 괴혈병에 시달렸다. 처음에는 원인을 알 수 없는 불치병이었으나, 1747년 해군 군의관 제임스 린드는 실험을 통해 레몬이나 라임 같은 귤속屬 과일이 괴혈병을 치료한다는 것을 확인했다. 이후 괴혈병의 원인이 (귤속 과일에 풍부한) 비타민C 부족이라는 사실이 밝혀진 것은 20세기에 이르러서다. "비타민C가 부족하면 괴혈병에 걸린다"는 모델은 상황 인식에 이용된다. 오랫동안 과일, 채소를 먹지 않은 사람의 잇몸에서 피가 난다고 하자. 괴혈병에 대한 지식(모델)을 가진 사람은 비타민C가 부족한 상황임을 인식할 수 있으며, 과일을 먹으면 치료되리라 예측할 수 있다.

감정 또한 다른 요소들과 독립적이지 않다. 개체는 원하는 것과 관련된 상황과 시나리오에 더 많은 관심과 주의를 기울인다. 예를 들어, 부정적 감정으로써의 배고픔을 느끼고 있다면 음식과 관련된 상황을 더 주의 깊게 인식하고, 더 세세한 시나리오를 생성한다. 음식을 먹어 배고픔이 해결되었다면 다른 것에 더 관심이 갈 것이다.* 이처럼 선호를 구성하는 요소들은 서로 긴밀하게 연결되어 있다.

지금까지의 논의에서 세 가지 교훈을 얻을 수 있다. 첫째, 개체는 자신이 한 선택의 결과로부터 영향을 받고 자연선택으로부터 도망칠 수 없다. 둘째, 여러 시나리오를 생성하는 능력이 버려질(버려진) 시나리오를 선택할 수 있다고(있었다고) 착각하게 만들더라도, 개체는 선택의 기준인 감정으로부터 자유롭지 못하다. 셋째, 이 세상이 어떻게 작동하는지 잘 알수록

---

* 여기에서 알 수 있는 또 한 가지 사실은 개체의 선택이 선택 당시의 주어진 상태를 준거점으로, 거기에서 추가적인(Marginal) 긍정적, 부정적 감정을 기준으로 이루어진다는 것이다.

더 나은 상황 인식과 미래 예측이 가능하여 더 효과적으로 행복을 추구할 수 있다.

이 세상에 대한 모델이라고 하면 상대성이론같이 어렵고 복잡한 과학 이론을 떠올리기 쉽다. 물론 이들도 훌륭한 모델이다. 하지만 우리가 이용하는 모델은 꼭 복잡하거나, 구체적으로 표현되어 있거나, 심지어 의식적으로 떠올려야 할 필요도 없다. 예를 들어, "사과가 당근보다 달다"와 같은 모델도 선호를 형성하기에 충분하다. "가구 모서리에 발가락을 부딪치면 아프다"라는 모델도 매우 유용하고 모두 알고 있지만 굳이 언어로 표현해 두는 사람은 드물다. 극단적으로는 "거짓말을 하면 언젠가 들통나고 말 것이다" 같은 추상적인 모델도 선택에 이용될 수 있다. 앞서 언급한 것처럼 선호는 보통 그것이 등장한 이후에 해석, 평가되고 그 안의 모델 또한 선호를 해석하는 과정에서 비로소 언어나 수식으로 표현되어 전달할 수 있는 형태가 된다.

인간은 환경으로부터 모델을 구축하여 이용한다. 특히 이 환경이 주로 다른 사람들과 그들의 생산물로 이루어진 경우를 문화라고 부른다. 하지만 인간의 모든 선호가 수정 가능한 것은 아니고 유전자로 물려받은 고정된 선호도 아직 많이 남아 있다. 예를 들어, 인간의 피부는 자외선을 받으면 멜라닌 색소를 분비해 자외선으로부터 피부를 보호한다. 자외선이라는 자극에 피부에서 색소를 분비하는 반응은 유전적으로 고정된, 본능적인 선호다. 하지만 태닝 기계로 일부러 살을 태우는 선택은 다분히 문화적으로 형성된 선호로 보인다. 뜨거운 주전자에 닿은 손을 재빨리 떼는 것은 뇌조차 거치지 않는 본능적인 선택이지만—누가 오래 버티는지 내기했다거나—특수한 상황에서는 떼지 않고 계속 대고 있을 수도 있다. 이렇듯 인간의 선호는 문화를 포함하는 환경과 유전자에 각인된 본능 모두로부터 형성되고 영향을 받는다.

2.5. 유용한 모델

시험할 수 없고 거짓으로 입증할 수 없는 명제는 별로 가치가 없다.
○ 『악령이 출몰하는 세상』, 칼 세이건

비판적인 태도는 우리의 이론, 추측이 적자생존의 경쟁에서 우리 대신 싸우게 하려는 의식적인 시도라고 할 수 있다.
○ 『추측과 논박』, 칼 포퍼

지금까지의 논의를 통해 우리는 어떤 모델이 유용한 모델인지 이야기할 수 있게 되었다. 여기에서 유용한 모델이란 주관적인 선호를 가진 개체가 효과적, 효율적으로 선호를 충족할 수 있도록 돕는 모델을 말한다. 개체가 더 잘 상황을 인식하고 미래를 예측할 수 있게 하여 더욱 현명한 판단을 내릴 수 있도록 돕는 모델이다. 여기에 자연선택의 결과로 대부분의 개체가 생존을 선호한다는 점을 고려하면, 유용한 모델은 개체의 생존을 돕는 모델과 상당 부분 중복되기도 한다.

반면 유용하지 못한 모델은 어떤 모델일까? 간단하게 생각해 볼 수 있는 것은 동전을 던져 선택하는 것보다 나을 게 없는 모델이다. 카지노에는 간혹 펜과 수첩을 들고 어떻게 하면 게임에서 이길 수 있을지 연구하는 사람들이 나타난다. 하지만 카지노에 있는 게임들은 대부분 확률과 운으로 승자가 결정된다.* 진지하게 주사위나 룰렛의 결함을 파악하려는 것이 아니라면, 이 사람들이 세운 이론(모델)이라는 것—예컨대 룰렛에서 당일 날짜의 숫자에 걸면 더 많이 이긴다든지—의 성과는 무작위로 선택하는 것보다 나을 것이 없다. 이런 모델은 그다지 유용하지 않다.

어떤 결과가 나와도 틀리지 않는 모델 또한 선택에 도움을 주지 않는다. 이런 경우는 종말이 임박했다고 주장하는 사이비 집단에서 흔히 찾아볼 수 있다. 심지어 대중에서도 인기를 끈 사례로 1999년 종말론과 2012년 종말론이 있는데, 후자는 영화로까지 만들어졌다. 만약 어떤 사람들이 종말이 다가왔으며 오직 기도를 통해서만 종말을 회피할 수 있다고 주장한다면, 이 주장은 틀리는 것이 불가능하다. 정말로 종말이 왔다면 기도가 모자란 탓이다. 종말이 오지 않았다면 기도가 효과를 본 것이다. 어떤 경우에도 이들의 모델은 틀릴 수 없다. 신념을 가진 이들에게 기도하는 것 이외의 선택은 불가능하므로 환경의 변화에 그대로 노출되는 고정된 선호를 가진 것과 다름없다. 모델과 신념이 포기될 수 있다면 굳이 개체가 직접 죽을 필요는 없다.

---

* 당연하지만 이 확률은 카지노 측에 유리하게 설정되어 있다. 만약 그렇지 않은 카지노가 있다면 곧 파산해서 없어질 것이다.

언어를 이용해 모델을 공유할 수 있게 되고 문명이 발전함에 따라 인간은 "어떻게 하면 유용한 모델을 얻을 수 있을까" 하는 주제를 연구하는 학문을 만들었다. 서문에서 예상했겠지만, 과학(더 정확히는 과학철학)을 말하는 것이다. 사람들은 과학이라고 하면 발달한 과학의 산물인 집적 회로나 장거리 통신기술 같은 것을 떠올리곤 한다. 공학과 기술이 과학의 열매라고 한다면 과학의 뿌리는 과학적 방법이라고 할 수 있다.

사실 과학적 방법의 기초적인 내용은 이 책의 서두에서 이미 다루었다. 1.2장에서 언급한 '근거 없이 무언가가 존재한다는 주장은 일단 무시하되, 고려하기에 충분한 근거가 제시된다면 잠정적으로 주장을 수용하고 그것이 정말로 타당성 있는 근거인지 검증하는 열린 자세'가 그것이다. 모델은 검증을 거침으로써 이유는 모르겠지만 쓸 만한 단계에서 원리를 알고 응용할 수 있는 단계로 나아갈 수 있다.

나에게 과학을 한 구절로 표현해 보라고 한다면, '어떤 생각이 맞았는지 틀렸는지 확인해 보려는 태도' 혹은 '검증 결과에 따라 포기될 수 있는 아이디어'라고 하겠다. 만약 어떤 아이디어가 포기될 수 없다면, 검증은 아무 소용이 없다. 검증을 거부하거나 검증하는 것이 아예 불가능한 아이디어는 과학이라고 보기 어렵다. 제아무리 유명하고 잘 정립된 과학 이론이라 할지라도 그것을 검증 결과와 상관없이 맹신한다면 과학적인 자세와는 거리가 먼 것이다. 과학적 방법이 결국 무엇인지 여러 의견이 있지만, 여기에서는 철학자 칼 포퍼가 제시한 반증주의를 중심으로 간단하게 언급하고 넘어가자.

과학적 아이디어의 대표적인 검증 방법은 실험이다. 일반적인 실험은 다음과 같이 이루어지는데, 어려운 말로 가설 연역 방법이라고 부른다. 첫째, 어떤 현상을 설명할 수 있는 가설을 세운다. 둘째, 실험을 통해 현상을 재현하고 검증한다. 이때 나머지(통제변인)는 고정한 채, 현상의 원인으로 추정되는 요소(조작변인)만 변화시켜(실험군과 대조군을 설정하여) 그 요소와 현상의 인과관계를 분석한다. 셋째, 현상을 더 잘 설명하는 새로운 가설을 찾아 이 과정을 반복한다. 실험이 어려운 사회과학에서도 보다 현상에 부합하고, 잘 설명하는 가설을 끊임없이 찾아 나선다는 기본적인 구조는 동일하다.

"라임 주스를 마시면 괴혈병이 치료된다"는 가설을 검증해 보자. 괴혈병에 걸린 실험 참여자들을 무작위로 두 그룹으로 나눈다. 모든 참여자의 식단 등 생활 습관(통제변인)을 비슷하게 유지시킨 채, 첫째 그룹(실험군)에는 매일 라임 주스(조작변인)를, 둘째 그룹(대조군)은 같은 양의 물을 마시게 한다. 이후 참여자들의 상태를 관찰한다. 만약 가설이 옳았다면 첫째 그룹에서만 괴혈병이 치료될 것이다.

과학 실험이 신탁과 다른 점은 누가 실험을 하든 같은 결과가 나오는 것, 즉 재현성이 요구된다는 것이다. 과학자들은 재현되지 않는 실험 결과를 인정하지 않을 정도다. 아이디어의 참과 거짓을 판단하는 권한이 주술사나 정의 카르텔 등에게 독점되지 않는다는 뜻이다.

그런데 사례와 실험으로부터 얻은 지식을 신뢰해도 되는 걸까? 과거에 반복적으로 일어난 일이 앞으로도 일어날 것이라고 추측하여 지식을 얻는 방법을 '귀납법'이라고 한다. 지구가 회전하여 낮과 밤이 생긴다는 이론은 이미 잘 정립되어 있다. 우리는 지금까지 매일 아침 해가 떴다는 것을 알고, 귀납법을 통해 내일 아침도 해가 뜰 것으로 생각하지만, 정말로 내일 아침 해가 뜰까? 내일 아침 해가 뜰 것이라고, 오늘 밤 갑자기 지구가 멈춰 버리지 않을 것이라고, 어느 한순간 우주의 물리법칙이 모조리 뒤바뀌는 일은 결코 없을 것이라고 확신할 근거는 없다. 이 유서 깊은 '귀납의 문제'는 그간 많은 철학자를 고민에 빠뜨렸다.

귀납의 문제에서는 흔히 고니(백조)를 예시로 든다. 검은 고니의 발견 전까지 관찰된 고니는 모두 하얀색이었고 "모든 고니는 하얗다"는 가설이 세워졌다. 사람들은 이 가설의 입증을 위해 하얀 고니를 더 많이 찾아다녔고, 가설은 점점 더 확신이 되었다. 하지만 1790년 호주에서 검은 고니가 처음 발견되자 "모든 고니는 하얗다"는 가설은 폐기될 수밖에 없었다.

어떤 이론이 옳은 사례를 아무리 많이 찾는다고 해서 그 이론이 완벽히 입증되는 것은 아니다. 하지만 단 하나의 결정적인 틀린 사례는 그 이론을 폐기하거나 이론이 적용되는 영역, 다시 말해 이론이 잘 들어맞는 유용한 영역을 특정한 범위로 제한시킨다. 분야를 막론하고 두 과학 이론이 서로 모순되는 예측을 내놓는다면 그중 최소한 하나가 틀린 것이다. 더 현실에 부합하는 이론의 사례가 그렇지 않은 것을 반증하기 때문이다. 예컨대 상대성이론과 양자역학을 입증하는 사례 중에는 동시에 뉴턴의 고전역학을 반증하는 것이 존재한다. 그 결과 고전역학은 엄밀히 말해 틀렸음이 밝혀졌고, 그 유용성은 (고양이 정도로) 적당히 크고, 가볍고, 느리고, 뜨거운 물체를 다루는 특수한 상황에서나 쓸 만한 것으로 제한되고 말았다.

더 알기 쉬운 예를 들어 보자. 당신이 무거운 물체와 가벼운 물체가 같은 속력으로 떨어진다는 가설을 세웠다고 하자. 누구라도 이 가설에 반례를 제시할 수 있다. 망치가 깃털보다 빨리 떨어지는 것을 보여 주면 된다. 당신은 가설을 수정한다. '공기가 없는 곳에서' 무거운 물체와 가벼운 물체는 같은 속력으로 떨어진다.* 실제로 아폴로 15호의 선장 데이빗 스콧은 공기가 없는 달에서 망치와 깃털이 같이 떨어지는 것을 보여 주었다. 갈릴레오 갈릴레이가 제시한 이 이론은 아직까지

---

* 관점을 달리하면 이 과정은 원래의 이론에 "공기가 물체의 운동을 방해한다"는 보조이론을 덧붙인 것이라고 볼 수도 있다. 실제로 과학의 역사에는 이런 방식으로 원래 이론이 폐기되지 않고 유지되는 사례가 많다. 이렇게 반례가 발생해도 보조이론이 추가되어 포기되지 않는 이론과 모델을 '패러다임'이라고 부른다. 장점은 옳은 이론으로부터 또 다른 옳은 이론을 끌어낼 수 있다는 것이고, 단점은 어떤 이론이든 보조이론을 끝없이 덧붙여 유지시킬 수 있다는 것이다. 반증주의가 완전무결한 과학적 방법이라고 말하기 어려운 이유 중 하나다.

유용하게 쓰이고 있다.

따라서 효과적으로 아이디어를 검증하는 방법은 그것이 옳은 사례가 아니라 틀린 사례를 찾는 것, 즉 반증을 시도하는 것이다. 하지만 우리는 귀납의 문제 때문에 어떤 이론을 완벽하게 입증할 수 없다. 따라서 반증 시도는 끝나지 않으며, 옳은 이론이란 이 계속된 반증 시도를 이겨낸 이론이다. 과학에서 옳은 이론이란 잠정적으로 옳은 이론뿐이다. 과학은 현실에 더 부합하는Fitter 가설을 남기며—그렇지 않은 가설을 포기하며—진보한다.

이쯤에서 우리는 어떤 모델이 신념에 기반한 것인지, 과학에 기반한 것인지 대강 구별하는 방법을 생각해 볼 수 있다. 그 모델에 관한 결정적인 모순이나 반증하는 관측 사례의 존재, 또는 뒷받침하는 관측 사례의 부재를 지적했을 때 욕설을 듣거나 화형을 당하면 신념, 존경의 대상이 되거나 상을 받으면 과학이다.

어떤 가설이 반증 가능한 예측을 내놓지 못한다면 검증이 불가능하다. "모든 고니는 하얗다"는 가설의 "하얗지 않은 고니는 발견되지 않는다"라는 예측은 검은 고니가 발견됨으로써 반증되었다. 이 가설은 틀렸지만 과학적이다. 반면, "종말은 기도로 피할 수 있다"는 가설에서 나오는 예측은 어떤 결과에도 옳다. 이 가설은 반증 불가능하므로 비과학적이다. 보다시피 과학은 허튼소리를 가려내는 도구에 불과하며 어떤 당위를 내놓지도, 정당화하지도 않는다.* 과학이 당위를 제공한다는 오해는 대개 과학과 공학을 혼동할 때 발생한다. 공학은 가치 중립적인 과학 이론을 이용해 어떤 목적을 달성하는 것을 말한다. 그 목적이란 공학자가 주관적으로 설정한 목적이다. 예를 들어, 의학은 생물학 등의 과학 이론을 이용해 사람의 건강을 달성하려는 학문이다. 이때 사람의 건강이라는 목적은 주관적으로 설정된 것이다.

과학은 우리에게 자연이라고 불리는, 관측 가능한 우주가 어떻게 작동할지에 관한 모델을 제공할 뿐이다. 관측 가능한 우주는 관측되는 모든 것으로 이루어져 있고, 오로지 그것만으로 이루어져 있다. 최초의 과학자라는 별명을 가진 고대의 철학자 탈레스는 모든 것이 물水로 이루어져 있다고 생각했다. 오늘날의 과학과 비교해 보면 형편없어 보이지만 그의 별명은 그가 자연현상을 신념의 대상으로부터 그 자체로 설명되는 탐구의 대상으로 바꾸었기 때문에 얻은 것이다. 탈레스가 기원전 7세기 사람인 것을 고려하면 30만 년 인류의 역사에서 과학이 등장한 것은 길게 잡아야 수천 년에 불과하다. 이처럼

---

* '어떠함'이라는 사실판단으로부터 '어떠해야 함'의 가치판단을 끌어내는 것이 논리적이지 못하다는 문제를 '존재-당위 문제', 혹은 철학자 데이비드 흄의 이름을 따서 '흄의 길로틴'이라고 부른다. 과학의 강력함을 경험한 현대의 정의 카르텔은 과학적 사실에 가치판단을 버무려 당위를 끌어내곤 한다. 그들의 주장을 잘 들여다보면 최소한 한 개 이상의 반증 불가능한 객관적 윤리에 대한 전제가 교묘히 숨겨져 있는 것을 발견할 수 있다.

과학은 인류에게 있어 매우 새로운 사고방식이기에 사람들이 이를 낯설게 느끼는 것도 무리는 아니다. 심지어 현대의 과학자들도 자신의 연구 분야 밖에서는—특히 '증거에 따르면'이 아니라 '내가 생각하기에는'이나 '내가 믿는 것은'으로 문장을 시작할 때—비과학적인 주장을 펼치는 경우가 허다하다.

지금까지의 이야기는 과학 이외의 모든 방법을 폐기해야 한다고 주장하는 것이 아니다. 우리의 본능과 문화 및 전통은 최소한 자연선택의 검증은 통과한, 그럭저럭 환경에 적합한 선호의 집합이라고 할 수 있다. 과학의 역할은 선호를 해석해서 나온 모델을 다시 검증하는 것이고, 제대로 수행된 해석과 검증*은 우리가 가진 모델을 더 유용한 모델로 발전시킨다. 우리는 수십억 년 동안 쌓인 지혜로 살아가는 존재다.

---

* 여러 관점에서 선호로부터 모델을 해석할 수 있다. 우선 2.4장에서 다룬, 개체가 시나리오를 생성하는 데 이용하는 모델을 해석해 언어로 표현할 수 있다. 또한, 앞선 해석과 별개로 어떤 선호가 왜 환경에 적합한지 (또는 적합하지 않은지) 그 이유를 해석하는 방법이 있다. 후자는 진화생물학에서 궁극 원인(Ultimate cause)이라고 부르는 것이다. 특히 그 선호가 오랫동안 살아남았다면 둘째 해석으로부터 유용한 모델을 끌어낼 가능성이 크다. 해당 선호가 왜 환경에 적합한지, 다시 말해 어떤 메커니즘으로 개체와 선호를 생존, 번영하게 하는지, 혹은 개체의 행복에 기여하는지를 알게 되는 것이다. 예를 들어, 어떤 사람이 절벽에 다가가면 귀신에 들린다고 믿기 때문에 절벽을 피한다고 하자. 첫째 관점에서 해석된 모델은 "절벽에 다가가면 귀신에 들린다"는 것이다. 둘째 관점에서는 "이유야 어찌 되었건 절벽에 다가가지 않으면 절벽에서 떨어져 죽을 일이 없다"는 모델이 해석되어 나온다. 둘째 해석을 소홀히 하면 어떤 일이 일어날까? "귀신은 없다"고 외치며 절벽을 향해 달려가는 사람을 상상해 보자. 그 말이 틀렸다는 것은 아니지만 환경에 적합한 선호는 아니다. 어떤 허튼소리는 진실에 다가가기 위한 과정에 있는 것이다(서문). 선호의 해석이 제대로 이

루어졌을 때, 과학은 두 종류의 모델을 보다 유용하고 현실적인 하나의 모델로 대체한다. 이 예시에서는 "빠른 속도로 땅바닥을 포함한 무겁고 딱딱한 물체와 부딪히면 죽거나 다친다"가 될 것이다. 이렇게 모델이 대체되더라도 절벽을 피한다는 선택은 크게 바뀌지 않는다. 하지만 이 모델을 가진 개체는 원할 경우 로프 같은 도구를 이용해 절벽 너머로 나아갈 수 있다.

2.6. 선호가 사용되는 이유

그래서 우리는 국토 그 자체를 지도로 사용하고 있습니다. 그리고 아주 쓸 만할 것이라 장담합니다.
○ 『실비와 브루노 완결편』, 루이스 캐럴

따라서 유전자구조가 매우 영속적이기 때문에 생기는 상당히 보수적인 경향은 필수적이다.
○ 『생명이란 무엇인가』, 에르빈 슈뢰딩거

선호에 의존해 선택한다는 것은 비슷한 상황에서 비슷한 선택을 한다는 뜻이다. 그런데 우리에게 미래를 예측할 수 있는 능력이 있다면 개개의 상황에서 최대의 행복을 가져다주거나 완벽히 환경에 적합한 선택을 하면 될 텐데, 왜 그렇게 하지 않고 선호에 의존할까? 앞에서 어느 정도 다루었지만, 이것은 우리의 미래 예측이 완벽하지 않기 때문이다.

아이작 뉴턴의 『프린키피아』가 출판된 17세기 이래, 급격히 발전한 물리학은 점점 더 정교하게 물체의 운동을 예측할 수 있게 되었다. 사람들은 만약 모든 입자의 위치와 운동하고 있는 상태를 알 수 있다면 물리법칙을 적용해서 미래를 완벽하게 예측할 수 있지 않을까 하는 희망을 품기도 했다. 만약 이것이 사실이라 하더라도—불확정성의 원리를 들먹일 필요도 없다―모든 입자의 위치와 운동 상태를 측정하는 것은 현실적으로 불가능한 일이다. 따라서 완벽한 미래 예측은 불가능하다. 완벽하게 미래를 예측할 수 있다고 주장하는 사람은 얼마 못 가 사기꾼으로 밝혀질 공산이 크다.

개체의 연산 자원이 한정되어 있다는 사실로부터 선호의 몇몇 중요한 특성이 설명된다. 어떤 상황에서 우리가 할 수 있는 선택은 무수히 많다. 길을 걷다가 물웅덩이를 만났다면, 우리는 그 물웅덩이를 뛰어넘을 수도 있고, 그대로 밟고 지나갈 수도 있고, 돌아서 갈 수도 있으며, 그것을 계속 응시할 수도 있고, 첨벙대며 장난을 칠 수도 있고, 갑자기 친구에게 전화를 걸어 사과에 관해 이야기할 수도 있고……. 무슨 이야기를 하려는지 알 것이다. 하지만 연산 자원에 한계가 있으므로 우리는 매 순간 가능한 수많은 선택 중 떠오르는 몇 가지만 검토할 수 있다. 모델을 이용한 시나리오 생성은 무한에 가까운 경우의 수 중 극히 일부만 이루어진다.

선호의 이러한 특성은 놀랍게도 최신의 행동 경제학에서 다루어졌다. (경제학이 선택을 다루는 사회과학이라는 것을 생각하면 그다지 놀랍지 않을 수도 있다.) 1978년 스웨덴 국립은행으로부터 노벨경제학상을 받은 허버트 사이먼은 '제한된 합리성'이라는 개념을 제시했다. 제한된 합리성이란 이름 그대로 의사 결정(선택) 과정에서 인간의 합리성에 제한이 있다는 것으로, 인간은 주어진 상황에서 기대 효용을 최대화하는 선택을 한다는 기존의 경제학적 가정에 의문을 제기했다. 경제학에서 '효용'이란 행복가정의 행복과 같은 말이다. 제한된 합리성에 따르면 인간은 '인지적 제한'이 있어서 효용이 최대가 아니더라도 어느 정도 만족스러운 수준에서 선택을 한다. 이것은 수정 가능한 선호를 가진 개체가 연산 자원에 한계가 있기 때문에 가능한 모든 시나리오가 아닌 떠오르는 몇 가지의 시나리오 중 선택을 한다는 내용과 일맥상통한다. 효용(행복)을 최대화하기 위해서는 모든 가능한 시나리오를 검토하여 그중에 가장 좋은 것을 선택해야 하는데, 이것은 앞서 언급된 여러 가지 이유로 불가능하다. 개인이 완전히 합리적일 것이라고 가정하는 것은 합리적이지 못하다.

　　미래를 예측하는 연산 자원에 한계가 있다는 점에서 우리는 유용한 모델의 조건에 또 한 가지 힌트를 얻을 수 있다. 그것은 같은 현상을 같은 정확도로 예측할 수 있다면 더 간단하거나 불필요한 가정이 없는, 연산 자원이 덜 드는 모델이 유용하다는 것이다. 즉, 더 적은 것으로 더 많은 것을 설명할 수 있는 것이 더 유용한 모델이다. 이것은 절약의 원리라고도 불리며 '오컴의 면도날'이라는 별명으로 더 유명하다. 이 별명은 14세기에 철학자이자 수도자였던 오컴(영국의 지명)의 윌리엄에서 따온 것이다. 그는 더 적은 논리로 설명할 수 있을 때 필요 이상의 논리를 세우지 말 것을 주장했다. 면도날은 불필요한 것을 잘라 버린다는 뜻이다. 논리적으로 생각해 보아도 일리가 있다. 사슬이 끊어질 때 가장 약한 고리가 끊어지듯, 여러 가설을 모아 이론을 만들었다면 그 이론은 가장 타당하지 못한 가설만큼만 타당할 것이다. 불필요한 가설을 추가하는 것은 이론이 틀릴 가능성만 높인다.

두 모델이 같은 정확도를 보일 때 간단한 모델이 더 유용하다는 것은 알겠다. 그렇다면 정확도가 떨어지는 모델은 아예 쓸모가 없는 걸까? 반드시 그렇지는 않다. 모델의 정확도가 조금 떨어지더라도 연산 자원을 크게 아낄 수 있다면 유용하게 사용될 수 있다. 이것을 '휴리스틱(어림짐작)'이라고 한다.

2.4장에서는 인간이 여전히 가지고 있는 본능(고정된 선호) 중 하나로 자외선 자극에 대한 피부의 색소 분비를 예시로 들었다. 우리는 미래에 자외선을 많이 받을 부위를 정확하게 예측하지 않고, 색소를 어디에 얼마나 분비할지의 결정은 적당히 본능에 맡겨 둔다. 여기에는 "지금 자외선을 받는 부위가 미래에도 자외선에 노출될 확률이 높을 것이다"라는—정확도는 낮고 항상 잘 작동하는 것은 아니지만—연산 자원을 크게 절약할 수 있는 모델이 적용되었다고 해석할 수 있다. 이런 본능적 선택을 의식적으로 행한다고 상상해 보자. 24시간 내내 피부의 어느 부위에 얼마큼 자외선을 쬐었는지 느끼고 얼마큼 색소를 분비할지 결정해야 한다. 동시에 숨도 쉬어야 하고 심장도 뛰게 해야 하고 절벽도 피해야 한다. 멜라닌 색소 분비를 추후 딱 필요한 만큼만 정확하게 결정하는 것에 너무 집중한

나머지, 그 이외의 선택을 소홀히 했다가는 큰일이 날 것이다.

우리는 높은 정확도가 필요하지 않은 선택에서 연산 자원을 절약하여 높은 정확도를 요구하는 선택에 사용한다. 달에 우주선을 보내기 위해서는 정확한 궤도 계산이 필요하지만, 휴지통에 음료수 캔을 던져 넣을 때마다 슈퍼컴퓨터를 동원한다면 엄청난 자원의 낭비가 될 것이다. 반대로, 캔을 던지듯이 우주선을 대충 쏘아 올린다면 달 위에 영영 발자국을 남기지 못할 것이다.

우리는 선택에 요구되는 자원과 정확도에 따라 사용하는 모델을 바꾼다. 오늘날 지구가 둥글다는 사실을 모르는 사람은 거의 없다. 이것은 비행기의 효율적인 항로를 계산할 때에는 필수적인 지식이다. 이 지식을 중력이 지구의 중심을 향해 작용한다는 또 다른 모델과 결합해 보자. 지표면에서 위치가 다르면 중력의 방향도 달라진다는 결론이 나온다. 곰곰이 생각해 보면 내가 아래(중력의 방향)를 가리키고 지구 반대편의 누군가가 아래를 가리키면 그 방향은 서로 반대다. 같은 원리로 당신이 사는 집의 양 끝과 지구중심을 선으로 잇는다면 삼각형—혹은 매우 얇고 긴 피자 조각 모양—이 나올 것이다. 이때 지구의 중심에서 만나는 두 선은 평행하지 않다. 엄밀히 말해서 집의 양쪽 끝에서 중력은 다른 방향으로 작용한다.

그런데 건축가는 집의 모든 지점에서 중력이 같은 방향으로 작용한다고 가정하고 집을 짓는다. 설마 건축가가 지구가 둥글다는 것을 모르지는 않겠지만, 집을 지을 때는 지구가 평평하다는 모델을 사용하는 것이다. 집의 양쪽 끝에서 중력의 방향 차이는 무시해도 될 정도로 작다. 지구의 곡률을 고려해야 할 정도로 큰 건물을 지을 일은 거의 발생하지 않는다. 일상생활에서 지구는 충분히 평평하다.

　미래 예측의 불확실성은 우리가 왜 충동적이고 근시안적인 선택을 하는지 그 설명도 제공한다. 미래는 더 멀리 예측할수록 오류가 누적된다. 1초 뒤 날씨를 예측하는 것은 간단하다. 지금 날씨를 그대로 말하면 틀리기 더 힘들다. 집을 나설 때 일기예보를 확인하면 그날 날씨로 낭패를 볼 위험은 감수할 수 있을 정도다. 한 달 뒤의 일기예보를 참고해서 휴가 계획을 짠다면 휴가를 망칠 확률은 무시하지 못할 정도로 커진다.

　현재를 사는 우리는 먼 미래의 감정보다 가까운 미래의 감정을 더 생생하게 느끼도록 진화했다. 담배가 건강에 해롭다는 사실은 널리 알려져 있다. 그렇지만 젊은 나이에 교통사고로 사망한다면 노후를 위한 금연이 무슨 소용이 있는가?

　누적되는 오류와 근시안적인 선택의 관계가 입증된다면 미래 예측의 불확실성이 줄수록 먼 미래를 고려한 선호가 늘어나리라 추측할 수 있다. 두 가지 방법이 떠오른다. 우선 개체의 환경을 제한할 수 있다. 위의 예시에서, 살면서 범죄나 사고를 당할 확률이 낮아지고 평균 수명이 높아지면 금연을 선택하는 사람들이 많아질 수 있다. 모델을 발전시키는 것, 다시 말해 더 유용한 모델을 알아내는 것도 더 정확한 미래 예측을 가능하게 만드니 미래의 불확실성을 줄인다. 물론 환경에 제한을 두는 것과 모델을 발전시키는 것 둘 다 쉬운 일은 아니다.

이쯤에서 앞서 언급한 기존 경제학의 합리적 행위자 가정을 변호할 필요를 느낀다. 인간을 합리적 행위자로 가정하는 것은 건축가가 지구가 평평하다고 가정하는 것처럼 분명히 현실과 괴리가 있다. 하지만 이 가정은 가능한 선택을 모두 검토할 수 있도록 인위적으로 제한시킨—그리고 펜, 종이, 시간이 무한정 제공되는—상황에서는 제법 정확한 결과를 보이고, 경제학자들은 이 가정을 통해 경제학의 기초를 세우고 여러 유용한 모델을 끌어낼 수 있었다.

이 책에서 다루는 개체의 선호라는 개념도 결국 개체의 행동을 예측하기 위한 모델에 불과하다. (나는 이 모델이 유용하다고 생각한다.) 중요한 것은 모델의 어느 부분에 약점이 있는지 알고, 언제 어떤 모델을 적용할지 판단하는 것이다.* 높은

---

*   개체가 주관적 선호를 지닌다는 모델의 약점은 개체가 작동하는 실제 메커니즘이 무시되며, 개체의 시공간적 경계가 불분명하다는 것이다. 주관적 선호 모델은 관측 가능한 우주 안에서 관찰자가 관심 있는 적당한 덩어리를 개체, 그것이 아닌 것을 환경이라 이름 붙이고 개체의 (복잡한) 메커니즘을 (비교적 간단한) 의도, 혹은 기능으로 치환해 파악하는 것이다. 관찰자는 개체와 (관찰자를 포함하는) 환경의 상호작용을 관찰하여 선호를 파악하는데, 환경과의 상호작용은 개체의 변화를 수반한다. 이때 개체와 환경의 공간적 경계와, 변화가 누적되어 다른 개체로 간주되기까지 시간적 경계가 불분명한데 대개 관찰자의 자의로 판단된다.

정확도가 필요한 곳에 낮은 정확도의 모델을 적용하면 실패할 가능성이 커지고, 반대 상황은 다른 선택에 사용할 수도 있었던 연산 자원이 낭비된다. 물론 정확도가 떨어지는데 복잡하기까지 한 모델의 유용성을 변호하는 것은 여전히 힘들다. 현상을 해석하는 무수한 방법 중 유용한 것은 드물다.

개인은 행복(감정)을 기준으로 선택한다. 하지만 미래를 예측할 연산 자원에 한계가 있기 때문에 행복을 최대화하거나 완전히 환경에 적합한 선택이 무엇인지는 알지 못하고, 떠오른 시나리오 중에서 그나마 좋은 것을 선택한다. 문제는 이뿐만이 아니다. 미래 예측이 완벽할 수 없는 탓에 예측한 시나리오조차 틀리는 경우가 생긴다. 승진하기 위해 힘들지만 열심히 일하기로 선택한 사람이, 만약 직업을 바꾸는 것을 고려했다면 그것을 선택했을지도 모른다. 하지만 그 생각을 미처 떠올리지 못한 탓에 열심히 일한다는 선택을 했을 수도 있다. 더군다나 열심히 일한다고 해서 반드시 승진하는 것도 아니다. 더 오싹한 상황은 정말로 승진을 했는데 예상했던 만큼 행복하지 않을 때다. 행복하기 위해 내린 선택이 항상 행복한 결과를 낸다는 보장은 없다. 인생은 예상하지 못한 방향으로 흘러간다. (이 말에는 뒷면이 있다. 인생이 예상하지 못한 방향으로 흘러간다면, 예상하지 못한 행복도 찾아올 수 있다.)

인지적 제한을 가진 개체는 선택에서 발생하는 미래의 모든 영향을 계산할 수 없다. 선택 당시 예상한 행복과 고통은 실제로 경험하는 행복, 고통과 일치하지 않는다. 그리고 이 모든 사실에도 불구하고, 자신의 선택에 따라 이후의 인생이 달라진다는 것만큼은 확실하다. 우리는 이 세상의 현재 상태를 완벽하게 측정할 수 없고, 우리가 가진 이 세상에 대한 모델 또한 완벽하지 못한 데다가, 무엇보다 미래를 예측하는 데 사용할 연산 자원에 한계가 있다. 이렇게 우리가 미래를 완벽하게 예측할 수 없기 때문에 우리는 대개의 상황에서 잘 작동하는 행동 양식, 즉 선호를 가지고 살아간다. 아마도, 태양은 내일도 뜰 것이다. 사람들은 어제와 비슷하게 생긴 옷을 입고 비슷한 음식을 먹고 비슷한 선택을 할 것이다.

2부

선택된 윤리

3장 개인의 자유

3.1. 선호 충족의 자유

자유인이란 자신의 힘과 지력으로 할 수 있는 일 중에서 자신이 원하는 것을 방해받지 않고 할 수 있는 사람을 지칭한다.
○ 『리바이어던』, 토머스 홉스

계란을 한 바구니에 담지 마라.
○ 속담

1부에서는 개인이 자신의 행복을 증가시키는 선택을 한다는 것, 즉 선호를 가진다는 것을 살펴보았다. 2부에서는 개인의 주관적 선호를 중심으로 메타선진국의 윤리를 공시적^{共時的}으로 해석해 보고자 한다.

2.6장에서 언급했듯 현상을 해석하는 방법은 무수히 많다. 앞으로 소개할 관점은 현재의 메타선진국의 제도를 해석하는 다양한 방법 중 하나에 불과하다는 점을 미리 밝혀 둔다. 메타선진국의 윤리가 다른 것보다 더 윤리적이라거나, 정의롭다거나 혹은 선하다, 우월하다, 그러니 추구해야 한다고 주장하려는 것이 아니다.* 메타선진국의 윤리란 많은 사람이 선호

---

* 내가 개인적으로 메타선진국의 윤리를 좋아하는가를 묻는다면, 그렇다. 이 책

하는 제도에 불과하다(1.3장).

나는 2.1장에서 메타선진국이 지금의 윤리를 가지게 된 원동력으로 개인이 주관적 선호를 가진다는 사실을 제시했다. 메타선진국의 윤리는 개인이 선호를 충족시키려고 하는 힘에 의해 도달, 유지된다는 뜻이다. 메타선진국의 가장 큰 특징 중 하나는 개인의 자유를 주요한 가치로 여긴다는 것이다. 개인이 자유로운 상태에서 더 행복할 수 있다는 사실은 이미 널리 받아들여져 다른 의견을 찾기가 힘들다. 자유는 개인의 선호와 무슨 관계가 있을까?

선호를 가진 존재는 당연히 그 선호를 충족하려고 한다. 이것은 선호의 정의에 따른 본질적인 특성이다. 무언가를 선호한다고 하면, 그것은 그 무언가를 얻으려 한다는 뜻이다. 어두운 방의 한쪽 끝에 전등을 켜고 다른 쪽 끝에 실로 나방을 묶어 놓으면 이 나방은 묶인 것과 상관없이 전등을 향해 날아가려고 할 것이다. 만약 나방에게 그럴 능력이 있다면 실을 끊고 전등으로 날아갈 것이다. 선호를 가지는 모든 존재는 기본적으로 자유가 제한되는 상황을 피하고, 벗어나려고 한다.

은 믿음의 도약을 가능한 한 피하면서 검증 가능한 사실에 대한 논리를 쌓아 올리는—최소한 그렇게 하려고 노력한—책이다. "X는 선하다(또는 나쁘다)"는 주장은 가치에 대한 주장으로 검증에 객관적 윤리가 필요하다. 반면 "개체 A는 X를 좋아한다(또는 싫어한다)"는 주장은 사실에 대한 주장으로 개체의 선택을 관찰하여 검증 가능하다. 만약 살아야 할 국가를 고를 수 있다면 나는 다른 사람들과 마찬가지로 선진국을 선택할 것이다.

여기에서 자유란 자신의 선호대로 행동할 수 있는 자유다. 즉, 선호를 충족시키고 선호에 따라 선택할 수 있는 자유인 것이다. 그리고 개인은 행복과 감정을 기준으로 선택을 하므로(2.2장) 선호 충족의 자유는 행복 추구의 자유와 동의어다. 개인에게서 자유를 빼앗는다는 것은 선호 충족(행복 추구)을 강제로 방해한다는 뜻이다.

다시 말해 개인은 자유가 제한당하는 상황을 벗어나려고 한다. 이것은 미국 독립 혁명, 프랑스 혁명을 비롯한 근현대의 여러 혁명 사례에서도 알 수 있다. 자유를 추구하는 메타선진국의 특성은 이처럼 개인이 선호를 충족시키려고 하는 힘을 통해 얻어질 수 있다. 사람들은 자유가 보장된 메타선진국에 살고 싶어 한다.

이쯤에서 개인의 자유를 부정하는, 압제적 국가들의 전략을 살펴보는 것도 흥미롭다. 2.6장에서는 사람이 애초에 어떤 선택지를 떠올리기조차 못하면 그 선택을 할 수 없다는 것을 알아보았다. 압제적 국가는 이 특성을 애용한다. 국민에게 자신이 자유로운 삶을 살 수 있다는 사실 자체를 모르게 하는 것이다. 자유가 없는 상태를 당연하고 벗어날 수 없는 상태로 여긴다면, 사람들은 자유를 요구하지 않는다. 물론 이렇게 하더라도 압제를 벗어나는 상상을 하는 사람들은 나타난다. 이런 경우에는 자유로운 삶이 부자유한 삶보다 불행하다는 모델(이후에 나오겠지만, 이것은 어느 정도까지는 사실이다)을 주입함으로

써, 국민이 자발적으로 부자유를 선택하게 하여 압제를 유지할 수 있다. 위와 같은 압제적 국가의 전략들은 통신기술의 발전으로 자유로운 국가가 가능하고, 그곳에서 더 행복할 수 있다는 사례를 접하기 쉬워짐에 따라 점점 힘을 잃는다. 그렇기에 압제적 국가는 정보를 통제하고 국민을 감시하려는 경향을 보인다. 감히 예상컨대, 압제적 국가라면 이 책을 금서로 지정하거나 원래 내용을 알아보지 못하도록 검열할 것이다.

　　또한, 자유를 억압한다는 것은 개인이 가질 수 있는 다양한 선호 중 극히 일부만 허용된다는 의미며, 이것은 사회구성원의 획일화를 뜻한다. 어떤 집단이 획일화된 요소로 구성되어 있으면, 그 요소에 영향을 주는 특정 위험에 취약해진다. 유전적 다양성이 부족한 집단이 전염병에 취약해지는 것과 같은 원리다. 우리가 먹는 바나나는 씨가 없어 다 자란 줄기의 새순을 잘라 다른 곳에 심는 방식으로 재배한다. 이 방식은 품질이 일정해지는 장점이 있지만, 재배하는 모든 바나나의 유전자가 똑같게 되므로 한 종류의 전염병으로도 그 농장의 바나나가 모두 죽어 버릴 수 있다. 실제로 1950년대 파나마병이 창궐해 당시 주력 품종이었던 그로 미셸 품종은 캐번디시 품종으로 대체되었다. 하지만 이 캐번디시 품종도 유전적 다양성 부족 문제는 해결되지 않은 상태다. 집단의 다양성 부족은 집단 전체를 취약하게 만든다. 선호의 다양성이 용인되는 메타 선진국은 압제적 국가보다 이러한 위험에서의 회복력이 크다.

메타선진국에서 자유는 과학과 마찬가지로 사람의 생각이 틀릴 수도 있다는 사실, 그리고 사람들의 선호, 가치, 원하는 것이 주관적이라는 사실을 기반으로 한다. 개인의 자유를 보장한다는 것은 모델이나 선호가 완벽하지 않을 수 있다는 것을 인정하고 국가가 개인이 특정한 선호를 가지거나 무엇을 원해야 한다고 강요하지 않는 것이다. 자유는 개인에게 선택을 강요하지 않는 동시에 선택의 결과에 책임을 지운다. 압제는 개인에게 선호를 강요하고 그 결과의 책임은—끔찍하게도—개인에게 전가된다. 개인의 삶은 선택에 따라 달라지는데(2.6장), 강요받은 선택이라고 해서 예외가 아니다. 절벽은 자발적으로 떨어지는 사람과 강요받아 떨어지는 사람을 구별하지 않는다.

3.2. 표현의 자유

만일 그들이 특정 의견이 잘못되었다는 확신 아래 다른 사람들이 들어볼 기회조차 봉쇄해 버린다면, 그것은 자신들의 생각이 절대적으로 옳다고 가정하는 것이나 마찬가지다.

○ 『자유론』, 존 스튜어트 밀

나는 당신 말에 동의하지 않지만, 당신이 말할 권리를 위해 죽을 힘을 다해 싸울 것이다.

○ 『볼테르의 친구들』, 에블린 베아트리스 홀

수많은 선호 충족의 자유 중에서도, 표현의 자유는 모델을 발전시키고 선호를 바꿀 수 있도록 하는 자유이기 때문에 특별히 언급할 가치가 있다. 사람들은 표현의 자유를 통해 자신이 가진 모델을 공개하고, 미처 알아채지 못한 결점을 지적받아 모델을 수정할 수 있다. 또한, 자신이 직접 모델을 제시하지 않더라도 공개된 모델 중 성공적이거나 설득력이 있는 것을 선택해 수용할 수 있다. 그리고 더 유용한 모델을 가진 개체는 더 효과적으로 행복을 추구할 수 있다(2.4장).

　　우리는 현상을 관찰하고 해석하여 모델을 만든다. 표현의 자유의 대상에는 현상을 관찰한 자료와 현상에 대한 묘사, 현상에 대한 해석(모델) 모두가 포함된다. 메타선진국에서는 자신이 보고 느끼고 생각한 것을 자유롭게 표현할 수 있다. 그리고 다른 사람들은 공개된 것에 자유롭게 지지 혹은 비판하거나 새로운 해석을 제시할 수 있으므로, 결국 모든 사람이 더 유용한 모델을 가질 기회를 얻는다.

앞서 압제적 국가가 체제를 유지하는 전략을 살펴보았다. 압제적 국가는 어떤 모델을 금지하거나 반대로 특정한 모델만 허용함으로써 압제를 유지한다. 물론 현재까지의 기술 수준으로는 사람이 무슨 생각을 하는지 알 수 없으므로, 실무적으로는 표현의 자유를 억압하는 방식으로 이루어진다. 이렇게 압제적 국가가 표현의 자유를 탄압하는 모습은 수많은 현실 사례와 더불어, 조지 오웰의 디스토피아 소설 『1984』에서도 적나라하게 묘사된다. 1984에 등장하는 가상의 국가에서 사람들은 텔레스크린Telescreen이라는 장비와 곳곳에 배치된 정치 경찰에 의해 철저하게 감시당한다. 모든 정보는 당The Party에 의해 검열, 조작되며 당의 견해와 다른 의견을 표현하는 것은 사상범죄Crimethink로 분류되어 혹독한 고문과 세뇌를 받는다.

압제적 집단과 국가는 사실의 검증을 두려워한다. 그들에게 사실은 선언의 대상이지 탐구의 대상이 아니다. 압제적 국가는 결론(모델)을 미리 정해 놓고, 그것을 약화할 수 있는 시도를 탄압한다. 이 시도에는 어떤 현상에 대해 국가의 견해와 다른 해석을 제시하는 것뿐만 아니라, 그 견해를 약화시킬 수 있지만 실재하는 현상을 언급하는 것까지 포함된다. 국가가 "고니는 모두 하얗다(또는 모두 까맣다!)"고 선언한다면 사람들은 검은 고니를 보고도 못 본 척해야, 더 심하게는 보지 않았다고 믿어야만 하며, 보았다고 말하는 사람은 고발되어 제거된다. 압제적 국가가 사실과 싸우는 한편, 열린사회인 메타선진국에서는 모든 사상이 검토될 수 있다. 메타선진국은 표현의 자유를 통해 진실을 탐구한다.

재미있게도 표현의 자유 덕분에 표현의 자유를 제한해야 한다는 주장 또한 자유롭다. 하지만 무언가를 주장하는 것이 자유롭다고 해서 그것을 채택해야 한다는 뜻은 아니다. 한 번 표현의 제한이 시작되면, 그 시점부터는 더 이상 모델의 발전이 불가능하게 된다. 표현을 제한하려는 시도의 결말은 모델과 제도의 발전이 정체된 압제적 집단이 되거나, 실패해 표현의 자유로 회귀하는 두 가지로 나뉜다. 현재 널리 받아들여진 아이디어들은 처음 등장했을 때는 모두 비주류였다. 어떤 모델이 정말로 완벽하고, 더 유용한 모델이 결코 등장하지 않을 것이라는 보장은 불가능하다.

4장 사회 계약의 핵심

4.1. 보상과 처벌 전략

행동이 행동의 결과에 영향을 받는다는 것은 오래전부터 알려져 왔
다. 예를 들어, 우리는 사람들이 달리 행동하게 하려고 그들에게 보
상하거나 처벌한다.

○ 『자유와 존엄을 넘어서』, B. F. 스키너

사실 실생활의 많은 측면은 비영합(Nonzero sum) 게임에 해당한다.
그렇기 때문에 자연이 종종 '물주' 역할을 하고 개개인은 서로의 성
공에서 이익을 얻을 수 있다.

○ 『이기적 유전자』, 리처드 도킨스

2.3장에서 우리는 어떤 개체의 선택과 그 영향이 주변 개체에
게 환경으로 작용한다는 것을 알아보았다. 인간 사회에서도
마찬가지다. 개인과 개인의 선택은 타인에게 있어 환경의 일
부다. 그런데 신기하게도, 사람들이 모이면 누가 시키지 않아
도 자연스레 어떤 규칙을 따르는 것이 관찰된다. 그리고 대단
히 흥미롭게도, 이 규칙은 심리학의 '조작적 조건화'와 일치한
다. 2.4장에 나온 개에게 "앉아"를 가르치는 방법 또한 이 조작
적 조건화를 이용한 것이며, 표로 정리하면 다음과 같다.

	증가시키려는 행동을 할 때	감소시키려는 행동을 할 때
제공	긍정적 자극의 제공	부정적 자극의 제공
제거	부정적 자극의 제거	긍정적 자극의 제거

조작적 조건화란 개체의 어떤 행동(선택)이 일어날 확률을 증가시키거나 감소시키고 싶을 때 이용하는 방법이다. 개에게 "앉아"를 가르칠 때 간식을 준 것은 긍정적 자극의 제공에 해당한다. 이 표를 우리의 논의에 필요한 정도로 단순화해 보자. 이익을 제공하거나 불이익을 제거하는 것은 결국 보상을 한다는 뜻이고, 불이익을 제공하거나 이익을 제거하는 것은 처벌을 의미한다.

	증가시키려는 행동을 할 때	감소시키려는 행동을 할 때
대응	보상	처벌

조작적 조건화의 방법은 매우 단순하다. 증가시키고 싶은 행동에는 보상을 하고, 감소시키고 싶은 행동에는 처벌을 하면 된다. 물론 이 방법은 모델을 변경해서 선호를 수정할 수 있는 개체, 즉 학습할 수 있는 개체를 대상으로만 유효하다. 모델은 이 세상이 어떻게 작동할지에 대한 기술記述이고(2.4장), 다른 개체 또한 이 세상에 포함되므로 상대가 어떻게 행동할지 예측하는 것도 모델의 역할이다. 조작적 조건화는 개체의 행동에 상대가 어떻게 반응할지, 즉 상대의 선호를 기술하는 모델을 학습시키는 것이다. 개체는 한 가지 선택에서 발생하는 일련의 상황을 종합적으로 판단한다(2.2장). 상대가 어떻게 반응할지 학습한 개체는 상대의 선호를 고려하여 자신의 선호를 수정한다. 조작적 조건화는 개체의 모델을 바꾸고, 개체는

그 모델을 이용해 이전과 다른 시나리오를 생성하며, 그에 따라 다른 선호를 갖게 된다.

그렇다면 개인은 타인과의 상호작용에서 조작적 조건화를 어떻게 이용할까? 개인에게 있어 증가시키고 싶은 타인의 행동은 무엇일까? 그것은 그 개인의 선호에 부합하는 행동일 것이다. 행복가정을 적용하면, 개인은 자신을 행복하게 하는 타인의 행동을 증가시키려고 한다. 반대도 마찬가지로, 개인은 자신을 불행하게 하는 타인의 행동을 감소시키려고 한다. 개인이 자신의 행복을 기준으로 타인의 행동에 보상과 처벌을 한다면 그 보상과 처벌은 어떻게 이루어질까? 타인 또한 선호를 가진 존재이므로 보상은 상대의 선호를 충족시키는 것, 즉 행복하게 하는 것이고 처벌은 불행하게 하는 것이 된다.

	상대가 개인의 행복을 증가시킴	상대가 개인의 행복을 감소시킴
개인의 대응	보상 (상대의 행복을 증가시킴)	처벌 (상대의 행복을 감소시킴)

행복에 관한 흔한 오해 중 하나는 내가 행복해지기 위해서는 균형을 맞추기 위해 누군가가 불행해져야 한다는 근거 없는 믿음이다. 하지만 보상과 처벌 전략은 심오한 사실을 암시한다. 그것은 행복 추구가 제로섬 게임이 아니라는 것이다. 제로섬Zero-sum 게임이란 결과적으로 승자와 패자가 나뉘는 게임을 뜻한다. 승자(+)와 패자(-), 또는 무승부(0:0)가 존재하므

로 모두 합치면 0이 된다는 뜻에서 제로섬 게임이라고 불린다. 하지만 보상과 처벌 전략을 살펴보면, 누군가 개인의 행복을 증가(+)시켜 주었을 때 그 사람의 행복을 증가(+)시켜 보상하므로 결과적으로 양측의 행복이 증가한 '포지티브섬Positive-sum' 상황이 된다. 반대의 경우에는 양측의 행복이 감소하므로 '네거티브섬Negative-sum' 상황이 된다. 보상과 처벌 전략이 통용되는 사회에서 개인이 장기적으로 행복하기 위해서는 누군가의 행복을 빼앗는 것이 아니라 서로 협력하여 둘 다 행복해지는 것이 더 유효한 방법이다.

놀랍게도 이 방법은 문화와 관계없이 보편적으로 발견된다. 이것은 '황금률'*이라고 불리며, 과거 사회 규범의 역할을 했고, 지금까지 살아남은 여러 종교에서 가르치는 원칙이기도 하다.

보상과 처벌 전략은 심지어 종교 자체를 유지하는 데도 응용된다. 많은 종교가 교인에게 사후死後의 행복을 약속하는 방법으로 교리를 지키도록 유도한다. 현재 세계에서 교인

---

*   황금률은 "당신이 다른 사람으로부터 원하는 것을 다른 사람에게 해 주어라"는 원칙이다. 이것은 보상과 처벌 전략의 포지티브섬 상황인 "다른 사람이 원하는 것을 해 주어라"에 "모든 사람은 같은 선호를 가진다"는 가정이 추가된 것이다. 물론 모든 사람은 자연선택으로부터 살아남은 공통 조상으로부터 선호를 물려받았기 때문에 대체로 비슷한 선호를 지닌다. 하지만 당신이 땅콩을 좋아한다고 해서 땅콩 알레르기가 있는 사람도 땅콩을 좋아하는 것이 아니듯, 사람들의 선호가 완전히 같다고 가정하는 것은 무리가 있다. 오컴의 면도날이 번뜩이는 순간이다.

이 가장 많은 기독교는 교리를 지키면 사후에 천국으로 갈 것이라고 약속하며, 지키지 않으면 지옥에 가서 영원히 고통받을 것이라며 경고한다. 세 번째로 교인이 많은 힌두교에서는 윤회라고 하여 교리를 지키고 살면 사후에 더 높은 계급으로 다시 태어나고, 지키지 않으면 낮은 계급이나 인간이 아닌 동물로 태어난다고 말한다. 사후의 행복을 약속하는 종교를 믿는 인구가, 그렇지 않은 인구보다 많다는 사실은 이 전략이 매우 효과적이라는 것을 보여 준다.

이렇듯 보상과 처벌을 이용하면 효과적으로 타인의 행동을 유도할 수 있다. 게다가 우리는 이 전략을 통해 모든 사람이 자기희생을 선호할 것이라는 희망찬 가정을 하지 않고도 사회를 이룰 수 있다. 메타선진국의 윤리 또한 이것을 응용한 정도에 그친다. 이것은 보상과 처벌 전략을 사용해야 한다는 뜻이 아니고, 누가 시키지 않아도 이미 사용하고 있다는 뜻이다. 그것도 아주 오랫동안. 보상과 처벌은 진화적으로 안정된 전략으로 보인다.* 사람들이 이 전략을 사용하지 않도록 설득하는 것은 그렇게 할 이유도 마땅치 않고, 그것이 가능한지조차 의심스럽다. 반대의 전략, 예를 들어, 나의 행복을 감소시킨 사람에게 보상을 하거나 증가시킨 사람에게 처벌을 하는 전략

---

* 나는 제한된 합리성과 시민조건(6장에서 소개한다)을 갖춘 외계인이 존재하고 자연선택의 영향을 충분히 오랫동안 받았다면, 필연적으로 그들도 서로에게 보상과 처벌 전략을 사용할 것이라고 감히 예상한다.

은 상상하기 어려울 뿐만 아니라 개인의 행복 추구나 생존에 전혀 도움이 될 것 같지 않다.

사람들은 보상과 처벌 전략으로 상대의 행동을 유도한다. 그리고 상대 또한 자신에게 이 전략을 사용할 것이라 예상한다. 보상과 처벌 전략은 사회 계약의 핵심이라 불려도 손색이 없다.

추가로, 개인과 개인의 상호작용에서는 상호작용의 빈도도 무시할 수 없는데 여기에도 보상과 처벌 전략의 기준이 동일하게 적용된다. 개인은 자신의 선호를 충족시켜 주는, 행복하게 해 주는 사람과 더 많이 상호작용하려고 한다. 여기에서 사회적 평가를 의미하는 평판이라는 개념이 중요해진다. 개인은 어떤 사람이 해 온 상호작용의 정보를 수집하여 그 사람의 평판을 파악한다. 평판이 좋은(포지티브섬 상호작용이 기대되는) 사람은 타인과 상호작용할 기회가 더 많아지고, 평판이 나쁜(네거티브섬 상호작용이 기대되는) 사람은 그 기회가 적어진다.** 즉, 어떤 사람이 포지티브섬 상호작용을 하는 경향이 있다면 평판이 상승하여 더 큰 사회적 영향력을 끼칠 수 있게 된다.

** 평판이 생존과 번식을 좌우하는 소규모 사회라는 환경에 진화적으로 유의미한 시간 동안 노출된 조상을 가진 후손은, 자신의 평판 관리를 어떤 행동에 대해 느끼는 의무감이나 죄책감 등의 감정으로 체화(embody)할 수도 있을 것이다.

4.2. 국가의 역할

국가란 특정한 영토에서 적법하게 폭력을 독점하는 데 성공한 인간의 무리다.

○『직업으로서의 정치』, 막스 베버

보상과 처벌 전략은, 딱히 강요하지 않아도 사람들이 자연스럽게 따르는 것을 보면 본능적인 전략이라고 해도 믿을 정도다. 물론 이 전략에도 단점이 있는데, 상대에게 가하는 처벌이 점점 강해지고 반복되는 현상이 발생한다는 것이다. 실제로 알바니아에는 카눈이라는 관습법이 있는데, 피해를 입은 사람의 친족은 상대에게 복수할 의무가 있다는 내용이다. 복수는 복수를 부르고, 연루된 두 가족의 모든 남자가 죽어야만 끝이 난다. 이런 복수 문화는 몇몇 지역에서 현대까지도 이어지고 있다.

　이 같은 단점에도 불구하고, 충분히 작은 마을에서는 보상과 처벌 전략만으로도 그럭저럭 사회 규범(윤리)의 역할을 할 수 있다. 인류학자 로빈 던바는 영장류가 이루는 집단의 크기와 뇌의 크기 사이에 상관관계가 있다는 것을 발견했다. 이를 인간에게 적용했을 때, 약 150명이라는 숫자—이것을 '던바의 숫자'라고 부른다—가 나왔다. 이런 소규모 사회에서는 사회 구성원이 급격하게 유입되지 않는 한 서로에게 무슨 일이 일어났는지 속속들이 알고, 평판을 파악하여 어떻게 상호작용을 해야 할지 판단할 수 있다. 그러나 분명한 것은 인지적 제한 (2.6장)이 있는 개인이 모든 구성원의 평판을 충분히 파악할 수 있는 집단의 크기는 한계가 있다는 것이다.

집단의 크기가 커지거나 집단 외부와의 교류를 통해 잠재적으로 상호작용할 수 있는 사람의 수가 수천, 수만을 넘게 되면 보상과 처벌 전략은 무력화된다. 그 이유는 개인이 상대로부터 이득을 얻거나 피해를 주고 상대가 대응하기 전에 도망친 뒤 그 사실을 모르는 새로운 희생양을 찾을 수 있기 때문이다. 이른바 배신, 혹은 보상과 처벌을 피했다는 의미에서 '무임승차'가 가능해진다. 이런 상황에서 협력을 통한 포지티브섬 상호작용은 크게 매력을 잃는다. 다음 표를 보자.*

---

*   표에서 행복을 숫자로 표현한 것은 선택을 비교할 수 있도록 임의로 부여한 것으로, 감정이 정량적 측정 대상이라는 뜻은 아니다. 깊이 다루지는 않지만, 개체 내 비교가 아닌 개체 간 비교를 위한 효용의 측정 시도는 공리주의나 그와 유사한 객관적 윤리와 결합하여 6장에서 다룰 특권집단을 형성하는 데 이용되곤 한다.

		상대의 선택	
		협력	무임승차
나의 선택	협력	나의 행복: +1 상대의 행복: +1	나의 행복: −2 상대의 행복: +2
	무임승차	나의 행복: +2 상대의 행복: −2	나의 행복: −1 상대의 행복: −1

만약 상대가 협력을 한다면, 나는 무임승차를 하는 것이 이득이다(+2 > +1). 상대가 무임승차를 한다면, 이번에도 나는 무임승차를 하는 것이 손해가 적다(−1 > −2). 즉, 상대가 어떤 선택을 하든 나는 무임승차를 선택하는 것이 합리적이다. 상대의 입장에서도 똑같다. 내가 협력을 하거나, 무임승차를 하거나 상대는 모두 무임승차를 하는 것이 이득이다. 정말로 서로를 신뢰하는 사이라면 협력할 수도 있지만, 그렇지 않다면 둘 다 무임승차를 선택하게 된다. 협력을 계속하다가도 무임승차의 이익이 항상 존재하는 한 언제든 그 관계가 깨질 위험이 있다. 죄수의 딜레마와 유사한 상황이다.

영화 〈뷰티풀 마인드〉의 실제 주인공이기도 한 존 내시는 게임 이론을 발전시킨 공로로 1994년 노벨경제학상을 수상했다. 게임 이론이란 참여자들의 전략적 의사결정에 대한 이론으로, 대표적인 예시로 죄수의 딜레마가 꼽힌다. 다음과 같은 상황을 상상해 보자. 공범 혐의가 있는 두 피의자를 각각 조사하면서 자백할 기회를 준다. 한 명만 자백할 경우, 자백한 사람은 풀려나고 자백하지 않은 사람은 3년형을 받는다. 둘 다

2부 선택된 윤리

자백하지 않으면 각각 1년형, 둘 다 자백하면 각각 2년형을 받는다. 이 경우도 둘 다 자백하지 않는 것(각 1년형)이 자백하는 것(각 2년형)보다 결과적으로 유리하지만, 상대가 어떤 선택을 하더라도 자백하는 것이 유리하므로(3년형보다는 2년형이 낫고, 1년형보다는 석방이 낫다) 결국 둘 다 자백하게 된다. 참여자들이 서로의 선택을 알게 되어도 각자의 선택을 바꾸지 않는 상태를 존 내시의 이름에서 따와 '내시 균형'이라고 한다. 죄수의 딜레마에서는 모두 자백하는 것이, 협력과 무임승차에서는 모두 무임승차를 선택하는 것이 내시 균형이다.

　　이렇게 사회에 무임승차가 늘어나면, 사람들은 해코지를 당할 확률이 크게 높아지고 서로를 신뢰 또는 협력하는 게 어려워진다. 17세기 정치철학자 토머스 홉스는 책 『리바이어던』에서는 이를 '자연상태' 혹은 '만인에 대한 만인의 투쟁'이라고 불렀고, 그의 표현을 빌리자면 자연상태에서 인간의 삶은 "고독하고, 가난하고, 불결하고, 잔인하고, 짧다". 내 표현을 덧붙이자면 오래 살고 번성하기에 부적합한 환경이다. 이것이 바로 3.1장에서 언급한, 완전히 자유로운 상태가 어느 정도 자유가 제한된 상태보다 불행한 상황이다. 어떻게 이 상황에서 벗어날 수 있을까? 인류가 찾은 해법은 개인을 대신해 보상과 처벌을 수행하는 무언가다.

　　무임승차를 방지하는 한 가지 해법은 종교다. 앞서 언급했듯, 많은 종교가 사후의 행복이나 불행을 약속하여 교리를 지키도록 유도한다. 어떤 집단 전체가 협력을 장려하는 적절한 교리의 종교를 믿는다면 사람들이 다시 협력하도록 할 수 있다. 여기에서 종교의 역할은 무임승차를 하면 사후에 불행해질 것이라는 모델을 사람들이 믿게 하는 것이다.

		상대의 선택	
		협력	**무임승차**
나의 선택	**협력**	나의 행복: +1 상대의 행복: +1	나의 행복: -2 상대의 행복: 0 (생전 +2, 사후 -2)
	무임승차	나의 행복: 0 (생전 +2, 사후 -2) 상대의 행복: -2	나의 행복: -3 (생전 -1, 사후 -2) 상대의 행복: -3 (생전 -1, 사후 -2)

위 표는 무임승차가 가능하고, 나와 상대가 적절한 종교를 믿는 상황을 표현한 것이다. 상대가 협력할 때 나도 협력하는 것이 이득이다(+1 > 0). 상대가 무임승차를 한다 해도 나는 협력하는 것이 낫다(-2 > -3). 상대도 마찬가지라 모두 협력하는 것이 내시 균형이다. 이 방법으로 무임승차 문제는 어느 정도 해결이 가능하다. 다음에 나오는 해법을 사용하기 곤란한 상황에서, 종교는 사회가 번성하는 데 분명히 유용하게 이용될 수 있다. 하지만 종교가 없거나 다른 종교를 믿는 사람과는 협력하기 어렵다는 문제가 여전히 남는다. 그리고 무엇보다, 만약 종교 자체에 의문을 제기하는 것이 용납되지 않는다면 더 유용한 모델을 받아들일 수 없어지고 의문을 제기하는

사람들이 탄압받는 압제적인 집단이 될 수밖에 없다.

두 번째 해법은 개인보다 훨씬 강력한 힘을 가지고 보상과 처벌을 대리 또는 강제하는 존재, 바로 공권력이다. 무임승차가 국가에 의해 처벌받게 되면 사람들은 처벌받을 것을 고려한 선택을 한다(2.2장). 메타선진국이 사용하는 방법이다.*

		상대의 선택	
		협력	무임승차
나의 선택	협력	나의 행복: +1 상대의 행복: +1	나의 행복: −2 상대의 행복: 0 (+2, 국가의 처벌 −2)
	무임승차	나의 행복: 0 (+2, 국가의 처벌 −2) 상대의 행복: −2	나의 행복: −3 (−1, 국가의 처벌 −2) 상대의 행복: −3 (−1, 국가의 처벌 −2)

위와 같이 국가가 무임승차를 처벌하면 내시 균형은 종교의 경우와 마찬가지로 서로 협력하는 것으로 되돌아온다. 일정 수준을 넘는 처벌 방법을 금지하고 그 일부를 국가가 독점하여 개인이 할 수 있는 처벌(보복)에 제한을 두면, 보상과 처벌 전략의 고질적 문제였던 보복의 연쇄마저 그 수준을 넘

---

*   이 책은 진화생물학자 리처드 도킨스의 대표작 『이기적 유전자』로부터 큰 영향을 받았는데, 특히 이 장에서 종교나 국가가 죄수의 딜레마를 수정해 협력을 유도하는 방법은 도킨스가 열정적으로 추천하는 로버트 액설로드의 『협력의 진화』 7장에서 아이디어를 얻었다. 그런데 책의 개요를 작성하고 관련 분야의 서적을 찾아보던 중, 스티븐 핑커의 『우리 본성의 선한 천사』 10장에서 내가 만들어 둔 표와 거의 같은 표를 발견했다. 이 표를 삽입함에 있어 악의적인 의도는 없으며, 오해가 없길 바란다.

어 발전하기 어려워진다. 다시 말해 타인에게 피해를 줄 자유가 국가에 의해 제한되면, 사람들은 더 행복할 수 있다. 이렇듯 국가란 곧 자유의 제한을 뜻한다. 이 책에서 말하는 자유의 제한이란 특별한 언급이 없는 한 국가에 의한 자유의 제한을 뜻한다.

이에 보상과 처벌 전략, 황금률은 다음과 같이 발전한다. 이것은 메타선진국의 윤리를 간단하게 정리한 모습이자 이 책을 관통하는 주제다.

	바람직한 행동	바람직하지 않은 행동
법의 영역 (강제성 있음)	국가가 강제하는 보상	국가가 강제하는 처벌
도덕의 영역 (강제성 없음)	개인적 보상	개인적 처벌

여기서 바람직한 행동이란 말 그대로 사람들이 타인에게 바라는 행동을 의미하며, 상대의 선호를 충족시켜 행복을 증가시키는 것이고 바람직하지 않은 행동은 상대의 행복을 감소시키는 것을 말한다. 친사회적, 반사회적 행동이라 할 수도 있겠다. 개인이 보상과 처벌 전략으로 타인의 선호를 수정한다면 메타선진국은 그것에 강제성을 부여한다. 다만, 국가가 국민의 모든 선택에 관여하는 것은 현실적으로 불가능할뿐더러 개인의 자유(3.1장)가 보장된다고 할 수 없으므로, 메타선진국의 윤리는 국가가 관여하여 강제성이 있는 영역과 강제성이

없는 영역—이를테면 법의 영역과 도덕의 영역—으로 나뉘게 된다. 이 책은 메타선진국의 작동 메커니즘을 다루는 만큼 법의 영역을 주로 다룬다. 하지만 일상생활에서는 도덕의 영역에서 훨씬 많은 상호작용이 일어난다는 점을 특별히 강조하고 싶다. 메타선진국에서 개인은 법의 영역과 도덕의 영역 모두에서 바람직한 선택을 하도록 유도된다.

앞서 언급한 대로 메타선진국은 보복의 연쇄를 방지하기 위해 특정한 처벌 방법의 사용을 금지하는데, 그 일부를 범죄(타인의 선호에 반하는 행동 중에서 특별히 법으로 정해져 있는 것)에 독점적으로 적용한다. 예를 들어, 메타선진국에서 개인이 다른 개인을 감금하는 것은 불법으로 금지되지만, 정부는 범죄자를 감금해 처벌한다. 도덕의 영역에서 일어나는 개인적 처벌은 법에 금지되지 않는 한도 내에서만 허용된다.* 다시 말해 포지티브섬 상호작용은 자유롭게 할 수 있지만 네거티브섬 상호작용은 일정 수준을 벗어나지 않도록 제한된다. 주관적인 선호를 충족시키려는 개인들이 이런 국가에 살고 싶어 하는 것은 그다지 놀랍지 않은 현상이다. 다음 장에서는 국가가 강제하는 여러 처벌 방법 중 가장 대표적이라고 할 수 있는 형사재판을 통한 처벌(형벌)의 몇 가지 원칙을 살펴보도록 하자.

---

* 당장 국가가 개입하기 어려운 상황에서 피해를 피하려는 개인은 금지된 처벌 방법을 사용하는 것이 허용되는데, 이것을 '정당방위'라고 한다.

5장 형사재판을 통한 처벌

5.1. 죄형법정주의와 무죄추정의 원칙

1. 모든 형사피의자는 자신의 변호에 필요한 모든 것이 보장된 공개 재판에서 법률에 따라 유죄로 입증될 때까지 무죄로 추정받을 권리를 가진다.

2. 어느 누구도 행위 시에 국내법 또는 국제법에 의하여 범죄를 구성하지 아니하는 작위 또는 부작위를 이유로 유죄로 되지 아니한다. 또한, 범죄 행위 시에 적용될 수 있었던 형벌보다 무거운 형벌이 부과되지 아니한다.

○「세계 인권 선언 제11조」, UN

메타선진국에서 범죄를 저지른 사람은 재판을 거쳐 '형사처벌' 된다. 이 형사재판에 있어서 메타선진국의 중요한 원칙 중 하나는 '죄형법정주의', 즉 범죄와 그 범죄에 대한 형벌이 법에 미리 정해져 있어야 한다는 것이다. 앞서 보았듯 메타선진국이 형벌을 가하는 이유는 범죄라는 선택의 결과에 형벌이라는 불이익을 예상하도록 하여 애초에 그 범죄를 선택하는 것을 막기 위함이다. 이것은 개인이, 자신이 범죄를 저질렀을 때 어떤 결과가 따라오는지 미리 알고 있어야 가능하다. 이를 위해서는 어떤 행동이 범죄이고, 그것을 선택하면 어떤 형벌을 받는지 미리 명확하게 법으로 규정되어 있어야 한다. 법의 내용에 쉽게 접근 가능하고, 널리 알려져 있어야 함은 물론이다.

여기에서 알 수 있는 사실은 메타선진국의 형벌이 측정

할 수 없는 피해자의 주관적인 피해(감정)가 아니라 법으로 정한 객관적인 행동(선택)을 기준으로 처벌한다는 것이다. 물론 범죄란 타인의 선호에 반하는 행동 중 특별히 법으로 지정된 것을 뜻하므로, 법을 만드는 입법 단계에서는 주관적 피해가 고려된다. 하지만 이미 정해진 법에 따라 범죄자에게 내릴 형벌을 결정하는 사법 단계에서 피해자의 주관적 피해는 참고사항 정도다. 객관적인 선택을 처벌하기 때문에, 원칙적으로 범죄가 성립하기 위해서는 법을 어기려는 고의를 필요로 한다.

그런데 형벌이 미리 정해져 있다는 상황에는 생각보다 까다로운 문제가 있다. 그것은 사람들의 선호가 각자 다름에도 불구하고 모든 사람이 공통적으로 싫어하는 것, 즉 '보편적인 처벌 수단'이 필요하다는 것이다. 만약 보편적인 처벌 수단이 없다면 정해진 형벌을 받는 것에 그다지 영향을 받지 않는 사람들이 존재하게 된다. 이 사람들에게는 국가의 형벌이 통하지 않으므로 보상과 처벌 전략이 다시 무력화될 것이다.

다행히도 보편적인 처벌 수단은 존재하며, 사실 이미 언급되었다. 3.1장에서는 선호를 충족시키려고 하는 것이 선호를 가진 개체의 기본적인 속성이라는 것을 살펴보았다. 따라서 선호의 충족을 방해하는 자유의 박탈이 보편적인 처벌 수단이 된다.* 메타선진국의 대표적인 형벌인 징역형은 범죄자

---

* 안타깝게도 이 말은 압제적 국가에 사는 것이 그 자체로 메타선진국에서 처벌

의 자유를 박탈하는 처벌 방법이다.** 게다가 징역형에는 범죄자를 사회에서 격리하여 그 기간 동안 재범을 방지하는 부수적인 효과도 있다.

메타선진국 형사재판의 또 다른 원칙은 유죄로 판결되기 전까지 모든 사람은 무죄로 간주한다는 '무죄추정의 원칙'이다. 사실 이 원칙의 기초적인 논리는 이미 다루었다. 1,2장에서는 악마의 증명이라는 비유를 통해 무언가가 존재하지 않는다는 근거를 대지 못한다고 해서 그것이 존재한다는 뜻은 아니라는 것을 알아보았다. 이 악마의 증명이 바로 중세 법학자들이 죄가 존재한다는 주장은 그것을 주장하는 측에서 입증할 책임이 있다는, 다시 말해 유죄를 주장하는 쪽이 그것을 증명해내기 전까지는 피의자를 무죄로 간주하는 것이 합리적임을 표현한 비유다.

메타선진국이 무죄추정의 원칙을 적용하는 데에는 이외에도 실질적인 이유가 있다. 무죄추정이 없는 국가, 즉 용의자를 유죄로 추정하는 국가를 상상해 보자. 이 유죄추정 국가에서 범죄의 용의자로 지목되면 자신의 무죄를 자신이 증명해야 하고, 증명하지 못하면 유죄로 판결되어 형벌을 받는다. 운이 좋다면 자신의 무죄를 증명할 수도 있을 것이다. 예를 들어,

을 받는 것과 같은 상태라는 것을 암시한다.

** 9장에서 다시 언급하겠지만, 벌금을 징수하는 것 또한 돈을 원하는 곳에 사용할 자유를 박탈하는 것으로 보편적인 처벌 수단 중 하나다.

범죄가 벌어진 시각에 다른 장소에 있었음을 증명할 수 있다면—탐정소설에서 흔히 봤을 법한 알리바이가 이것이다—혐의를 벗을 수 있을 것이다. 하지만 운 없게도 자신의 무죄를 증명할 방법이 없다면, 꼼짝없이 형벌을 받아야 한다.

이런 곳에서는 준법시민도 누명을 쓰고 형벌을 받을 가능성이 항상 존재한다. 범죄를 저지르지 않았는데도 처벌받는다면, 사람들이 무엇을 위해 법을 지키고 범죄를 피할까? 사람들은 어차피 형벌을 받을 것이라면 차라리 범죄를 저지르고 받는 것이 낫다고 생각할 것이다. 이처럼 유죄추정은 형벌이 범죄를 예방하는 효과를 방해한다.

같은 이유로, 멋대로 법을 확대해석하거나 (확대해석할 수 없도록 법을 명확하게 만드는 것도 중요하다) 새로운 법을 만들어 그 법이 제정되기 전의 행동을 처벌한다면, 사람들은 자신이 현재 하고 있는 행동이 범죄인지 아닌지, 이 행동으로 나중에 형벌을 받게 될 것인지 아닌지 알 수가 없다. 유죄추정의 경우와 마찬가지로, 법을 지킬 이유가 없어진다.

반면, 무죄추정의 원칙을 적용하는 국가에서 억울하게 형벌을 받을 가능성은 훨씬 낮다. 그런데 무죄추정의 원칙 때문에 범죄자를 처벌하지 못하게 되는 것이 아닐까? 무죄추정의 원칙에 관한 흔한 오해 중 하나는 무죄추정을 하지 않으면 범죄자들을 더 많이 잡아들일 수 있다는 생각이다. 유죄추정을 도입하면 분명 유죄 판결률은 더 높아질 것이다. 그러나 유죄추정은 진짜 범죄자가 더 쉽게—무죄추정이 적용될 때보다 쉽게—빠져나갈 수 있는 구조를 제공한다. 적당히 혐의를 뒤집어씌울 사람만 찾으면, 그리고 그 사람이 자신의 무죄를 증명하지 못하면 진범은 전혀 처벌되지 않고 수사는 종결된다.* 만약 혐의를 뒤집어쓴 사람이 자신의 무죄를 증명했다면 또다시 다른 사람을 수상하게 만들면 그만이다.

메타선진국은 선호를 가진 존재의 보편적인 처벌 수단인 자유의 박탈을 이용해 사회구성원이 바람직한 선호를 갖도록 유도한다. 또한, 죄형법정주의와 무죄추정의 원칙을 따른다. 메타선진국의 국민은 범죄행위 당시의 성문법에 쓰여 있는 만큼만 처벌될 수 있다. 유죄의 판결은 합리적 의심의 여지가 없는 증거에 의하고, 유죄를 주장하는 쪽이 그 증거를 제시할 책임을 진다.

---

*   같은 이유로 용의자를 고문하는 것은 진범을 찾는 데 도움이 되지 않는다. 메타선진국은 수사 기관의 고문을 금지한다.

5.2. 비례의 원칙

범죄를 예방하는 가장 효과적인 방법은 형벌의 잔혹성이 아니라 형벌의 확실성에 있다.
○ 『범죄와 형벌』, 체사레 베카리아

만약 피해가 더 작은 범죄에, 피해가 더 큰 범죄보다 큰 형벌이 내려지면 어떤 일이 벌어질까? 예를 들어, 강도가 강도살인보다 강하게(또는 비슷하게) 처벌된다고 해 보자. 그렇다면 범죄자는 강도만 하는 것보다 살인도 하는 것이 낫다고 생각할 것이다. 살인을 하면 처벌을 덜 받을 뿐만 아니라 증인까지 없애는 효과도 있다. 범죄 피해의 크기와 형벌의 크기의 순서가 맞지 않으면 범죄자는 더 피해가 큰 범죄를 저지르도록 장려된다.

더불어 메타선진국은 형벌의 수준을 정할 때 다음의 사실도 고려한다. 그것은 형벌이 너무 크거나 잔인해도 역효과가 발생한다는 것이다. 형벌이 범죄를 예방하는 효과가 없을 정도로 작으면, 말 그대로 효과가 없다는 것은 당연하다. 그렇다면 형벌을 다짜고짜 키우면 어떤 일이 일어날까? 예를 들어,

도둑질에 징역 50년을 부과한다면 강도와 살인은 얼마나 처벌해야 할까? 너무 큰 형벌은 형벌과 피해의 순서를 일치시키기 어렵게 만든다.

더군다나 사람들은 먼 미래보다 가까운 미래를 더 생생하게 느낀다(2.6장). 똑같은 1년의 차이도, 징역 1년과 2년의 차이는 징역 50년과 51년의 차이보다 크게 느껴질 수 있다. 만약 도둑질에 징역 50년, 강도에 51년, 살인에 52년을 부과한다면 형벌이 서로 비슷비슷하게 느껴져 한 범죄가 더 큰 범죄로 발전될 여지가 크다. 게다가 일단 잡히면 거의 평생 감옥에 갇힐 것이 확실하므로 추가적인 범죄를 저지르는 데 거리낌이 없어질 것이다.

메타선진국에서 한 범죄에 대한 형벌은 그 범죄를 예방할 정도로 크고, 더 작은 피해를 발생시키는 다른 범죄의 형벌보다 크되, 이 두 조건을 만족하는 최소한으로 이루어진다.

메타선진국이 위와 같은 수준으로 형벌을 유지하는 또 다른 이유는 국가가 범죄자 처벌에 사용할 수 있는 자원이 한정되어 있기 때문이다. 범죄자를 처벌하기 위해서는 일단 교도소에 빈방이 있어야 할 텐데, 방이 모자란다고 교도소를 무한정 지을 수도 없는 노릇이다. 모든 범죄에 형벌이 과도하게 부과되어 교도소가 항상 만실 상태라면, 50년형을 받고 새로 들어온 도둑을 수감하기 위해서는 이미 51년형을 받고 복역 중인 강도를 가석방하거나 사면해야 한다. 이렇게 가석방이나 사면이 일상적으로 이루어지게 되면 범죄자는 어차피 잡히더라도 곧 풀려날 것이라는 사실을 학습하여 형벌이 범죄를 방지하는 효과가 줄어들 것이다.

9.3장에서 다룰 주제이기도 한 한정된 자원 문제는 메타선진국이 다른 사회구성원의 피해와 인과관계가 불분명한 행동은 물론, 온갖 사소한 피해를 법의 영역으로 끌어들이지 않는 이유 중 하나다. 형벌을 내리기 위해서는 범죄를 수사할 인력이 있어야 하고, 판결을 내릴 판사와 법원도 있어야 하며, 교도소도 있어야 한다. 이 수사 인력과 판사가 처리할 수 있는 사건의 수, 교도소의 수용 능력은 무한정 늘릴 수 없는 한정된 자원이다. 피해가 사소한 행위를 범죄로 만드는 것은 개인의 자유를 침해하는 것은 물론이고(7장에서 다룬다), 수사 인력을 낭비하여 더 큰 범죄자가 도주할 가능성을 높이고, 판사에게 과도한 업무를 부여해 판결의 질을 하락시키고 형벌을 지연시키며, 이미 잡은 범죄자를 풀어 줘야 한다는 것을 뜻한다.

이는 형벌의 신속성과 확실성을 떨어뜨린다. 도주 확률이나 사면될 가능성의 증가로 형벌의 확실성이 떨어지면 범죄자는 법으로 정해진만큼의 형벌을 받지 않을 것이라는 기대를 갖게 된다. 또한, 더 먼 미래의 행복이나 불행을 더 작게 평가하는 습성 때문에, 형벌의 신속성이 떨어져 형벌의 부과가 범죄 시점으로부터 멀어지면 사람들에게 범죄를 선택하지 않도록 하는 효과가 줄어든다.

6장 법 앞에 평등한 시민

6.1. 법 앞의 평등

모든 동물은 평등하다.
그러나 어떤 동물은 다른 동물보다 더 평등하다.
○ 『동물농장』, 조지 오웰

7.3장에서 다루겠지만, 형벌을 포함해 메타선진국에서 모든 국가의 작용, 자유의 제한은 법을 통해서 이루어진다. 그런데 이때 개인에 따라 다른 법이 적용되거나, 같은 법이라도 다르게 적용된다면 어떻게 될까? 법적인 특권집단이 존재하고 법이 차별적이라는 뜻이다.

선호를 가진 존재는 자유가 제한되는 상황을 벗어나려고 한다(3.1장). 그러나 모든 개인이 완전히 자유롭다면 만인에 대한 만인의 투쟁 상태에 빠지게 되므로 사회가 안정되기 위해서는 법으로 개인의 자유를 제한할 필요가 있다(4.2장). 그렇다면 선호를 충족시키려는 개인은 자신은 자유롭지만 다른 사람들은 자유가 제한된 상태를 원하게 될 것이다. 기본적으로 자신의 자유는 추구하지만 타인의 자유는 그다지 신경 쓰지 않는다는 뜻이다. 즉, 선호를 가진 개인은 특권을 추구한다. 이때 혼자서 특권을 얻는 것은 어려우니 대개 집단을 이뤄 그것을 시도하게 된다.

두 사람이 같은 선택을 했을 때 그 사람이 누구인가 혹은 어느 집단에 속해 있는가—부모가 누구인가, 출신지나 거주지가 어디인가, 피부색, 민족, 성별, 용모, 재산, 직업, 종교, 사상, 건강은 어떠한가, 어느 당의 당원인가 등, 집단을 나눌 수 있는 기준은 무수히 많다—에 따라 국가가 다르게 대응한다면 이것은 특권이 존재한다는 뜻이다. 예를 들어, 기원전 18세기 함무라비 법전에는 평민이 귀족의 눈을 멀게 하면 그의 눈을 멀게 하고, 귀족이 평민의 눈을 멀게 하면 은銀 1미나(무게와 화폐 단위)를 치르게 한다는 내용이 있었다. 당시 기준으로는 매우 혁신적인 것이었는데, 처벌의 한도가 정해져 있다는 점에서 죄형법정주의의 기원으로 여겨진다. 하지만 시대적 상황을 배제하고 본다면, 귀족과 평민의 동일한 선택(다른 사람의 눈을 멀게 함)에 다른 규칙을 적용하므로 법적인 특권집단이 존재하는 차별적인 법이기도 하다. 이처럼 국가가 법의 내용 혹은 적용에서 특정 집단을 더 보호하거나 덜 보호한다면, 개인은 선호를 바람직하게 수정하는 것보다 그 특권집단에 속하거나 그 집단의 범주가 자신까지 포함하도록 확장하는 것을 목표로 삼게 될 것이다.

이러한 특권집단의 성립에 인구 비율은 중요하지 않다.

10퍼센트가 귀족이고 90퍼센트가 평민인 사회에서는 귀족이 특권집단이고, 90퍼센트가 자유인이고 10퍼센트가 노예인 사회에서는 자유인이 특권집단이다. 여기서 중요한 것은 앞서 보았듯 모든 사람이 특권을 원한다는 것이다. 두 경우 각각 평민, 노예는 귀족, 자유인과—그것이 특권집단의 권리를 없애는 것이든 같은 권리를 얻는 것이든—평등한 법적 권리를 가지려고 투쟁하고, 귀족과 자유인은 그것의 실현을 막으려고 한다. 이론상 이 과정은 모든 사람에게 같은 규칙이 적용되는, 즉 법 앞에 평등한 상태가 될 때까지 지속될 것이다.

모든 비특권집단이 모든 특권집단과 투쟁한 결과 법 앞의 평등을 달성했다고 하자. 하지만 여전히 특권을 원하는 모든 집단은—심지어 기존의 특권을 없앤 바로 그 집단까지—새롭게 특권을 얻으려고 시도할 것이다. 일시적으로 달성된 법 앞의 평등은 새로운 특권집단의 출현으로 붕괴한다. 이 과정이 반복되면 개인은 언제라도 법적으로 차별받는 집단에 속할 위험에 처하고, 사회는 항상 갈등이 존재하는 불안정한 상태가 된다.

메타선진국도 이 문제에 획기적인 해결책을 발견한 것 같지는 않다. 대신, 메타선진국은 법 앞의 평등 자체를 추구하는 가치로 삼고, 모든 사람이 특권을 추구한다는 사실을 역이용하여 아무도 특권을 얻지 못하도록 법이 만들어지고 시행, 적용되는 과정을 모두가 감시하도록 한다. 감시가 제대로 이루어지는 동안 사람들은 독립적인 개인으로서, 속한 집단이 아니라 자신이 내리는 선택에 대해서만 법의 영향을 받고 사회는 안정될 수 있다.

6.2. 시민의 조건

평화를 원한다면 전쟁을 준비하라.
  ○ 플라비우스 베게티우스 레나투스

3장과 6.1장에서는 메타선진국이 추구하는 개인의 자유와 법 앞의 평등이 개인이 선호를 가진다는 사실로부터 어떻게 유발되었는지 살펴보았다. 그런데 이는 자유와 법 앞의 평등이 조건 없이 주어진 것이 아니며, 이들을 요구할 수 있는 현실적인 능력이 필요했다는 것을 의미한다. 3.1장에서 간단히 언급한, 혁명을 가능케 하는 능력이다. 즉, 어떤 개체가 단순히 선호를 가진다고 해서 메타선진국의 사회구성원(간단하게 '시민'이라고 하자)으로 인정되지는 않는다. 현재 메타선진국에서 시민으로 인정되는 것은 인간 종種뿐이다.

  그렇다면 인간만이 가진 자유와 법 앞의 평등을 요구할 수 있는 능력, 즉 메타선진국의 시민의 조건이란 무엇일까? 홉스의 통찰을 다시 빌리자. 그에 따르면 인간은 자신의 생명을 유지하는 데 유의미한 능력의 차이를 보이지 않는다. 한 사람이 다른 사람을 죽이는 것은 그다지 어렵지 않다. 육체적으로 아무리 강한 사람이라도 무방비할 때를 노리거나 몇 사람만 힘을 합치면 쉽게 죽일 수 있다.

이 논지를 좀 더 확장해 선호의 관점에서 해석해 보자. 인간이 다른 인간에게 무언가를 요구할 수 있는 이유는 그의 행복과 선호에 영향을 줄 수 있는 실질적인 능력이 있기 때문이다. 바로 이 능력이 사회 계약의 핵심이라 할 수 있는 보상과 처벌 전략을 가능하게 한다. 보상과 처벌 전략을 사용하기 위해서는 다음의 능력들이 필요하다. 첫째, 타인을 구별하고 각자의 선호를 파악할 수 있어야 한다. 즉, 타인의 선택을 관찰하여 어떤 것을 좋아하고 싫어하는지 학습할 수 있는 능력이 있어야 한다. 이것은 타인의 선호에 대한 모델을 만든다는 뜻이므로 자신의 모델과 선호를 수정하는 능력을 포함한다. 둘째, 그렇게 파악한 선호를 바탕으로 타인의 행복을 증가시키거나 감소시킬 수 있는 실질적인 능력이 있어야 한다. 홉스가 말한 평등하게 사람을 죽일 수 있는 능력은 이 능력의 극단적인 예가 될 것이다.* 하지만 위의 능력들은 인간에게 한정된 것이

---

* 자유롭고 평등한 사회를 구성할 수 있는 이유를 설명하는 데 가장 편리한 예시가 살인이라는 것이 슬프게 느껴질 수도 있다. 하지만 산타클로스의 부재로 인한 슬픔이 산타클로스가 존재한다는 증거가 되지 않듯, 사실에 기반을 두지 않은 주장은 설득력이 없다. 나도 사랑, 용기, 희망 같은 반짝이는 것만으로 세상이 돌아간다고 말할 수 있다면—아마 책도 더 잘 팔릴 테고—기뻐해 마지않겠

아니다. 정도의 차이가 있지만, 인간 외 생물도 보상과 처벌 전략을 사용하는 사례는 분명히 존재한다. 그렇다면 인간만이 충족시킬 수 있는 시민조건은 무엇일까? 힌트는 메타선진국의 윤리에 있다. 4.2장과 5장에서 보았듯이 메타선진국은 법을 통해 보상과 처벌을 강제하여, 시민이 바람직한 선호를 갖도록 유도한다. 규칙을 만들고 이해할 수 있는 능력, 더 구체적으로는 직접 경험을 하지 않고도 언어를 이용해 학습(모델을 변경) 할 수 있는 능력은 인간 이외에 찾아보기 어렵다. 규칙이 우리를 다른 것으로부터 구분한다.

수정 가능한 선호를 가진 존재 대부분은 보상과 처벌을 실제로 경험하거나 목격해야 학습이 가능하다. 반면 인간은 보상과 처벌을 실제로 경험하지 않고도 언어를 이용해 선호를 변경할 수 있다. 예를 들어, 살인죄에 징역 10년을 부과하는 법을 만들었다고 하자. 인간만이 이렇게 법을 만들어 공유하고, "사람을 죽이면 10년 동안 감옥에 갇힐 것이다"라는 법의 의미를 이해하고, 사람을 죽이고 처벌받는 과정을 실제로 거치지 않고서도 자신의 모델과 선호를 변경할 수 있다. 언어능력은 시민조건과 불가분하다. 정리하자면 세 번째 시민조건은 법을

지만, 살인이 현상을 훨씬 잘 설명한다는 것은 내가 어찌할 수 있는 것이 아니다. 감정에 호소하는 논증과 신념을 모두 포기하기로 한 결정은 곧잘 매정하다고 평가받는 나에게도 쉬운 일이 아니었다. 하지만 나는 내 관점이 우울하다는 지적보다 비현실적이라는 지적이 더 두렵다.

만들고 이해하는 능력이고, 현재 이 조건을 충족시킬 수 있다고 알려진 것은 인간뿐이다.* 메타선진국은 토끼를 살해한 혐의로 여우를 기소하지 않는다.

위와 같은 시민의 조건은 메타선진국에서 왜 개인이 시민의 단위가 되는지 또한 설명한다. 예를 들어, 한 가족의 구성원들은 각자가 시민조건을 충족시키고 독립적으로 선택이 가능하다. 반면, 한 사람의 오른손과 나머지 부분 중 시민조건을 충족시킬 수 있는 것은 한쪽밖에 없다. 메타선진국에서 개인은 시민조건을 갖추고 독립적으로 선택할 수 있는 최소 단위이자 법적 의무와 권리를 갖는 '법적 주체(혹은 법적 인人)'다.

---

* 　　생물학에서는 일반적으로 생식가능한 자손을 낳을 수 있는 개체들을 같은 종으로 분류한다. 생식을 통해 같은 유전자풀(Gene pool)에 접근 가능한 개체들을 유전적으로(Genetically) 같은 종이라고 한다면, 의사소통을 통해 같은 문화·밈풀(Meme pool)에 접근 가능한 시민·개체들은 문화적·밈적(Memetically)으로 같은 종이라 할 수 있겠다. 이때 전자와 후자의 범주가 일치할 필요는 없다.

6.3. 경계적 시민

아이들은 우리의 가장 소중한 보물이다. 그들은 우리의 미래다.
　○ 넬슨 만델라

앞서 메타선진국의 시민조건을 충족시키는 존재는 현재 인간 밖에 없다는 것을 살펴보았다. 그렇다면 떠오르는 의문은 "모든 인간이 시민조건을 충족시키는가"일 것이다. 결론부터 말하자면, 그렇지 않다. 하지만 메타선진국에서는 시민조건을 충족시키지 못한 사람들도 시민에 준하는, 이를테면 경계적 시민의 지위를 인정받는다. 물론 이는 일반적으로 사람들이 다른 사람들에게 어느 정도 이타적인 선호(2.1장)를 갖는다는 사실로도—동정심이나 애정 등—설명할 수도 있지만, 여기에서는 그 이외의 이유가 있다면 무엇일까 생각해 보려고 한다.

　가장 쉽게 떠올릴 수 있는 경계적 시민은 영유아다. 인간이라고 해서 태어날 때부터 시민조건을 갖추고 있지는 않다. 시민조건 중에서도 특히 법을 만들고 이해할 수 있는 능력을 얻는 데는 적어도 십수 년이 필요하다. 영유아는 당장에 시민조건을 충족시키지 못하더라도 미래에 갖추게 될 가능성이 크다. 또한, 법을 준수하고 바람직한 선호와 이를 실행할 능력을 가진 시민은 메타선진국의 존속에 필수적이다. 메타선진국은 영유아가 바람직한 시민으로 성장할 수 있도록 이들에게 시민에 준하는 지위를 부여한다. 특히 주목할 만한 예시로 시민조건을 갖출 수 있도록—그것이 정부에 의해 제공되건, 민간에 의해 제공되건—기초적인 교육을 받아야 할 의무를 부여하는 등 좁은 의미의 시민과 약간 다른 의무와 권리를 가진다.

　　한편, 3장부터 여기까지의 논의는 시민조건을 갖춘 존재는 자유와 특권을 얻으려고 시도한다는 것을 알려 준다. 영유아가 실제로 시민조건을 갖출 때까지 아무런 조치를 취하지 않는다면, 실제로 그것을 갖추게 되었을 때 자신의 능력을 사용하여 자유와 법 앞의 평등을 요구하고 사회는 불안정해질 것이다. 문제는 시민조건을 갖추는 시기가 사람마다 다르다는 것인데, 현재 메타선진국은 이 문제에 앞서 언급한 의무 교육에 더불어 시민조건을 충족시켰을 것이라 기대되는 나이를 설정하고 그 나이가 되면 자동으로 시민의 지위를 얻도록 하는 방법을 택했다.* 메타선진국에서 미성년자는 시민에 준하는

---

*　　또한, 이 방법에는 적어도 그 나이까지는 자연에서 살아남고, 그동안 고유한 경험을 거쳐 다양화된 개체들이 시민으로서 법을 만들 수 있도록 하는 효과가 있다. 법의 영역과 자연선택의 연관성은 7장에서 다룬다.

지위를 인정받는 전형적인 경계적 시민이다.

까다로운 경우는 성년을 넘겼음에도 시민조건을 충족시키지 못했을 때다. 하지만 성년의 기준이란 대략 정해진, 시민조건을 갖추었을 것으로 기대되는 시기고, 실제 시기는 사람마다 다르다. 성년을 넘겨도 시민조건을 갖추지 못한 사람들 또한 추후 이를 갖추게 될 가능성을 부정할 수 없으므로, 미성년자와 마찬가지로 경계적 시민의 지위가 유지될 수 있다. 이 논리는 지적 장애 등을 가지고 태어나 평생 시민조건을 갖추지 못하는 사람들까지 경계적 시민으로 인정받는 데 이용되기도 한다.

또 다른 경우는 한때 시민이었지만 이후 시민조건을 잃은 경우다. 성년자가 질병이나 사고로 식물인간이나 지적 장애인이 된 경우가 해당된다. 이들에게 경계적 시민의 지위가 부여되는 이유는 간단히 추론할 수 있다. 이들은 적절하게 치료되어 시민조건을 회복할 가능성이 있으며, 시민 수준의 선택은 하지 못하더라도 여전히 행복과 고통을 느끼는 것처럼 보인다. 좁은 의미의 시민들은 자신 또한 언제라도 이런 상황에 처할 위험이 있으므로, 이러한 만약의 경우에도 자신의 지위가 어느 정도 인정되기를 원할 것이다. 그러기 위해서는 이 사람들의 지위가 이미 인정된 상태여야 한다. 이렇게 시민조건을 잃게 된 사람들 또한 경계적 시민의 지위를 얻는다.

위와 같이 영유아나 지적 장애인 등은 시민조건을 갖추

지 못해도 경계적 시민으로서 시민에 준하는 지위를 인정받는다. 그런데 시민조건을 갖추었지만 메타선진국에서 경계적 시민으로 분류되는 경우가 있다. 위에서 살펴본 기대보다 일찍 시민조건을 갖춘 조숙한 미성년자가 그렇고, 외국인과 형벌을 받고 있는 범죄자 또한 해당된다.

3.1장에서 보았듯 메타선진국은 시민의 자유를 보장한다. 다만, 범죄를 저지른 사람은 형사재판을 통해 처벌된다. 이때 처벌의 수단으로 이용되는 것이 자유의 박탈이다(5.1장). 따라서 유죄가 판결되어 형벌을 받고 있는 범죄자는 다른 시민들과 동일한 지위를 인정받지 못하는 경계적 시민이 된다.

마지막으로 생각해 볼 수 있는 경우는 해당 메타선진국의 시민이 아닌 사람, 즉 외국인이다. 미성년자와 마찬가지로, 법을 준수하고 바람직한 선호와 능력을 가진 시민이 늘어나는 것은 메타선진국의 지속에 바람직한 일이다. 만약 적절한 선호와 능력을 가지고 거주하거나 방문하기를 원하는 외국인이 있다면 메타선진국은 이들을 받아들이는 것이 이득이다. 메타선진국은 기본적으로 외부의 위협으로부터 시민을 보호할 수 있는 국방력을 유지하되, 방문을 원하는 외국인은 선별적으로 비자visa를 발급해 입국을 허용한다.* 만약 외국인이 시민의 지

---

* 밀입국자의 경우에는 이 선별 과정이 입국 이후에 일어나는데, 밀입국 시점부터 선별 시점까지는 미성년자와 같은 논리로 경계적 시민의 지위가 인정될 수 있다.

위를 완전히 인정받고자 한다면, 보다 까다로운 선별 과정을 거쳐 시민권을 획득할 수 있다.* 이런 식으로 메타선진국 영토 안의 외국인에게도 경계적 시민의 지위가 부여된다.

종합해 보면, 현재 메타선진국에서 모든 인간은 여러 조건에 따라 좁은 의미의 시민 또는 경계적 시민의 지위가 보장된다. 경계적 시민의 지위는 좁은 의미의 시민의 능력으로 부여되며, 그들과는 약간 다른 의무와 권리를 가진다.

인간의 삶에서 구체적으로 어느 시점에 경계적 시민의 지위까지 사라지는지 살펴보는 것도 흥미롭다. 메타선진국에서는 어떤 사람이 완전히 사망하여 행복과 고통을 느끼지 못할 것이라 간주되고, 소생할 가망도 없을 때 넓은 의미에서 시민의 지위를 잃는다.

인체에 대해 많은 연구가 이루어진 현재, 완전한 사망으로 판단되는 최신 기준은 뇌를 소생시킬 수 없음, 즉 뇌사다. 과거에는 영혼이라는 게 들어 있다고 믿었던 심장이 멈추는 것을 사망으로 보았다. 고대 이집트에서 미라를 만들 때도 심장은 보존했지만 필요 없다고 여긴 뇌는 콧구멍으로 꺼내 제거했다. 어차피 심폐기능을 대신할 생명유지장치도 없었으니 지금 기준과 실질적인 차이는 없었을 것이다.

---

*   9.4장에서 다시 보겠지만, 비슷한 법과 문화를 가진 다른 선진국의 시민에게는 비자나 시민권 발급 과정이 간소화되는 경향이 있다.

2부 선택된 윤리

7장 정부의 형태

7.1. 민주주의

일반적인 견해로 자유는 민주정치 아래에서만 누릴 수 있다.
○ 『정치학』, 아리스토텔레스

모든 장기적인 정치는 제도적인 것이다.
○ 『열린사회와 그 적들』, 칼 포퍼

먼저, 훤히 보이는 허튼소리를 참고 여기까지 읽어 준 독자에게 감사를 표한다. 이 장에서는 지금까지의 논의에서 무시하고 지나친 모순에 대한 메타선진국의 해법을 살펴볼 것이다. 3.1장에 따르면 메타선진국은 개인의 자유를 추구한다. 그런데 4.2장에서는 국가가 자유의 제한을 뜻한다고 한다. 그렇다면 메타선진국은 자유를 제한하는 동시에 개인의 자유를 추구해야 한다는 모순에 빠진다. 또한, 2.1장에서 개인은 타인이 무엇을 느끼는지 알 수 없다고 했으나 이는 형벌의 크기와 사람들의 주관적 피해의 순서가 일치하도록 법이 만들어져야 한다는 5장의 내용과 상충한다. 타인이 무엇을 느끼는지 알 수가 없는데 어떻게 주관적 피해의 크기를 비교할 수 있는가?

개인의 자유가 제한되어야 한다면 누군가는 어떤 자유

가 어떻게 제한될지 정해야 하고, 그것을 대체 누가 정해야 하는가 하는 문제가 필연적으로 발생한다. 이것을 한 사람(또는 소수의 사람)이 결정하는 국가, 즉 독재국가를 생각해 보자. 독재국가에는 세 가지 문제가 있다. 첫째는 독재자가 독립적인 선호를 가진 개인이라는 것이다. 즉, 독재자는 국민의 행복을 위해 이타적으로 봉사할 수도 있지만, 자신의 사리사욕을 채우는 데 더 집중할 수도 있다. 둘째는 자유의 제한을 결정하는 독재자가 유용한 모델을 가졌다고 확신할 수 없다는 점이다. 독재자가 이타적이라는 말이 그의 정책이 성공할 것이라는 뜻은 아니다. 정책의 성공(정책의 목표와 결과의 일치)은 의도가 아니라 그 내용에 달려 있다. 현실에 반하는 모델에 기초해 정책이 결정된다면 그 정책이 성공할 것이라 기대하는 것이 더 기묘하다. 기적적으로 두 문제가 해결된, 완전히 이타적인 선호를 가지고 현명하게 국가를 운영하는 독재자가 있다고 해 보자. 하지만 이 독재자도 마지막 문제로부터 자유롭지 못하다. 그것은 6.2장에서 알아본, 인간의 육체적인 약함이다. 아무리 유능하고 이타적인 독재자라도 그가 인간인 이상 특권을 원하는 누군가에게 언제라도 제거될 수 있고, 운 좋게 그 위험을 피하더라도 질병과 사고로 사망할 가능성이 언제나 존재한다. 그리고 새롭게 권력을 얻은 독재자가 그 전임자만큼 유능하고 이타적일 것이라는 보장은 없다.

메타선진국은 민주주의를 채택하여 독재의 세 가지 문

제를 회피했다. 게다가 민주주의는 앞서 언급된 두 가지 모순을 조금이나마 해소할 수 있는, 지금까지 찾아낸 유일한 방법이기도 하다. 그래서 민주주의란 구체적으로 어떤 정치체제를 말하는 것일까? '민주주의Democracy'라는 단어는 고대 그리스어로 국민을 뜻하는 demos와 지배를 뜻하는 kratos에서 유래했다. 말 그대로 '국민의 지배'라는 의미다. 무언가를 지배한다는 것은 그것이 따를 규칙(법)을 정하는 것이라 할 수 있다. 민주주의란 국민이 자신이 따를 법을 정하는 정치체제를 말한다.

만약 개인이 다른 사람이 만든 규칙에 따라야 한다면, 그 개인은 지배당하고 있는 것이다. 독재국가에서는 국민이 따를 규칙을 독재자가 정한다. 이 상태의 개인은 자유롭다고 말하기 어렵다. 하지만 자신이 따를 규칙을 자신이 정한다면 어떨까? 이 상태의 개인은 비록 선택은 제한되어 있지만, 그 제한은 자신이 정한 것이므로 자유롭다고 할 수 있다. 민주주의 국가에서는 국민이 자신이 따를 법을 정한다. 이로써 첫 번째 모순이 해결된다. 민주주의는 지금까지 시험된 정치체제 중에서 개인의 자유를 제한하면서 동시에 개인의 자유를 추구할 수 있는 유일한 체제다. 민주주의 국가의 국민은 자신의 어떤 자유를 제한할지 선택할 자유가 있다.

한편, 많은 사람이 다수결을 민주주의의 핵심이라고 생각한다. 다수결이 민주주의에서 주요한 결정 방법인 것은 사실이다. 하지만 이것을 (특히 메타선진국에서 채택한) 민주주의의 핵심으로 간주하기에는 무리가 있다. 보다 설득력 있는 설명은 토론에 의한 합의를 핵심으로 보는 것이다. 그렇다면 다수결은 현실적으로 만장일치가 어려우므로 어쩔 수 없이 사용하는 차선책이 된다.

토론 과정이 없다면 아무리 민주주의를 채택했다 하더라도 독재의 두 번째 문제를 회피할 수 없다. 독재국가에서 독재자가 유용한 모델을 가졌을 것이라는 확신이 불가능했다면, 민주주의 국가에서는 법을 만드는 국민이 유용한 모델을 가졌을 것이라고 확신할 수 없다. 토론을 하는 주요한 이유 중 하나는 다수결의 결과와 사실은 별개이기 때문이다. 어떤 주장의 진위와 그것을 주장하는 사람이 누구인지 혹은 얼마나 많은지를 연관 짓는 것은 일상생활에서는 제법 유용한 휴리스틱(2.6장)이지만, 엄밀히 말해 독립적인 관계다. 검은 고니의 존재는 관찰과 증거에 의해 알 수 있는 사실이지, 합의나 다수결(민주주의의 경우) 또는 권위(독재의 경우)로 결정되는 것이 아니다. 그리고 성공적인 정책은 사실을 기반으로 한 유용한 모델에서 나온다. 유용한 모델은 3.2장에서 보았듯 표현의 자유, 더 구체적으로는 표현의 자유 덕분에 가능해진 토론을 통해 얻을 수 있다.

게다가 토론을 포함한 의사소통 과정을 통해, 시민들은 타인의 특정 행동에 대한 주관적 피해의 크기를 주장할 수 있다. 의사소통 능력 덕에 우리는 서로 무엇을 느끼는지 모르면서도 감정이 고려된 법을 만드는 것이 가능하다.

그런데 토론에는 또 다른 문제가 있다. 4.2장의 내용을 떠올려 보자. 국가는 일정 크기(약 150명)를 넘어서는 집단에서 보상과 처벌 전략을 유지시키는 방법 중 하나다. 그런데 집단이 커지면 동시에 토론을 하는 것도 어려워진다. 인구가 천 명만 넘어도 토론을 하기는커녕 한 날 한 장소에 모이는 것도 힘들다. 어떻게든 모이더라도 모든 사람이 토론의 주제를 이해하고* 충분하게 발언권을 얻는 순조로운 토론이 진행될 것이라고 기대하기 어렵다.

이 문제에 대한 메타선진국의 해법은 국민을 대신해 토론하고 법을 만들고 수정하는 직업, 즉 의회와 의원을 만든 것이다. 물론 메타선진국에서 의원선거에 투표할 권리(선거권)와 의원직에 출마할 권리(피선거권)는 시민들에게 법 앞에 평등하게 주어진다. 이런 제도를 '간접 민주제'라고 부른다. 그런데 의원직을 맡는 것은 결국 독립적인 선호를 가진 개인이다. 다시 말해 독재의 첫 번째 문제인 의도 문제를 공유한다. 의도 문제는 이른바 '대리인 문제'의 일종인데, 어떤 사람을 대신해서 결정을 내리는 대리인이 그가 대리하고 있는 사람의 선호를 충족시키는 것이 아니라 자기 자신의 선호를 충족시키도록 결

---

* 특히 이 문제는 인구와 관계없이 존재한다. 6.3장에서 언급된 의무교육은 법을 만드는 과정에서 더 많은 사람이 토론의 주제를 이해할 수 있도록 돕는 역할도 한다.

정을 내리는 것에서 오는 문제다.

메타선진국에는 의원의 대리인 문제를 방지하기 위한 여러 장치가 있다. 주기적인 선거로 의원을 뽑는 것이 그중 하나다. 간략하게 살펴보자. 의원이 자신에게 이득이 되는 정책에 이타적으로 보이는 명분을 가져다 붙이는 것은 그다지 어려운 일이 아니다. 어차피 사람들은 서로 무엇을 느끼는지 알 수 없고, 어떤 생각과 의도를 가지고 있는지 지금의 기술로는 알기 힘들다. 하지만 주기적 선거 덕분에 시민들은 의원이 어떤 의도를 가졌는지—이타적인지 이기적인지—파악해야 하는 부담이 크게 줄어든다. 의원은 시민이 원하는 정책을 찾아 그것을 실행할 이유를 설득력 있게 제시하여 토론한 뒤 시민을 대신해 그 정책을 실행하는 데 필요한 법을 만드는 표결에 참가하면 충분하고, 시민들은 자신이 원하는 공약으로 이 역할을 잘 수행할 사람에게 투표하기만 하면 된다. 선거에서 뽑힌 의원이 위 역할을 제대로 수행할지는 알기 어렵다. 하지만 선거를 주기적으로 실시하게 되면, 의원은 업무를 잘 수행했는지 다음 선거에서 평가받을 것이므로 제 역할을 하도록 유도되는 효과가 있다. 그렇지 못한 의원은 의원직을 잃고 새로운 의원이 당선되어 같은 과정이 반복된다.

마지막으로 민주주의 국가에서 독재 권력을 얻는 것이 불가능한 것은 아니지만, 독재국가에서 기존 독재자의 권력을 빼앗는 것보다는 어려울 것이라고 쉽게 납득할 수 있다. 민주주의 국가에서 법을 만드는 권한은 위와 같이 훨씬 많은 사람에게 분산되어 있으며 그 일부가 제거되더라도 선거를 통해 보충될 수 있다. 민주주의를 전복시키기 위해서는 독재자를 제거하는 것보다 훨씬 거대하고 치밀한 계획, 행동력, 행운을 필요로 한다.

종합해 보자. 메타선진국은 민주주의를 통해 개인의 자유를 제한함과 동시에 개인의 자유를 추구한다. 또한, 법을 만들 때 단순한 다수결이 아니라 토론에 중점을 둠으로써 사람들의 감정이 고려된, 보다 유용한 모델에 기초한 정책을 실행할 수 있다. 그리고 시민들을 대신해 토론하고 법을 만드는 직업(의원)을 만들고, 이들을 주기적인 선거를 통해 선출하여 제 역할을 하도록 유도한다. 이런 메타선진국에서 시민의 뜻에 반하는 인물이나 집단이 정권을 잡는 일은 독재국가에서 그렇게 하는 것보다 어렵다.

7.2. 민주주의의 한계

지능을 갖춘 존재들이 있기 전에 법이 존재할 수 있었다. 그래서 그들의 관계가 가능했으며, 그 결과 법이 가능했다.

○ 『법의 정신』, 몽테스키외

개별이익들의 대립이 사회의 설립을 필요하게 했다면, 그것을 가능하게 한 것은 개별이익들의 일치다.

○ 『사회계약론』, 장자크 루소

지금까지의 논의에서 보다시피, 민주주의는 확실히 한계가 존재하는 정치체제다. 민주주의 국가의 법은 의회에서 다수결로 만들어진다. 따라서 다수결의 결과를 납득하지 못하는 사람들에게 압제적인 제도일 수밖에 없다. 자신이 동의하지 않는 규칙에 따르도록 강요당하기 때문이다. 그렇다고 해서 방법이 어떻든 항상 만장일치가 나오도록 강제하는 것이 메타선진국의 해법이 되지는 않는다. 메타선진국은 시민이 특정한 선호를 가져야 한다고 강요하지 않기 때문이다(3.1장).* 메타선진국

---

* 　같은 이유로 메타선진국의 법은 개인의 자유를 제할 할 때 "X를 하라"보다 "X를 하지 말라"의 형태를 주로 사용한다. 개인이 할 수 있는 선택이 "X를 한다"와 "X를 하지 않는다" 두 가지밖에 없으면 큰 차이가 없지만 할 수 있는 선택이 여러 가지일 경우 후자가 더 자유롭다. 예를 들어, 어떤 상황에 개인이 할 수 있는 선택으로 X, Y, Z가 있다고 하자. 이때 "X를 하라"라는 법은 세 가지 선택

의 법은 시민의 선호가 반영된 것이지 그 반대가 아니다. 투표 결과가 항상 만장일치에 가까운 국가가 있다면 그것은 형태만 민주주의를 채택한, 국민이 무엇을 원해야 할지 강요하는 압제적 국가일 가능성이 크다.

그렇다면 메타선진국의 민주주의는 시민들의 다양한 선호와 어떻게 양립할 수 있을까? 선호의 변화는 크게 모델이 변화(상황 인식과 미래 예측 능력 변화)할 때와 선택의 기준인 감정이 변화할 때로 나눌 수 있다(2.4장). 이 중 모델은 토론을 통해 변화할 수 있다. 법을 만들 때 토론의 역할은 유용한 모델을 찾아내는 것뿐만 아니라 시민들이 유용한 모델을 받아들일 기회를 주는 것이기도 하다. 이렇게 토론을 통해 유용한 모델을 받아들인 시민들은 다수결의 결과에 납득하기가 더 쉽다.* 앞선 내용과 연결해 보면, 의원의 주기적인 선거는 기존 의원이 가진 모델을 평가하는 기능도 있다. 주기적인 선거는 더 유용한 모델을 가진 후보가 의원이 될 기회를 준다. 물론 시민들이 모델을 바꿀 기회를 주는 것과 특정 모델을 강요하는 것은 다

중 두 가지를 제한한다. 하지만 "X를 하지 말라"라는 법은 세 가지 선택 중 한 가지만 제한한다.

* 여기에는 유용한 모델을 받아들인 시민이 다수일 것이라는 희망 사항이 포함되어 있다. 다행히도 유용한 모델을 받아들인 개체가 더 환경에 적합하므로 번성한다. (생물학자라면 유용한 모델을 받아들이도록 하는 선택압이 있다고 말할 것이다.) 또한, 지금까지 생존한 개체는 생존하는 것을 좋아하는 경향이 있다(2.4장). 유용한 모델이란 개체가 효과적, 효율적으로 행복을 추구할 수 있도록 돕는 모델이므로(2.5장), 개체가 생존하는 것을 돕는다.

르다. 반복되는 내용이지만 메타선진국은 어떤 모델이 완벽하지 않을 수 있다고 인정하고, 그것이 틀린 것으로 밝혀지거나 더 유용한 모델이 등장할 가능성을 열어 둔다(3.2장).

감정의 경우에는 훨씬 복잡하지만 법을 만들 때 고려되는 주관적 피해라는 것은 결국 시민의 감정을 말하는 것이므로 자세히 살펴볼 가치가 있다. 2.4장에서 보았듯, 감정은 의도적으로 변화시키기 어렵지만—만약 가능하더라도 의도적으로 선택된 감정 또한 기존의 감정으로부터 결정되므로 다음의 논의를 방해하지 않는다—감정의 특성으로부터 그나마 희망적인 관측이 발견된다. 그것은 인간의 감정이 많은 부분에서 비슷하다는 것이다. 그 이유는 물론 인간이 하나의 종種이라는 점도 있지만, 무엇보다 비슷한 환경에서 동일한 물리법칙의 적용을 받으며 살고 있다는 점을 꼽을 수 있다. 감정은 자연선택의 산물이다. 다시 말해 환경에 심각하게 부적합한(생존을 저해하는) 선택기준(감정)을 가진 개체는 이미 사라졌을 가능성이 크다. 다양성은 죽음에 의해 제한되어 있다(2.3장). 여기에서 주목할 단어는 '심각하게'다.

살인이 생존을 심각하게 저해한다는 사실은 설명이 필요하지 않을 정도로 직관적이다. 살인을 법으로 금지해야 한다는 주장에 반대하는 사람은 찾아보기 힘들다.** 그렇다면 생

** 　　이 경우에도 만장일치는 어렵다. 예컨대, 연쇄살인범은 자신이 당할 수 있는 살

존과 직접 연관이 있다고 느껴지지는 않지만, 반대를 찾아보기 어려운 법은 어떻게 된 것일까? 예를 들어, 도둑질은 당장 목숨을 빼앗지는 않지만 도둑질을 금지해야 한다는 주장에 반대하는 사람은 드물다. 도둑질을 피해(부정적 감정)라고 느끼지 않는 사람을 상상해 보자. 이 사람은 도둑질을 당하더라도 보복하지 않을 것이고, 자물쇠를 설치하거나 물건을 숨겨 두거나 하지도 않을 것이다. 이 사람은 조만간 가지고 있는 모든 것을 도둑맞고 결국 생존이 위태로워질 것이다. 도둑질에 부정적 감정을 느끼지 않는 개체는 환경에 적합하지 않다. 사람들이 어떤 법에 동의한다는 것은 그 법으로 제한되는 자신의 자유보다 그 법으로 방지할 수 있는 피해가 더 중요하다고 판단한 것이다.

　　또 다른 예시로, 건축법은 건축가와 건축주가 마음대로 건물을 지을 수 없게 자유를 제한한다. 그러나 동시에 사람들이 방문한 건물이 쉽사리 무너지지 않게 된다. 폭발물 취급에 면허를 요구하는 제도도 있다. 만약 아무나 폭발물을 사용할 수 있다면 폭발 사고가 훨씬 빈번할 것이다. 건축법과 폭발물 면허 제도 모두 반대를 찾기 어렵다. 감정이 자연선택의 산물

인의 피해를 방지하는 것보다 살인할 수 있는 자신의 자유를 더 가치 있게 여길 수도 있다. 또한, 살인 당하는 것을 싫어하지 않는 돌연변이도 발생할 수 있다(2.3장에서도 언급했듯 대부분의 돌연변이는 환경에 부적합하다). 이들은 살인을 금지하는 법을 압제적으로 느낄 것이다.

이라는 것을 고려하면, 사람들이 거의 예외 없이 국가의 개입에 동의하는 행동은 직접적이든 간접적이든 생존(보다 정확히는 포괄적합도)과 연관되어 있을 가능성이 크다.

한편, 자연선택은 생존을 심각하게 저해하는 선호를 사라지게 할 뿐, 그렇지 않다면 다양한 선호가 살아남을 수 있다.* 이것은 원시적이거나 생존에 불리해 보이는 생물과 선호를 여전히 찾아볼 수 있는 이유이기도 하다. 사람의 눈에 있는 맹점이 그중 하나다. 맹점은 시신경이 망막의 앞을 지나가기 때문에 만들어진다. 망막 앞의 시신경이 뇌와 연결되기 위해서는 망막의 한 지점을 뚫고 뒤로 나가야 하고, 이 지점이 맹점이 된다. 만약 시신경이 망막 뒤에 있었다면 맹점도 없었을 것이고 실제 오징어의 눈이 이런 구조다. 맹점이 인간의 생존에 도움

---

*   더 정확하게 말하자면, 개체를 위험에 처하게 하는 선호도 동시에 충분히 많은 복제가 이루어지면 계속 살아남는다. 2.3장에서 보았듯, 나타나는 속도가 사라지는 속도보다 느리지만 않으면 된다. 예컨대, 1년 동안 어떤 선호를 가진 개체의 90퍼센트가 죽는다고 하자. 얼핏 보면 매년 90퍼센트씩 개체가 줄어들어 결국 그 선호가 사라질 것으로 생각하기 쉽다. 하지만 남은 10퍼센트가 같은 선호를 가진 개체를 1년에 9배 이상 새로 만들어 낸다면 그 선호는 사라지지 않는다. 이런 현상은 수생생물에서 흔히 관찰되는데, 대부분 어류는 한번에 수백, 수천 개의 알을 낳지만 이 중 성체가 될 때까지 살아남는 것은 1퍼센트 이하다. 하지만 그 살아남은 물고기가 다시 수많은 알을 낳기 때문에 어류와 어류의 선호는 이 세상에서 사라지지 않는다. 인간은 어떨까? 유목생활을 하는 수렵 채집인을 생각해 보자. 이들에게 새로운 지역을 탐험하는 것은 위험하지만 동시에 식량을 얻을 기회이기도 하다. 그리고 그 결과 비슷한 선호를 가진 자손을 더 많이 남긴다면—분명히 개체를 위험에 노출시킬지라도—미지를 향해 모험을 떠나는 선호는 사라지지 않고 후대에 전해진다. 선호를 물려받은 개체는 선호를 남긴 개체의 의지를 잇는다.

이 되는 상황은 상상하기 어렵다. 하지만 양쪽 눈이 서로의 맹점을 보완하고, 맹점이 있다고 해서 생존이 심각하게 방해받는 것도 아니다. 결국, 맹점을 가진 인간과 시신경을 망막 앞으로 만드는 선호는 살아남았다. 사람의 피부색, 머리카락 색, 눈동자 색 등이 다양한 것도 같은 논리로 설명 가능하다. 어떤 색이 특정한 환경에 덜 적합할 수는 있다. 예컨대, 피부가 밝을수록 자외선이 강한 환경에서 피부암이 더 많이 발생한다. 어두운 피부는 자외선이 적은 환경에서 비타민D 합성에 불리하다. 하지만 둘 다 생존을 심각하게 저해할 정도는 아니고, 모두 살아남았다.* 나무가 벼락을 맞는 사건은 드물게 일어나고, 많은 식물은 여전히 태양을 향해 자란다.

위 문단에서는 눈에 보이는 예시만 들었지만, 인간의 선호와 감정은 자연선택을 거쳐 살아남은 것이다. 따라서 생존을 심각하게 저해하지 않는 행동에는 사람들이 다양한 선호를 가질 공산이 크다. 다시 말해 어떤 행동을 금지하는 데 유의미한 비율의 사람들이 반대한다면 그 행동이 생존을 심각하게 저해하진 않는 것이다. 이런 행동을 제한하는 법이 많으면 많을수록 각각의 국민에게 동의하지 않는 법이 많아지고, 거의 모든 사람의 자유가 억압될 것이다. 다양성 부족으로 인해

---

*   덧붙이자면, 자외선 차단제와 비타민D 보충제의 개발은 더 다양한 선호가 생존 가능하게 만든다.

집단 전체가 환경 변화에 취약해지는 것은 덤이다(3.1장). 피부색의 예시만 보아도 자외선의 강도가 변화할 때 모두 같은 피부색의 집단이 피부색이 다양한 집단보다 취약하다는 것을 알 수 있다.

여기까지의 논의는 메타선진국에서 법의 기준이 심각한 생존의 저해라는 뜻이 아니다. 어차피 제한된 합리성을 지닌 존재는 완전히 환경에 적합한 선택이 무엇인지 알 수 없다(2.6장). 위 논의의 논지는 선호의 특성상 국가가 자유를 제한하는 데 사람들이 거의 예외 없이 동의하는 행동이 존재하며, 이러한 경우에 한해 법이 만들어진다면 사람들의 피해를 방지하는 동시에 압제를 피할 수 있다는 것이다.** 민주주의를 채택한 메타선진국에서 법의 기준은 시민의 동의다. (여기에서 동의는 묵인을 포함한다.) 그리고 시민의 동의(라는 선택)는 시민의 선호와 감정으로 결정되며 이들은 자연선택의 산물이다.

종합하면, 선호의 여러 특성 덕에 자유의 제한과 개인의 자유는 양립할 수 있다. 먼저, 사람들은 토론을 통해 유용한 모델을 받아들일 수 있다. 또한, 비슷한 환경에서 살아남은 선호를 물려받았기 때문에 국가의 개입에 거의 예외 없이 동의하는 영역이 존재한다. 자연은 특정 시각의 특정 집단에서 비非

**   반대로, 거의 예외 없이 동의하는 법이 갖춰지지 못한 경우 고통스러운 자연상태(4.2장)에 가까워질 것이다.

압제적인 법의 영역이 존재하도록 한다. 국가가 이 영역에 한해 자유를 제한하는 것은 시민의 자유를 억압하지 않는다. 개체들이 상호주관적으로 공유하는 선호로부터 객관적 윤리를 끌어낼 수는 없더라도, 그 개체들에 비압제적인 법을 끌어낼 수는 있다. 메타선진국의 법의 영역과 도덕의 영역은 이렇게 나뉜다.

한편 희망적이지 못한 점은 우리가 의사소통을 통해서만 타인의 주관적 피해를 가늠할 수 있다는 것이다. 그리고 사람들은 사실상 타인의 모든 행동에 피해를 주장할 수 있다. 최대한 사소한 피해를 떠올려 보자. 짧은 속옷을 입고 생활하는 것은 어떨까? 놀랍게도 사람들은 이런 행동에도 국가가 개입해야 한다고 주장할 수 있다. 짧은 속옷을 입는 사람이 존재한다고 생각하는 것만으로 끔찍한 피해(부정적 감정)를 느끼므로, 국가가 그런 행동을 금지하고 가혹한 처벌을 내려야 한다고 주장하는 것이다.*

사람들은 기본적으로 자신의 자유는 추구하지만 타인의 자유는 그다지 신경 쓰지 않는다(6.1장). 다시 말해 동의하지 않는 사람들이 있든 없든 자신이 원하는 대로 법을 만들고

---

* 부정적 감정은 경제적 이해관계나 특수한 사정으로부터 발생하기도 한다. 예를 들어, 길이가 긴 속옷을 주력으로 생산하는 회사의 주식을 가지고 있거나, 친척이나 친구가 그 회사에서 일하고 있는 등 여러 사정이 있을 수 있다. 이유야 어찌 되었건, 부정적 감정을 느낀다는 부분만큼은 사실일 것이다.

싶어 한다. 위에서는 극단적인 예시를 들었지만 어떤 법에 동의하는 사람들과 반대하는 사람들의 충돌은 흔하다. 법이 단순히 과반수의 동의로 만들어진다면 51퍼센트의 사람들의 동의만 얻으면 충분하다.** 51퍼센트의 사람들만 동의하는 법이란 곧 동의하지 않는 49퍼센트의 자유를 억압하는 법이다. 게다가 이런 상황은 이타적인 사람들의 동의를 이용하기 위해 법을 만들려는 사람들이 자신의 피해를 과장하도록 유도하기까지 한다.

그렇다면 결국 민주주의는 개인의 자유와 양립할 수 없는 것일까? 방법은 있다. 지금까지의 내용에서 힌트를 얻을 수 있다. 민주주의는 국민이 국가의 법을 정하는 정치체제고, 그 법은 다수결로 만들어진다. 충분히 많은 국민이 비현실적 신념 대신 유용한 모델을 받아들이고 각자의 자유를 지키기 위해 서로의 자유를 보호하는 데 협력한다면, 타인의 자유를 무시하고 원하는 법을 만들려는 시도를 저지할 수 있다. 메타선진국의 시민들은 이런 방식으로 법의 영역을 한정하고 그 영역을 벗어난, 즉 도덕의 영역에서 발생한 갈등에 대해서는 국가의 개입 없이 각자 대처한다. 그 방법은 법으로 금지되지 않은 범위에서 자유롭게 선택할 수 있다(4.2장). 예컨대, 메타선진

** 의원선거의 투표율, 당선된 의원의 득표율, 의원이 공약을 지키지 않는 경우, 당선된 의원의 공약을 지지하는 것이 아니라 다른 후보의 당선을 저지하기 위해 당선된 의원에게 투표한 경우 등을 고려하면 현실의 수치는 더욱 낮다.

국은 시민이 어떤 길이의 속옷을 입든—입지 않든—개입하지 않는다. 그리고 누군가가 짧은 속옷을 입는다는 것을 알았을 때 경멸하는 눈빛을 보내거나 하는 것 또한 자유롭다.

민주주의라는 정부의 형태는 국가가 추구하는 가치를 직접 나타내지 않는다. 비민주적이고 자유로운 국가가 가능한지는 모르겠지만, 압제적인 민주국가는 분명히 가능하다. 사람들이 서로의 주관적 선호가 다를 수 있다는 점을 인정하지 않거나 타인의 자유를 무시한 법을 만든다면, 결국 모든 사람의 자유가 억압되거나 특권집단의 자유만 보장되어 사회가 불안정해질 것이다. 국민이 개인의 자유를 추구하지 않는데 민주주의만 도입된다고 해서 갑자기 선진국이 되는 것은 아니다. 반대로 선진국의 국민이 개인의 자유를 포기한다면 그들은 조만간 압제적인 국가에 살게 된다. 메타선진국은 충분히 많은 시민이 토론을 통해 유용한 모델을 받아들일 준비가 되어 있고, 표현의 자유를 포함한 개인의 자유, 법 앞의 평등, 곧 언급할 법치주의와 재산권의 보호 등 메타선진국의 윤리를 추구할 때에만 실현 가능하고, 유지될 수 있다.

나치 독일은 여러모로 메타선진국의 정반대인 국가였다. 그곳에서는 개인의 자유, 표현의 자유가 억압되었고 국가(와 독재자)가 제시하는 정의가 강요되었다. 법 앞의 평등은커녕 특정 집단이 악으로 지목되고 학살당했다.* 주목할 점은 나치 독일의 독재자 아돌프 히틀러가 민주주의 국가였던 바이마르 공화국에서 합법적으로 총리가 되었다는 것이다. 1933년 바이마르 공화국의 대통령 파울 폰 힌덴부르크는 히틀러를 총리로 임명했는데, 당시 히틀러가 이끄는 국가사회주의 독일 노동자당(나치당)은 국민에게 가장 많은 지지를 얻어 의회에서 원내 1당(584석 중 196석)을 차지하고 있었다.

만장일치가 현실적으로 불가능한 이상, 민주주의를 채택한 국가에서 압제적 요소(와 자연상태)를 완전히 제거하는 것 또한 불가능하다. 메타선진국에는 분명히 압제적인 요소가 존재한다. 모든 시민이 타인의 자유를 존중하겠다고, 유용한 모델에 기반을 둔 유의미한 비율의 반대가 있다면 자유를 제한하지 않겠노라고 다짐하더라도 무엇이 유용한 모델인지, 유의미한 비율이 얼마만큼인지는 사람마다 의견이 다르다.** 설상

---

* 어떤 대상을 악마로 규정하고, 정의의 편인 자신에게는 정당한 특권이 있어 어떤 행동을 해도 옳다고 여기는 습성은 정의 카르텔에서 흔히 관찰된다.

** 여담이지만, 나는 일상적인 대화에서 '내가 판단하기에 (국가의 개입과 별개로) 시민 조건을 갖추고 충분한 시간 동안 환경에 적합함을 보인 개체들이 서로에게 하지 않는 것이 좋겠다는 주장에 유용한 모델에 기반한 유의미한 비율의 반대가 없을 법한 행동'을 비윤리적이다, 나쁘다, 혹은 자연법을 위반한다고 지극히 주관적으로 지칭하고 있다. 하지만 이는 내가 객관적 윤리에 대한 믿음을 되찾았다는 의미가 결코 아니다. 다만, 만나는 사람마다 보이지 않는 용, 악마의 증명, 시민조건 같은 이야기를 하는 것이 대단히 번거로울 따름이다. 심지어 천동설과 유신론을 지지하지 않으면서도 '해가 뜬다'(2.5장)거나 '하느님 맙소사'라고 말하기도 한다.

가상으로 2장에서 보았듯, 시민들의 선호와 환경은 시시각각 변화하므로 한때 압제적이지 않았던 법이 시간이 지나 압제적으로 인식되거나 그 반대의 상황이 일어나곤 한다.

이와 같은 온갖 어려움에도 불구하고, 사람들은 완전히 자유로운 무정부 상태에 놓이는 것보다 약간의 압제가 있더라도 메타선진국에서 사는 것을 좋아한다. 압제가 전혀 없는 정부의 형태는 아직 발명되지 않았다. 메타선진국은 충분히 많은 메타선진국의 윤리를 추구하는 시민들로 구성되어 있고, 민주주의를 통해 무정부의 고통과 압제의 고통 사이에서 균형을 잡는다.

7.3. 법치주의와 입헌주의

권력은 부패한다. 절대 권력은 절대 부패한다.
○ 존 달버그 액턴

앞선 내용에서는 메타선진국의 법이 어떤 방식으로 만들어지는지 살펴보았다. 그런데 법이 효과가 있으려면 단순히 법을 만드는 것만으로는 부족하다. 예를 들어, 살인범을 처벌하는 법을 만들어도 사람들이 처벌이 없을 것이라 예상한다면 선호를 바꾸지 않을 것이다. 법이 효과를 보고, 시민들이 바람직한 선택(4.2장)을 하도록 유도하기 위해서는 의회에서 만들어진 법이 실제로 시행되어야 한다.

그런데 법이 시행될 때 고려해야 할 문제가 있다. 이미 언급된 대리인 문제다. 법을 만들 때 대리인 문제가 발생한 이유는 의원이 독립적인 선호를 가진 개인이기 때문이다. 법이 시행될 때에도 마찬가지다. 법의 시행과 적용에 관여하는 사람들 또한 독립적인 선호를 가진 개인들이다. 이들이 법을 만든 사람(의원뿐 아니라 근본적으로 의원에게 법을 만들 권한을 준 국민을 말한다)의 의도를 따르지 않을 때 대리인 문제가 발생한다. 예를 들어, 범죄를 처벌하기 위해서는 용의자를 수사하고 체포하는 경찰이 있어야 한다. 다시 말해 경찰에게는 용의자를 수사하고 체포할 수 있는 권한이 주어진다. 그런데 경찰관이 이 권력을 자의적으로 사용한다면 어떻게 될까? 자신과 친분이 있거나 뇌물을 준 사람의 범죄는 일부러 수사하지 않는다든지, 마음에 들지 않는 사람을 이유도 없이 체포하는 식이다. 이는 법을 만든 사람들이 의도하지 않은 상황일 것이다.

메타선진국은 국민이 법을 정하는 민주주의 국가다. 이 말은 의원을 포함해 법을 만들고 시행하고 적용하는 모든 사람이—편의상 공무원이라 하자—시민을 대신해서 그 일을 하는 것이고, 달리 말하면 그들의 권력은 시민이 위임했다는 의미다. 이런 상황에서 공무원이 주어진 권력을 자의적으로 사용할 때, 사람들은 권력을 남용한다 혹은 부패했다고 말한다. 공무원의 자의적 권력 사용은 시민들이 추구하는 가치를 달성하기 어렵게 한다. 위 문단의 부패한 경찰관의 예시에서, 경찰관과 사적으로 친한 사람은 범죄를 저질러도 처벌되지 않지만 그렇지 않은 사람은 처벌된다면 법 시행에 차별이 발생한다. 이렇듯 법 앞의 평등은 법의 내용이 차별적일 때뿐 아니라 법의 시행이 차별적일 때도 붕괴한다. 또한, 시민이 이유 없이 체포된다면 개인의 자유가 보장된다고 말하기 어렵다.

140

7.1장에서는 메타선진국의 공무원 중 법을 만드는 권한을 가진 의원의 경우, 주기적인 선거를 이용해 자의적 행동을 방지하는 것을 살펴보았다. 이 방법을 다른 공무원에게도 적용하면 되지 않을까? 그러나 국가의 규모에 따라 다르지만 수백만 명에 이르는 공무원을 모두 투표로 뽑고, 임기 동안 제 역할을 하는지 감시한다는 것은 현실적으로 불가능하다. 메타선진국이 공무원의 자의적 행동을 막기 위해 도입한 또 다른 장치는 '법치주의(혹은 법의 지배)'다. 미국 건국의 아버지 존 애덤스는 법치주의를 '사람이 아니라 법에 의한 통치'라고 표현했다. 개인의 자유가 지배자의 자의적인 판단이 아니라 법으로 제한된다는 뜻으로, 법치주의 국가의 모든 공무원은—국가원수부터 시작해서 말단 공무원까지—법에 정해진 대로만 권력을 사용할 수 있다는 내용이다.

뒤집어 말하면, 메타선진국 정부의 모든 권력 사용은 법적 근거를 요구한다. 예를 들어, 메타선진국의 법에는 경찰이 시민을 체포해야 하는 상황이 지정되어 있다. 경찰관이 그 법에 해당하지 않는 상황에 시민을 체포한 경우, 또는 그 법에 해당하는 상황에도 체포하지 않은 경우 모두 불법으로 규정되어 처벌의 대상이 된다.*

---

* 이처럼 공무원이 각자 독립적 선호를 가진 개인이라는 사실은 대리인 문제의 원인인 동시에 그들의 부패를 방지할 방법도 제공한다. 보상과 처벌(4.1장)을 이용하거나 부패한 개인을 다른 개인으로 교체할 수 있기 때문이다.

법치주의를 실현하기 위해 메타선진국은 관료제를 도입했다. 사람들은 흔히 관료제를 비효율적이라고 생각한다. 그럼에도 불구하고 메타선진국이 관료제를 이용하는 이유는 공무원이 업무 수행의 효율성을 추구하여 제멋대로 권력을 사용하는 것보다 적법 절차에 따라 합법적인 권력을 사용하는 것이 법을 만든 국민의 의도에 부합하기 때문이다. 의심 가는 사람을 마구잡이로 체포하면 어떻게든 범죄자를 잡을 수 있을지 몰라도 그것이 메타선진국의 시민이 원하는 바는 아니다.

'관료제'는 기본적으로 다음과 같이 구성된다. 법을 시행하기 위해 필요한 일을 구체적인 업무로 나누고 업무를 수행할 직책을 만든다. 이때 각 업무 수행에 있어 문서화 또는 관습화된 업무 지침이 존재하고, 각 공무원의 권한은 수행하는 업무 영역 안에서 제한된다. 각 직책의 공무원에게는 주어진 업무를 수행하기 위한 능력이나 자격이 요구되고, 그 능력에 따라 직책을 얻는다. 경찰관에게는 용의자를 제압해 체포할 수 있는 능력이, 판사에게는 복잡한 사건을 법적으로 분석할 수 있는 능력이 요구되는 식이다. 각 공무원은 정해진 업무 지침에 따라 업무를 수행하므로 능력만 갖추었다면 누가 그 업무를 수행하든 비슷한―이상적으로는 같은―결과가 나오게 된다.

이렇게 만들어진 직책을 위계적으로 배치하고, 하급공무원이 상급공무원의 지시에 따르도록 명령 사슬을 만들어 법을 시행하는 과정에 정부 내부에서 불필요한 갈등이 발생하지 않도록 한다. 그리고 모든 지시, 처리, 보고는 문서를 통해 기록을 남긴다. 이렇게 구성된 관료제에서 공무원이 적법 절차를 따르지 않아 권력 남용이나 직무 유기가 발생하는 경우, 누구의 책임인지 기록을 확인해 쉽게 파악할 수 있다. 이는 공무원이 자의적으로 권력을 사용하기 어렵게 만들고, 부패가 발생하더라도 그 규모가 해당 공무원의 업무 영역으로 제한된다. 대규모의 부패가 발생하기 위해서는 관여된 모든 공무원이 서로를 배신하지 않아야 한다. 주기적으로 부서나 근무지가 바뀐다면 더 어려운 일이 될 것이다.

이처럼 관료제는 하급공무원의 부패 방지에 효과적일 수 있지만, 그들이 상급공무원의 지시를 따르는 특성상 상급공무원의 부패에는 취약하다. 예컨대, 부패를 수사하는 말단 경찰관이 자신의 수사를 지시하는 상사를 수사하기는 어려운 것이다. 어떤 국가에서 모든 공무원이 하나의 조직에 위계적으로 예외 없이 배치되어 있다고 상상해 보자. 다시 말해 가장 꼭대기의 국가원수를 제외한 모든 공무원으로부터 명령 사슬을 따라 올라가면 결국 국가원수에 도달하게 된다. 이 관료제 국가에서 국가원수는 절대 권력을 가진다. 이런 제도에서는 부패가 명령 사슬의 더 높은 곳에서 발생할수록 대처하는 것이 어려워진다.

이때 메타선진국에서 반복되어 발견되는 방법이 있다.

권력이 집중되지 않도록 여러 개로 나누고 그 권력끼리 서로 견제하는 체계를 만드는 것, 바로 '권력 분립'이다. 이때 권한을 행사하는 영역이 중복되면 갈등이 발생하므로 각 권력이 가진 권한의 범위를 명확히 지정하거나 독립적인 영역으로 설정한다. 이 권력 분립은 메타선진국의 여러 단계와 측면에 걸쳐 적용되어 명령 사슬을 분리한다. 예를 들어, 중앙정부의 권한과 지방정부의 권한을 나누어 견제하게 하는 것도 권력 분립의 일종이다. 엄밀히 말해서 정부의 권력을 나눈 것은 아니지만, 시민들이 정부에 권력을 부여한 이후에도 여전히 혁명권(혹은 저항권)을 가지고 정부의 자의적 권력 사용을 견제하는 것 또한 비슷한 역할을 한다. 그렇지만 역시 가장 널리 알려진 권력 분립의 형태는 정부의 권한을 법을 만들고 수정하는 입법부, 법을 시행하고 집행하는 행정부, 법을 해석하고 각 사건에 적용하는 사법부 세 가지로 나누는 삼권 분립일 것이다. 삼권 분립 체계에서, 각 권력은 서로 독립적인 영역에서 권한을 행사하고 서로 부패하지 않도록 견제한다.

1933년 히틀러는 바이마르 공화국의 총리가 되어 행정부를 장악한다. 두 달이 채 지나지 않아 그는 협박 등의 술수로 '민족과 국가의 위난을 제거하기 위한 법률'을 의회에서 통과시킨다. 전권 위임법이라고도 불리는 이 법은 의회의 입법권을 행정부에 넘겨 주는 내용을 담았다. 이후 그는 나치당 이외의 정당을 금지하고, 정적政敵을 제거하기 위한 '인민법정'을 만

2부 선택된 윤리

들어 견제받지 않는 독재체제를 완성하게 된다.

사실 민주주의는 객관적 윤리의 존재를 부정하는 제도다. 만약 객관적 윤리가 존재한다면 법은 사람들의 주관적 선호에 기반한 동의가 아니라 객관적 윤리를 인식할 수 있는 정의 카르텔에 의해, 그리고 반드시 그들에 의해 정해져야만 한다. 객관적 윤리를 아는—안다고 생각하는—히틀러가 의회나 표현의 자유를 눈엣가시로 여긴 데에는 이유가 있다. 객관적 윤리가 존재하는 세상에서, 객관적 윤리를 알 수 없는 평범한 사람들의 자유로운 토론과 그들의 선호에 따라 법을 정하는 의회란 불의의 상징인 것이다. 히틀러가 원한 것은 주관적이고 개별적인 선호와 가치, 감정을 지닌 시민들이 아니라 자신의 정의를 재생산할 잘 훈련된 앵무새였고, 그는 원하는 것을 얻는 데 성공했다.

주기적인 선거로 뽑힌 의원이 법을 만드는 것(민주주의), 그 법에 정해진 대로 정부가 권력을 사용하는 것(법치주의), 권력을 나누어 서로 견제하게 하는 것(권력 분립) 등, 지금까지 논의한 메타선진국이 정부를 이루는 원칙은 메타선진국의 헌법에 규정되어 있다. 그뿐만 아니라 개인의 자유(3장), 법 앞의 평등(6장), 죄형법정주의(5.1장), 무죄추정의 원칙(5.1장) 및 앞으로 살펴볼 재산권의 보호와 같이 메타선진국의 시민들이 추구하는, 기본권이라 불리는 여러 가치와 원칙들 또한 메타선진국의 헌법에 포함되어 있다. 이렇게 구성된 헌법을 국가의 최상

위 법으로 설정하고, 국가원수를 포함해 정부의 모든 공무원이 철저하게 헌법을 따르고 헌법에 규정된 방식으로만 권력을 사용하도록 제한하는 것을 '입헌주의(혹은 헌정주의)'라고 한다. 잘 자리 잡은 헌법은 독재자보다 제거하기 어렵다. 모든 복사본을 없애고 사람들의 기억에서까지 잊혀야 하기 때문이다.

입헌주의를 채택한 메타선진국에서 헌법은 다른 모든 법보다 우선된다. 시민이 뽑은 의회조차 헌법에 어긋나는 법을 만들려면 헌법을 먼저 고쳐야 할 정도다. 메타선진국에서 위헌적인, 다시 말해 헌법에 반하거나 헌법에 기반을 두지 않은 법과 권력 사용은 모두 무효가 되어* 정부가 헌법에 표현된 시민의 의도를 무시하고 권력을 사용하지 못하도록 막는다.

---

*   대개 헌법을 수정하는 권한은 입법부, 헌법이 아닌 법이나 권력 사용이 헌법을 위반하는지 판단하여 무효화시키는 사법심사(혹은 위헌심판)의 권한은 사법부에 주어진다. 헌법 개정은 의회의 더 높은 찬성비율이나 국민투표 같은 특별한 절차를 요구하는 등 다른 법의 수정에 비해 더 까다로운 경우가 많다.

2부 선택된 윤리

8장 자본주의를 통한 보상

8.1. 자유로운 거래

현명한 가장이라면, 만드는 것이 구입하는 것보다 비싸게 드는 물건을 구태여 집에서 만들려 들지 않을 것이다.
○『국부론』, 애덤 스미스

4.2장에서는 메타선진국의 윤리가 강제성이 있는 법의 영역과 자유로운 도덕의 영역으로 나뉜다는 것을 알아보았다. 이어서 법의 영역 중 국가가 강제하는 처벌인 형벌(5장), 법적 주체가 되기 위한 조건(6.2장). 법이 어떻게 만들어지고 시행되는지(7장) 살펴보았다. 이 장에서는 국가가 강제하는 처벌을 다룬 5장에 이어 메타선진국이 강제하는 대표적인 보상 중 하나인 자본주의를 통한 보상에 대해 알아보려고 한다.

'자본주의'란 법적 주체가 생산 수단과 그것에서 발생한 이익을 사적으로 소유하고, 그 재산을 자유롭게 사용, 처분할 수 있는 경제체제를 말한다. 이 말이 도대체 무슨 뜻이며 법이니 보상이니 하는 것과 대관절 무슨 상관이 있을까? 이 문장을 이해하기 위해 가상의 강변 마을 이야기를 해 보자.

작은 강변 마을에 A와 B가 살았다. 이들은 1년 동안 같은 시간을 일했는데, 각자 일하는 시간의 반은 밀을 키우고 나머지 반은 강에서 물고기를 잡아 자급자족하며 살고 있었다. A는 1년에 밀 100kg을 수확하고, 물고기 100마리를 잡는다. 한편 B는 농사보다는 낚시에 재능이 있어 밀 70kg, 물고기 140마리를 생산한다. 두 명의 총 생산량은 1년에 밀 170kg, 물고기 240마리다. 이들은 기본적으로 자신이 생산한 음식을 자신이 소비했지만, 유난히 물고기를 좋아하는 A는 가끔 자신이 수확한 밀을 들고 B의 집에 찾아가 물고기와 바꿔 먹곤 했다. 그 결과 이들이 1년 동안 실제로 소비한 양은 A는 밀 80kg과 물고기 130마리, B는 밀 90kg과 물고기 110마리였다.

사람들은 효용(행복)을 증가시키는 행동과 선택을 한다 (2.2장). 물론 재화의 생산과 소비도 그렇다. 재화란 개인이 효용을 얻을 수 있는 것을 말한다. 재화Goods가 좋은 것Good이라고 불리는 것은 전혀 놀랍지 않다. 더 좁은 의미에서는 밀과 물고기처럼 다른 사람에게 넘겨줄 수 있는 것만 재화라고 부르고, 청소나 수리 같은 그 외의 것을 서비스(혹은 용역)라고 따로 분류하기도 한다. 이 책에서 말하는 재화는 별다른 언급이 없는 한 서비스가 포함된 것이다.

생산은 생산된 재화를 소비해 효용을 얻기 위해 이루어진다. 재화에서 어떻게 효용을 얻을지는 그 사람이 무엇을 원하느냐에 달려 있다. 잡은 물고기를 먹을 수도 있고, 어항에 넣어 관상용으로 즐길 수도 있다. 일단 이 이야기에서 밀과 물고기는 먹기 위해 생산되었다고 하자.

그런데 왜 사람들은 거래를 할까? A와 B는 1년 동안 밀 20kg과 물고기 30마리를 교환했다. 만약 거래가 10번 이루어졌다면 A는 매번 밀 2kg을 들고 가서 B의 물고기 3마리와 거래한 꼴이다. A는 원하던 물고기를 얻었으니 거래를 해서 이익을 본 것 같다. 그렇다면 B는 손해를 본 것일까? 놀랍게도 B 또한 거래로 이익을 보았다. 더 정확히 말하자면, B도 이익을 보지 않았다면 거래는 이루어질 수 없었을 것이다.

거래에 관한 흔한 오해 중 하나는 누군가가 거래에서 이익을 보면 그 상대편은 손해를 입는다고 간주하는 것이다. 하지만 어떤 거래가 자유롭게, 자발적으로 이루어졌다면 그 거래는 참여한 모두에게 이득일 수밖에 없다. 개인은 자유로운 상태에서 자신의 선호를 충족시키는 선택을 하기 때문이다 (3.1장). 이 이야기에서는 A와 B 둘 다 거래를 하는 것과 거래를 하지 않는 것 중에 전자가 더 행복하다고 판단했다. 만약 A와 B 어느 하나라도 상대가 제시한 거래 조건을 거절했다면 거래는 성립하지 않았을 것이다. A는 자신이 가진 밀 2kg보다 물고기 3마리가 더 가치 있다고 여겼고, B는 물고기 3마리보다 밀 2kg이 가치 있다고 여겼다. 이처럼 거래라는 현상은 사람들의 주관적 선호가 서로 다르다는 증거이기도 하다. 만약 재화의 객관적 가치라는 것이 존재한다면, 그리고 사람들이 그것을

2부 선택된 윤리

인식할 수 있다면 자유로운 거래는 이루어지지 않을 것이다.

자유로운 거래는 그 정의에 따라 거래 참여자 모두의 주관적 선호를 충족시킬 수밖에 없다. 이는 전형적인 포지티브섬 상호작용(4.1장)이다.* 두 단계로 나누어 보면 더 확실히 보인다. B는 A에게 물고기 3마리를 주어 그의 행복을 증가시켰다. 그 보상으로 A는 B에게 밀 2kg을 주어 그의 행복을 증가시켰다. 두 명 모두 행복이 증가했다.** 거래로 충족되는 선호에는 물론 이타적 선호(2.1장)도 포함된다. 예컨대 부모는 아이를 위해 곰인형을 살 수 있다.

여느 때처럼 물고기가 당긴 A는 B의 집을 찾아갔지만, B는 그날따라 늦게까지 일하고 있었다. 하염없이 B를 기다리던 A는 이런 일이 자주 일어난다는 걸 깨닫고 돌아온 B와 상의했다. 이렇게 여러 번 시간을 낭비하느니, 차라리 다음 해부터는 A는 밀만 재배하고 B는 물고기만 잡은 뒤 정해진 시간에 만나 각자 생산한 것을 교환하기로 했다. 일하는 시간 동안 밀만 키운 A는 1년 동안 200kg(100×2)의 밀을 생산했고, B는 280마

---

*   사실 자유로운 거래가 포지티브섬 상호작용이 되기 위해서는 한 가지 더 조건이 필요하다. 이에 대해서는 8.4장에서 다룬다.

**   덧붙여 보상과 처벌은 선택 시점에 예상된 행복과 고통을 기준으로 이루어진다. 개인은 미래를 완벽하게 예측할 수 없어서 선택 당시 예상한 행복과 고통은 실제로 경험하는 행복, 고통과 일치하지 않는다(2.6장). 예를 들어, 거래를 마친 A가 집으로 돌아가다가 실수로 물고기를 절벽에 떨어뜨려 못 먹게 되었다고 하자. A가 거래 시점에 예상했던 '물고기를 먹어 얻는 효용'을 경험할 수 없게 된 것이다. 하지만 그때는 이미 B에게 보상이 끝난 이후다.

리(140×2)의 물고기를 잡았다. A는 자신이 80kg의 밀을 먹고 나머지 120kg을, B는 물고기 110마리를 먹고 나머지 170마리를 교환했다. 신기한 일이 일어났다. A는 밀 80kg과 물고기 170마리를 소비했고, B는 밀 120kg과 물고기 110마리를 소비했다. A는 물고기 40마리를, B는 밀 30kg을 더 얻은 것이다. 바뀐 것이라고는 단지 각자 더 잘하는 일을 맡아서 한 것뿐인데 말이다. A는 농부, B는 어부가 되었다.

경제학자들은 이 상황을 A, B가 각각 밀, 물고기의 생산에 절대우위가 있었기에 분업(전문화)이 이루어졌다고 설명할 것이다. 이것은 A는 B보다 밀을 잘 생산하고, B는 A보다 물고기를 잘 생산한다는 것을 어렵게 말한 것에 불과하다. 어찌 보면 당연하게도, 각자 잘하는 일을 맡아서 하면 총 생산량은 증가한다. 그런데 누군가가 늘어난 총 생산량을 노리고 상대를 착취하려고 시도하면 어떻게 될까? 예를 들어, B가 갑자기 물고기 1마리에 최소한 밀 1.2kg은 받아야 한다고 멋대로 선언한다면 A는 생산한 밀 중 자신이 80kg을 먹고 남은 120kg을 교환해도 물고기 100마리밖에 얻지 못한다. B는 밀 120kg과 물고기 180마리를 차지했지만, A의 몫은 자급자족할 때 생산했던 밀 100kg과 물고기 100마리보다 적다.

다시 한번 강조하면, 거래 참여자 모두의 선호를 충족시키지 않으면 자유로운 거래는 이루어지지 않는다. 이 경우 A는 분업과 거래를 거절하고 자급자족 생활로 돌아갈 것이다.

이는 B까지 함께 가난한 자급자족 생활로 돌아가야 한다는 것을 뜻하고, B는 그것을 원하지 않는다. 따라서 교환 비율은 전문화와 거래를 하지 않았을 때와 비교해서 참여자 모두에게 이익이 되는 범위 안에서 정해질 수밖에 없다.

이 이야기에서 교환 비율은 다음의 범위에서 정해진다. 자급자족할 때, A는 밀 100kg과 물고기 100마리를 생산하는 데 각각 같은 시간을 투자했다. A에게 물고기 1마리를 생산하는 시간과 밀 1kg(100÷100)을 생산하는 데 드는 시간은 같다. 거꾸로 말하면 A는 특정 시간 동안 물고기 1마리와 밀 1kg 중에서 무엇을 생산할지 선택할 수 있다. 한편 B도 밀 70kg과 물고기 140마리를 생산하는 데 각각 같은 시간을 투자했다. B는 특정 시간 동안 물고기 1마리와 밀 0.5kg(70÷140) 중에서 무엇을 생산할지 선택할 수 있다. 이 둘이 물고기 1마리를 거래한다면 A는 1kg보다 적은 밀을 주려 할 것이고, B는 0.5kg보다 많이 받으려 할 것이다. 다시 말해서, 물고기 1마리가 밀 1kg보다 비싸다면 A는 거래를 포기하고 자신이 직접 물고기를 잡을 것이고, 반대로 0.5kg보다 싸면 B가 거래를 포기하고 자신이 직접 밀을 생산할 것이다. 따라서 교환 비율은 물고기 1마리당 밀 0.5~1kg 사이에서 정해진다. 이야기처럼 밀 120kg과 물고기 170마리가 교환되었다면 교환 비율은 물고기 1마리당 밀 약 0.7kg(120÷170)이다.

경제학의 아버지라고 불리는 애덤 스미스는 1776년 그 유명한 『국부론』을 출간했다. 그는 책에서 국가 간 전문화와 무역이 참여국 모두에게 이익이 되는 원리를 절대우위를 이용해 설명했다. 하지만 절대우위의 원리는 한 국가가 다른 국가에 비해 모두 절대우위를 갖는 경우, 예컨대, 밀과 물고기를 둘다 잘 생산하는 경우에도 무역이 발생하는 현상을 설명하지 못했다. 이 현상은 스미스와 동세기에 태어난 데이비드 리카도가 '비교우위의 원리'를 이용해 설명하게 된다.

비교우위의 원리를 이해하기 위해 앞서 나왔던 이야기를 변형해 보자. A와 B는 각자 일하는 시간의 반은 밀을 키우고 반은 물고기를 잡는다. A는 원래대로 1년에 밀 100kg과 물고기 100마리를 생산한다. 반면 B는 생산성이 떨어져 밀 60kg, 물고기 80마리밖에 생산하지 못한다. 두 명의 총 생산량은 밀 160kg, 물고기 180마리다. A는 밀과 물고기의 생산 모두에 절대우위가 있으므로 B와 거래할 이유가 없는 것처럼 느껴진다.

하지만 A와 B는 서로 비교우위가 다르다. A는 밀 100kg과 물고기 100마리를 생산하는 데 각각 같은 시간을 투자했다. 즉, A는 특정 시간 동안 물고기 1마리와 밀 1kg($100 \div 100$) 중에서 무엇을 생산할지 선택할 수 있다. 한편 B는 특정 시간 동안 물고기 1마리와 밀 0.75kg($60 \div 80$) 중에 무엇을 생산할지 선택할 수 있다. 뒤집어 말하면, 물고기 1마리를 생산하기 위해 A는 밀 1kg을, B는 밀 0.75kg을 얻을 기회를 포기해야 한다. 이것을 '기회비용'*이라 한다. 같은 양의 물고기를 생산하는 데 A는 B보다 더 많은 밀을 포기해야 한다. 반대로, 같은 양의 밀을 생산할 때는 B가 A보다 더 많은 물고기를 포기해야 한다. 이런 상황을 A는 밀을 생산하는 데 비교우위가 있고, B는 물고기를

---

* 19세기 경제학과 생물학에서 일어난 지적 혁명은 인류가 이미 죽어서 보이지 않는 것, 선택되지 않은 것에 주목할 수 있게 해 주었다. 진화론이 자연이 선택하지 않은 것에 주목했다면, 기회비용은 개체가 선택하지 않은 것에 주목한다. 수정 가능한 선호를 가진 개체는 선택할 때 인식한 상황과 자신이 가진 모델을 이용해 여러 가지 시나리오를 만들어 낸다(2.4장). 각각의 시나리오(더 정확히는 각각 선택에 대한 시나리오 집합)는 예상되는 가상의 행복과 고통이 포함되어 있는데, 예상 행복에서 예상 고통을 뺀 것을 기대효용이라고 하자. 마지막으로 행복가정에 따라, 생성된 시나리오 중 기대효용이 가장 큰 것을 실행에 옮긴다(2.2장). 즉, 고통은 적게 느끼고 행복은 많이 느낄 것 같은 선택을 한다. 기회비용이란 선택한 시나리오의 예상 고통에 선택되지 않은 시나리오 중 가장 기대효용이 큰 것의 기대효용을 더한 것이다. 짧게 표현하면 어떤 선택을 위해 포기해야 하는 것을 말한다. 예시를 보면 쉽게 이해할 수 있다. 누군가 1시간 동안 일하면 밀 1kg을 생산할 수도 있고, 물고기 1마리를 생산할 수도 있다고 하자. 이때, 밀을 선택하면 예상 행복은 밀 1kg(을 소비해 얻는 행복)이고 예상되는 고통은 1시간의 노동(에서 얻는 고통)이다. 물고기를 선택하면 예상 행복은 물고기 1마리(를 소비해 얻는 행복), 예상 고통은 1시간의 노동(에서 얻는 고통)이다. 따라서 그가 밀 1kg을 생산하기로 선택했을 때 그 기회비용은 물고기 1마리(노동 1시간+물고기 1마리-노동 1시간)다. 그는 밀 1kg을 얻기 위해 물고기 1마리를 얻을 기회를 포기해야 한다. 그런데 여기에는 계산을 위해 "밀 생산과 물고기 생산 이외의 선택지는 없다", "밀 또는 물고기의 소비는 행복하다", "노동은 고통스럽다", "1시간 동안 밀을 키우는 것과 물고기를 잡는 것은 똑같이 고통스럽다", "기타 잡다한 행복과 고통은 발생하지 않는다" 등의 가정이 전제되어 있다. 이 책에서 구체적인 수치로 제시되는 모든 기회비용은 이런 식으로 단순화된 것이다. 원래라면 시나리오의 예상 행복과 고통은 개인의 주관적인 감정의 영역으로 객관적 측정이 불가능하다. 우리는 타인이 무엇을 느끼는지 알 수 없으므로(2.1장) 자신의 기회비용은 생각해 볼 수 있지만, 엄밀히 말해서 타인의 기회비용은 알 수 없다. 그것이 가능한 것은 객관적 가치를 측정할 수 있거나 미래를 완벽하게 예측할 수 있는 존재 정도다.

생산하는 데 비교우위가 있다고 말한다.

B가 자신에게 비교우위가 있는 물고기를 잡는 데 집중한다고 해 보자. 이때 A는 밀을 원래 두 명의 총 생산량인 160kg만 생산하고 나머지 시간만 물고기를 잡는다고 하자. A는 밀 1kg을 생산하기 위해 물고기 1마리를 포기하므로, 밀 160kg과 물고기 40마리(100-60)를 생산했다. B는 물고기만 잡아 160마리(80×2)를 생산했다. 총 생산량은 밀 160kg, 물고기 200마리다. 이 경우 완전히 분업이 이뤄진 건 아니지만, A와 B가 나눠 가질 물고기 20마리가 추가로 생산되었다. 이때 교환 비율은 각자의 기회비용인 물고기 1마리당 밀 0.75~1kg 사이에서 정해진다. 만약 0.8kg으로 교환되었다면 A는 밀 100kg과 물고기 115마리, B는 밀 60kg과 물고기 85마리를 소비할 수 있다.

절대우위가 없는, 생산성이 낮은 사람도 비교우위가 있다면 전문화와 거래로 이익을 볼 수 있다. 그 이유는 모든 사람에게 한정된 자원이 있기 때문인데, 대표적으로 몸의 개수와 시간이 있다. 동시에 여러 장소에서 일하거나 하루에 24시간 이상 일할 수 있는 사람은 없다. 모든 분야에서 생산성이 높은 사람이 있더라도 그가 모든 일을 할 수는 없는 것이다. 비교우위가 있는 일을 위주로 하는 것이 그에게도, 다른 사람들에게도 이득이다. 생산성이 높은 사람은 다른 사람과의 거래를 통해 서로의 삶의 질을 높인다.

이 이야기에서 모든 거래는 자유롭게 이루어졌다. 비교

우위의 원리는 자유로운 거래가 발생할 수 있는 이유를 밝힌다. 만약 모든 사람의 생산성이 똑같다면(비교우위가 없다면) 거래를 하는 것과 자신이 직접 생산하는 것에 차이가 없으므로 거래를 할 이유가 없다. 하지만 사람들은 다양하여 서로 잘하는 일이 다르다. 그러므로 비교우위가 성립하고, 각자 잘하는 일에 집중해 총 생산량이 늘어나고, 거래하여 참여자 모두가 이익을 본다. 물론 이것은 이해를 돕기 위해 단순화된 것이다. 현실에서는 거래 비용이나 한계생산의 변화 등 여러 가지 요소가 영향을 미친다. 예컨대, A와 B가 너무 멀리 살거나 고집이 세서 거래 조건을 협상하는 데 많은 시간이 낭비된다면 차라리 자급자족을 하는 편이 나을 것이다. 그런데도 비교우위의 원리는 수학적으로 옳으며, 자유로운 거래가 발생하는 근본적인 원리를 훌륭히 설명한다.

강변 마을 이야기로 돌아오자. (안심하라, 이제 계산기는 필요 없다.) 마을은 번성해 농부와 어부의 수가 제법 많아졌다. 농부들은 농사에 쓸 삽을 직접 만들거나 삽 없이 농사를 짓고 있었다. 그중 손재주가 뛰어난 한 명은 남들보다 쓰기 편한 삽을 만들었고 다른 농부들의 부러움을 샀다. 어느 날 한 농부가 자신이 생산한 밀을 줄 테니 삽을 만들어 주지 않겠느냐고 그에게 물었다. 그는 흔쾌히 수락했고 삽을 만들어 주었다. 삽시간에 소문이 퍼져 어느새 마을에서 쓰는 모든 삽을 그가 만들고 있었다. 처음에는 밀을 주로 키우고 조금씩 시간을 내서 삽을 만들었지만, 마을이 커지고 농부의 수가 늘어나자 농사지을 시간이 없어질 정도였다. 그는 대장장이가 되었다. 어부 중에서도 손재주가 좋은 사람이 있었는데, 그는 목수가 되어 낚싯대를 생산했다. 공교롭게도 목수는 셀리악 병(밀이나 보리 등의 글루텐 단백질이 소장에 염증을 일으키는 병)을 앓고 있어 밀을 먹지 않았다. 하지만 낚싯대를 만들어 준 보상으로 어부들에게 물고기를 받았기 때문에 큰 문제는 없었다.

조금 전까지 이야기와 똑같이 비교우위에 따라 전문화가 일어났다. 그런데 새롭게 주목할 만한 부분이 두 가지 있다. 첫째는 거래할 수 있는 상대가 많아질수록 전문화가 가속화된다는 것이다. 마을에 농부가 몇 명 없다면 삽만 생산해서 생계를 유지하기는 힘들지만, 삽을 살 농부가 충분히 많다면 대장장이는 완전한 분업이 가능하다.

두 번째 주목할 부분은 '자본'이 거래된 것이다. 자본이란 그것으로부터 직접 효용을 얻기보다 다른 재화를 생산하는 데 이용되는 재화를 말한다. 그렇기에 자본 축적이라는 말이 재화의 생산성 향상을 뜻하는 것이다. 자본은 경우에 따라 다른 재화를 만드는 재료일 수도 있고, 이야기의 삽과 같이 생산성을 높이는 도구일 수도 있다. 그에 반해 소비해서 직접 효용을 얻는 재화를 최종 재화라고 한다. 삽과 낚싯대는 직접 효용을 제공하지는 않지만 밀, 물고기 같은 최종 재화를 생산하는 데 이용되므로 자본이다. 이것은 용도에 따른 구분이다. 낚싯대도 취미를 위한 것이라면 최종 재화가 될 수 있고, 식당에서 물고기를 요리해서 손님에게 내놓는다면 물고기도 자본이다. 어떤 재화가 자본인지 최종 재화인지 구분하는 것은 대개 그 것을 사용하는 사람의 의도에 달려 있다.

경제학에서는 생산에 투입되는 자원을 생산 요소라고 하며 통상적으로 토지, 노동, 자본이 기본적인 생산 요소로 꼽힌다. 예를 들어, 농부는 밀을 키우는 토지, 삽과 같은 자본, 그리고 자신의 노동을 투입해 밀을 생산한다. 특히 생산 요소에서 노동을 뺀 토지와 자본을 생산 수단이라고 따로 지칭하기도 한다. 이 이야기에서 대장장이와 목수처럼 자본만 생산하는 사람이 등장한 것은 거래를 통해 최종 재화를 얻을 수 있다면, 최종 재화를 생산하지 않더라도 생계를 유지할 수 있다는 것을 보여 준다.

삽과 밀의 거래, 낚싯대와 물고기의 거래 둘 다 자유롭게 이루어졌으므로 참여자 모두의 선호를 충족시켰을 것이다. 예를 들어, 삽과 교환되는 밀의 양은 다음의 범위에서 결정된다. 우선 대장장이는 대가로 받는 밀이, 삽을 만드는 시간 동안 자신이 직접 생산할 수 있는 밀의 양보다 적으면 거래를 거절한다. 농부는 직접 삽을 만드는 데 드는 시간 동안 생산하는 밀의 양과 품질 좋은 삽을 사용했기 때문에 늘어날 밀의 생산량을 합친 것보다 삽이 비싸면 거래를 거절한다. 결과적으로 총 생산량이 늘어나 대장장이는 직접 농사를 지었을 때보다 많은 밀을 얻고, 농부들은 직접 삽을 만들어 쓸 때보다 많은 밀을 얻게 되는 것이다. 목수와 어부도 마찬가지로, 목수는 직접 낚시를 했을 때보다 많은 물고기를 얻고, 어부들은 직접 낚싯대를 만들었을 때보다 많은 물고기를 얻는다.

　　자본주의란 법적 주체가 생산 수단과 그것에서 발생한 이익을 사적으로 소유하고, 그 재산을 자유롭게 사용, 처분할 수 있는 경제체제를 말한다. 법적 주체는 시민조건을 갖춘 개인과 같은 개체를 뜻하고(6.2장), 생산 수단은 재화를 생산하는 데 이용되는 토지나 자본을 일컫는다. 생산 수단에서 발생한 이익은 직접 생산하거나 거래를 통해 얻은 이익을 말하는데, 이것은 용도에 따라 또 다른 생산 수단이 될 수도 있고 최종 재화가 될 수도 있다. 즉, 자본주의란 법적 주체가 재산(생산 수단을 포함한 재화)을 소유하고, 그 재산을 생산, 소비 그리고 교환과 대여를 포함한 거래 등에 자유롭게 사용할 수 있는 경제체제를 말한다. 예를 들어, 자본주의 체제에서 농부는 밀을 키우는 땅(토지)이나 삽(자본)과 같은 생산 수단을 이용해 생산한 밀(재화)을 재산으로 소유할 수 있다. 그는 자신의 재산을 소비하여 효용을 얻거나, 교환하거나 빌려주는 데 자유롭게 사용할 수 있다. 그와 거래 상대의 행복은 증가한다.

8.2. 돈과 시장

부는 화폐나 금은이 아니라, 화폐가 구매하는 것이며, 화폐는 오직
그 구매력 때문에 가치를 가진다.
◦『국부론』, 애덤 스미스

모든 생산의 목적은 궁극적으로는 소비자를 만족시키는 데 있다.
◦『일반이론』, 존 메이너드 케인스

과로에 시달리던 대장장이는 생각했다. 삽자루를 대신 만들어
줄 사람이 있으면 자신은 날만 만들어 붙이면 되지 않을까? 마
을의 어부들로부터 낚싯대를 만들어 파는 목수가 있다는 이야
기는 들었다. 목수라면 손재주가 좋으니 삽자루도 만들 수 있
을 것 같았다. 대장장이는 삽자루 견본을 들고 목수의 집을 찾
았다. 목수는 견본을 이리저리 살펴보더니 이 정도라면 자신
도 만들 수 있겠다고 말했다. 그런데 문제가 생겼다. 대장장이
는 목수에게 줄 것이 없었다. 목수는 지병 때문에 밀을 먹지 않
는다. 농부와 주로 거래하는 대장장이는 밀은 제법 가지고 있
었다. 하지만 목수가 받을 법한 물고기는 보관이 어려워 가끔
먹고 싶을 때만 어부에게 밀을 주고 얻어 왔다. 그렇다고 해서
농사도 짓지 않는 목수가 삽을 받을 리는 없었다. 목수에게 삽

자루를 얻기 위해서는 다음 과정이 필요했다. 삽을 만들어 농부의 밀과 교환한다. 밀을 어부의 물고기와 교환한다. 물고기를 목수의 삽자루와 교환한다. 거래할 때마다 이 과정을 거치는 것은 너무 번거로웠다. 이 이야기를 들은 목수는 자신은 어차피 어부와 만나는 일이 많으니 밀을 주면 그것을 물고기로 교환해서 먹겠다고 말했다. 대장장이는 목수에게 밀을 주고 삽자루를 얻게 되었다.

이제 목수는 자본을 만드는 데 쓰는 자본을 생산한다. 그런데 그보다 주목할 점이 있다. 목수는 대장장이에게 삽자루를 주고 밀을 받는다. 이 거래는 지금까지 등장한 거래와 무언가가 다르다. 물론 자유롭게 이루어진 거래이므로 참여자 모두 이익을 보았다는 점은 똑같다. 여기서 주목할 점은 목수가 보상으로 받은 밀에서 직접 효용을 얻지도 않고, 다른 재화를 생산하는 데 이용하지도 않는다는 것이다. 그렇다면 왜 목수는 삽자루에 대한 보상으로 밀을 받았을까? 그것은 목수가 밀을 원하는 것으로 바꿀 수 있다고 예상했기 때문이다. 돈이 등장했다.

'돈'은 거래의 수단이자 협력의 매개체다. 돈은 그것을 원하는 재화와 교환할 수 있다는 신용이 있을 때 비로소 돈으로써 인정받는다. 집단에 이 신용을 공유하는 사람이 충분히 많아지면, 돈(으로 취급되는 재화)을 주고 원하는 것을 살 수 있게 되는 것이다. 따라서 돈의 가치는 궁극적으로 그것을 돈으로 인정하는 사람들의 생산성이다.

이 특수한 재화는 직접 소비되어 효용을 제공하거나 다른 재화를 생산하는 재료나 도구로 이용되지 않더라도 거래 참여자들에게 가치가 인정된다. 이야기의 밀처럼 최종 재화의 성격을 띠지 않아도 돈이 될 수 있다는 의미다. 실제로 우리는 조금 특수한 종잇조각이나 모니터에 나타나는 숫자까지도 돈의 역할을 할 수 있다는 사실을 이미 잘 알고 있다. 오늘날 가장 강력한 화폐인 미국 달러는 기축통화World currency라고 불리는데, 전 세계 사람들이 달러를 원하는 것으로 바꿀 수 있다고 예상한다는 뜻이다. 우리는 달러를 믿는다.In dollar we trust* 만약 달러를 원하는 재화로 바꿀 수 없다면 장작이나 벽지로나 쓸모가 있을 것이다. 사람들은 이 사실을 잘 이해하고 있는 것처럼 보인다. 흔한 좀비 영화에서조차 좀비가 창궐해 재화의 생산과 유통이 사실상 중단되면 곧장 돈의 가치가 증발한다. 그럼에도 불구하고 여전히 돈뭉치에 집착하는 등장인물은 어리석다고 여겨지며, 대개 영화 중반에 그다지 부럽지 않은 모습으로 퇴장한다.

밀은 강변 마을의 화폐가 되었다. 농사가 바쁜 계절과 물고기가 많이 잡히는 계절이 되면 삽자루와 낚싯대를 생산하

---

*   미국 달러 지폐에 있는 문구 'IN GOD WE TRUST(우리는 하나님을 믿는다)' 를 따라 한 것이다.

는 목수는 눈코 뜰 새 없이 바빠졌다. 평소에 목수는 자신이 직접 나무를 베어 제품을 만들었는데, 일이 바쁠 때는 마을의 한 어부와 거래하여 원목을 얻고 있었다. 그 어부는 평소에는 물고기를 잡지만 목수가 바쁠 때는 나무꾼이 되어 원목을 팔았다. 마을이 번성하면 할수록 목수의 일은 더 바빠졌다. 결국 그 어부는 나무꾼이 본업이 되어 대부분 시간에 원목을 생산하고 물고기는 아주 가끔 잡게 되었다.

문제는 물고기가 많이 잡히는 계절에 발생했다. 자유로운 거래에서 교환 비율, 즉 가격은 거래 참여자 모두가 이익을 보는 범위에서 결정된다. 나무꾼은 물고기를 잡아 벌 수 있는 돈(기회비용)보다 원목을 팔아 벌 수 있는 돈이 더 많을 때만 원목을 생산할 것이다. 이 말은 물고기가 많이 잡히는 계절에는 (물고기의 가격은 크게 변하지 않는다고 하자) 원목의 가격이 비싸진다는 뜻이다. 나무꾼과 가격 협상을 하다 지친 목수는 생각했다. 차라리 나무꾼에게 매달 일정한 금액을 주고 그가 생산하는 원목을 공급받으면 어떨까? 나무꾼은 제안을 수락했다. 고용이 등장했다.

'고용'은 임금과 노동을 교환하는 거래다. 피고용인은 고용주에게 노동을 제공하고 고용주는 피고용인에게 임금, 즉 돈을 주어 보상한다. 고용이 발생하는 이유는 다양하다. 예를 들어, 목수는 안정적으로 원목을 공급받으면서 매번 가격 협상 같은 번거로운 절차를 거칠 필요가 없어지기 때문에 고용을 선택할 수 있고, 나무꾼도 계절에 상관없이 꾸준히 수입을 올릴 수 있다는 점을 이유로 피고용을 선택할 수 있다. 이 이야기의 고용 또한 자유로운 거래의 일종이므로 목수와 나무꾼 둘 중 하나라도 거절하면 성립하지 않는다. 다시 말해 목수와 나무꾼이 모두 동의하는 범위 안에서 어떤 일을 하는지, 임금은 언제 얼마나 주는지 등의 고용 조건이 정해진다.

한 사람이 강변 마을에서 직업을 정하려고 한다. 만약 그에게 손재주가 없다면 대장장이나 목수로 생계를 유지하기는 어려울 것이다. 또한, 번 돈으로 얻을 수 있는 효용보다 일하면서 얻는 고통이 큰 직업은 선택하지 않을 것이다. 예를 들어, 물이 무서워 물가에 가는 것도 싫어한다면, 그리고 그것을 감수할 정도로 (많은 효용을 주는 재화를 살 수 있다고 예상되는) 큰 돈을 버는 것이 아니라면 어부를 선택하지는 않을 것이다.

그는 농부가 되기로 했다. 농사에서 즐거움과 보람을 느낀다면 더할 나위 없을 것이다. 농부가 되기 위해서는 토지와 자본, 다시 말해 밀을 키울 땅과 삽과 같은 연장이 필요하다. 그는 주인 없이 방치된 땅을 직접 개척하거나 이미 개척된 땅을 빌리거나 살 수 있다. 삽 또한 직접 만들거나 빌리거나 살 수 있다. 이를 구할 돈을 마련하기 위해 잠시 나무꾼으로 일하며 돈을 모을 수도 있고, 누군가에게 돈을 빌릴 수도 있으며, 심지어 농사를 지어 번 돈을 추후 나누어 주는 조건으로 투자를 받을 수도 있다.

무언가를 빌리고 빌려주는 것, 즉 '대여'도 거래의 일종이다. 만약 대여가 아무 대가 없이 이뤄졌다면 빌려준 사람은 그것을 빌려주는 동안 손해를 본다. 재화나 돈이라면 그동안 효용을 얻을 수 없고, 자본과 토지를 빌려주면 그동안 생산을 할 수 없다. 게다가 빌려준 것을 제대로 돌려받지 못할 위험도 있다. 따라서 이에 대한 보상으로 임대료나 이자를 원하게 된다. 여느 거래와 마찬가지로 대여가 자유롭게 일어났다면 임대료와 이자율은 빌리는 사람과 빌려주는 사람이 서로 동의하는 범위 안에서 정해진다. 나무꾼은 땅을 빌려 벌 수 있는 돈에서 임대료를 뺀 금액이, 나무꾼의 임금보다 적다면 땅을 빌리지 않을 것이다. 땅을 빌려주는 사람은 자신이 그 땅을 직접 이용해 벌 수 있는 돈에서 그 시간 동안 다른 일로 벌 수 있는 돈을 뺀 것보다 임대료가 적다면 땅을 빌려주지 않을 것이다.

지금까지 강변 마을 이야기로 자유로운 거래에서 임금, 임대료, 이자율을 포함한 모든 종류의 가격이 거래 참여자의 선호를 모두 충족시키는 범위 안에서, 즉 서로의 기회비용 사이에서 정해진다는 것을 알아보았다. 그런데 도대체 그 범위 안의 어디에서 결정된다는 걸까? 가격에 영향을 미치는 중요한 요소가 하나 더 있다. 만약 당신이 물고기를 한 마리 사려고 할 때, 물고기를 파는 생산자는 한 명이 아니다. 당신은 여러 명의 생산자 중 누구에게서 살지 고를 수 있다. 반대로, 당신이 물고기를 한 마리 팔려고 할 때도 여러 명의 소비자 중 한 명과 거래가 이뤄진다. 이렇게 다수의 생산자와 소비자가 경쟁하여 가격이 결정되는 (추상적) 장소를 '시장'이라고 한다.

편의를 위해 밀 0.1kg을 1강변 마을 달러, 줄여서 그냥 1달러라고 하자. 대장장이는 물고기를 사려고 어부의 가게를 찾았다. 그는 물고기가 7달러보다 비싸면 사지 않을 생각이다. 첫 가게에서 어부가 제시한 가격은 6달러로, 대장장이의 머릿속 기준보다 싸다. 그렇다면 그는 그 자리에서 바로 물고기를 살까? 그렇지 않다. 만약 옆 가게에서 비슷한 물고기를 5달러에 팔고 있다면 굳이 6달러나 주고 살 필요는 없기 때문이다.

소비자가 어떤 재화에 내려고 하는 최대 가격, 다시 말해 그보다 비싸면 거래를 포기하는 가격을 '지불용의'라고 한다.* 소비자는 재화의 가격이 지불용의를 넘어가면 더 이상 그 거래에서 이익을 볼 수 없으므로 거래를 포기한다. 하지만 지불용의보다 낮은 가격을 보았다고 해도, 비슷한 재화에 더 낮은 가격을 제시하는 생산자가 있을 수도 있으므로 바로 구매할 필요는 없다. 이때 어떤 재화들을 서로 비슷하다고 여길지는 물론 그 소비자의 판단에 달려 있다.

어떤 재화를 더 싸게 사서 아낀 돈은 곧 다른 재화를 살

---

* 용의(用意, Willingness)라는 단어 때문에 혼동하기 쉽지만, 경제학에서 지불용의와 수요는 실제로 지불될 수 있는 것을 말한다. 예를 들어, 내가 "백만장자가된다면 10만 달러짜리 스포츠카를 살 텐데"라고 망상한다고 해서 나에게 스포츠카에 대한 10만 달러의 지불용의가 있다고 할 수는 없다. 대신 버스에 대한 2 달러어치 지불용의는 있다.

수 있는 돈이다. 하나하나의 거래에서 돈을 아낀 소비자는 같은 총액의 돈으로 더 큰 효용을 얻을 수 있다. 생산자의 입장에서도 마찬가지다. 생산자가 어떤 재화를 팔 때 받고자 하는 최소 금액을 '판매용의'라고 한다.* 생산자 또한 더 높은 가격을 제시하는 소비자를 만날 수 있기에 판매용의보다 높은 금액을 제시받는다고 해서 바로 판매하지 않는다. 생산자는 판매하는 재화를 더 비싸게 팔수록 다른 재화를 살 수 있는 돈이 늘어나므로 더 큰 효용을 얻을 수 있다. 개인은 더 큰 행복을 추구하므로(2.2장) 소비자와 생산자는 모두 이윤을 최대화하려는 동기를 지닌다.

소비자는 생산자들을 만나 낮은 가격에서 시작하여 거래가 이루어지거나 지불용의에 달할 때까지 조금씩 높은 가격을 제시한다. 그렇게 거래가 이루어졌다면 그 이후로는 조금씩 낮춰 보고, 거래가 이루어지지 않게 되었다면 또다시 올리는 것을 반복한다. 생산자는 만나는 소비자들에게 처음에는 높은 가격을 제시하다가 거래가 이루어지거나 판매용의에 다다를 때까지 조금씩 가격을 낮춘다. 거래가 이루어지면 조금씩 올려 보고, 이루어지지 않게 되면 내린다.

이런 과정이 반복되면 비슷한 재화들이 어떤 특정한 가

---

* 눈치 빠른 독자라면 소비자의 지불용의와 생산자의 판매용의가 그들이 거래를 완전히 포기하는 기준인 기회비용과 일치한다는 것을 알아차렸을 것이다.

격을 기준으로, 그 근처에서 거래되는 현상을 관찰할 수 있다. 그 가격을 '균형가격'이라고 한다. 생산자와 소비자는 각자의 지불용의와 판매용의 사이에서 최대한 많은 거래를 성립시키기 위해 끊임없이 가격을 조정한다. 각자의 조건을 충족시키기만 한다면 거래를 하는 것이 하지 않는 것보다 행복하기 때문이다. 따라서 균형가격이란 가장 많은 거래가 일어나는 가격이기도 하다.**

이때 거래하는 양쪽 모두 가격을 제시할 필요는 없다. 한쪽이 제시한 가격을 다른 한쪽이 자유롭게 수락하거나 거절할 수 있으면 균형가격은 형성된다. 소비자는 균형가격보다 너무 비싸게 파는 생산자를 만나면 거래를 보류하고 다른 생산자를 찾는다. 생산자는 균형가격보다 너무 낮은 가격을 제시하는 소비자에게는 판매하지 않고 다른 소비자를 기다린다. 결국 거의 모든 거래가 균형가격의 근처에서 일어나게 된다. 다시 말해 비슷한 재화는 비슷한 가격에 거래된다. 이것이 "수

** 그런데 왜 생산자들이나 소비자들은 담합을 해서 더 큰 이익을 얻으려 하지 않을까? 시장에서 사람들이 굳이 경쟁하는 현상은 4.2장에서 소개한 게임 이론으로 설명이 가능하다. 어느 날 마을의 어부들이 모여 5달러에 팔리던 물고기를 이제부터 7달러에 팔기로 약속(담합)했다고 하자. 그렇다면 가장 먼저 약속을 깬 어부는 날개 돋친 듯 물고기를 팔 수 있을 것이다. 나머지 어부들도 약속을 일찍 깰수록 이득이다. 따라서 모두가 약속을 깨는 것, 즉 경쟁 상태가 내시 균형이 된다. 그리고 무엇보다도, 상황을 지켜보던 농부가 물고기를 잡기 시작해 7달러보다 싸게 팔 수도 있다. 만약 배신자에게 확실한 보복이 이루어진다면 담합이 유지될 수도 있을 텐데 이 같은 상황은 8.5장에서 다룬다.

요와 공급의 법칙에 따라 가격이 형성된다"는 말의 의미다. '가격 기구' 혹은 '보이지 않는 손'이라 불리는 것의 정체는 바로 사람들의 기회비용(지불용의와 판매용의)과 이윤동기인 것이다. 자유로운 거래가 이루어지는 집단에서 가격, 임금, 임대료, 이자율 그리고 거래량은 위와 같은 과정을 통해 결정되어 사람들의 선호를 반영한다. 개체의 모든 선택이 의식적으로 이루어질 필요가 없는 것처럼, 가격 기구 또한 의식적으로 작동될 필요가 없다. 만약 의식적으로 작동되었다면 가격이 결정되는 메커니즘은 먼 옛날부터 상식의 영역에 속했을 것이고, 이 책도 훨씬 얇아졌을 것이다.

사람들은 자신이 생산자인 시장에서 번 돈으로 다른 시장에서 재화를 산다. 예를 들어, 어부는 물고기 시장에서는 생산자고 낚싯대 시장에서는 소비자다. 대장장이가 물고기를 사는 돈은 삽을 팔아 번 돈이다. 시장경제에서는 다른 사람의 선호를 충족시키고 받은 돈으로 자신의 선호를 충족시키는 포지티브섬 상호작용이 반복된다. 시장경제를 채택한 자본주의 사회에서, '생산성'이란 자신이 소유한 생산 수단과 노동을 이용해 타인에게 원하는 재화를 제공하여 선호를 충족시키는 능력을 말한다. "당신은 무슨 일을 합니까What do you do?"라는 흔한 질문은 "당신은 사회에 무슨 재화를 공급해서 다른 사람들의 효용을 증진시키고 있습니까?"를 묻는 것이다.

8.3. 혁신과 기술 개발

자본주의의 업적은 여왕에게 더 많은 실크 스타킹을 제공하는 것이 아니라, 적은 노력으로도 공장 여공들에게도 실크 스타킹을 제공하는 데 있다.
◦ 『자본주의 사회주의 민주주의』, 조지프 슘페터

석기시대는 돌이 부족해서 끝난 것이 아니다.
◦ 아흐마드 자키 야마니, 前 사우디아라비아 석유장관

시장에서의 경쟁과 균형가격의 존재로부터 여러 가지 현상이 발생한다. 이 중 혁신이라는 현상은 특히 흥미롭다. 시장에서 생산자가 자신의 이익을 늘리는 방법은 크게 세 가지가 있는데, 이들은 동시에 생산성 향상과 혁신이 일어나는 과정이기도 하다.

첫째는 재화의 생산 비용, 그중에서도 생산 요소를 구입, 임대, 고용하는 데 지불하는 금액을 줄이는 것이다. 이 비용을 '명시적 비용'이라고 한다. 생산의 명시적 비용이 줄어들면 생산자는 그만큼 더 낮은 가격에 팔아도 이전과 같은 이익을 볼 수 있으니 판매용의도 함께 내려간다. 지불용의가 낮아 거래가 이루어지지 않던 소비자에게 재화를 팔 수 있게 되는 것이다. 가격 기구는 균형을 거래량이 가장 많은 지점으로 이 동시키므로, 가격이 하락하더라도 생산량과 거래량이 증가해 생산자의 이익이 늘어난다.

두 번째는 소비자의 지불용의를 높이는 것으로, 간단히 말해 재화의 품질을 향상시키는 것이다. 여기서 재화의 품질이 좋아진다는 것은 개인이 그 재화로부터 얻을 수 있는 행복이 커진다는 뜻이다. 그러므로 어떤 것을 품질로 여길지는 그 사람의 선호에 따라 달라진다. 이렇게 재화의 품질이 향상되면 소비자의 지불용의도 함께 올라간다. 만약 한 어부가 파는 물고기가 다른 어부들이 파는 것보다 신선하다면 소비자들은 조금 더 비싼 가격을 주고도 신선한 물고기를 살 것이다. 신선한 물고기 시장의 균형가격은 신선하지 않은 물고기 시장의 균형가격보다 높다. 이때 품질에 따른 가격의 차이보다 품질을 올리는 비용이 적다면 생산자의 이익이 늘어난다.

세 번째는 혁신이라고 할 때 가장 먼저 떠오르는 방법이다. 지금까지는 없었지만 사람들이 효용을 느껴 사고 싶어할 새로운 재화를 만들어 파는 것이다. 위 세 가지 현상이 발생했을 때 사람들은 혁신이 일어났다고 말한다. 생산자들의 첫 번째와 두 번째 노력으로 재화의 생산량과 품질이 올라간다. 한정된 자원을 더 효율적, 효과적으로 이용해 더 많은, 품질 좋은 재화가 생산되고 거래되어 더 많은 사람이 더 큰 효용을 얻게 된다. 여기에 세 번째 방법의 혁신으로 새로운 재화가 계속해서 등장한다. 물론 새롭게 등장한 재화도 생산량 증가와 품질향상의 대상이 된다.

　　2007년 기업가 스티브 잡스는 최초의 멀티 터치 스마트폰, 아이폰을 세상에 선보였다. 이후 스마트폰의 성능은 매년 향상되었고, 초기 아이폰과 비슷한 성능의 스마트폰은 점점 저렴해졌다. 덕분에 스마트폰 사용 인구는 폭발적으로 늘어나 효용을 얻고 있다. 혁신은 점점 더 많은 사람이 새로운 재화를 소비할 수 있도록 만든다. 눈부시게 밝으면서도 뜨겁지 않은 조명, 마취와 소독을 이용한 외과수술, 하늘을 날아 다른 대륙에서 즐기는 휴가 같은 것들은 오늘날 그리 특별해 보이지 않지만 과거에는 황제도 구경해 보지 못한 재화다.

　　혁신을 일으키는 이윤동기와 노력은 사람들의 행복 증가를 위한 기술이 개발되는 원동력이다. 품질을 향상시키거나 새로운 재화를 만들어 내기 위해 연구와 개발이 이루어진다는 것은 쉽게 이해할 수 있다. 그리고 생산의 명시적 비용을 줄인다는 것은 투입되는 생산 요소, 즉 자원의 양이 줄어들거나 더 싼 것으로 대체된다는 뜻이다. 생산자는 비슷한 제품을 더 적은 노동과 재료, 더 구하기 쉽고 저렴한 재료로 만들기 위해 투자하고 기술을 개발한다.

　　석유의 예는 이 과정을 잘 보여 준다. 석유로부터 생산된 휘발유나 경유 같은 연료는 나무나 고래기름 같은 기존의 연료를 빠르게 대체했다. 그 이유는 연료로써 나무보다 적합한 성질(좋은 품질)을 가졌다는 점도 있지만, 무엇보다 가격이 저렴했기 때문이다. 사람들은 같은 품질이라면 저렴한 것을 선택한다. 더 품질이 좋다면 말할 것도 없다. 게다가 석유가 저렴하기 때문에, 이를 연료 이외의 곳에 활용하는 다양한 기술이 개발되었다. 그 결과 만들어진 플라스틱은 유리, 금속, 심지어 돌, 가죽, 섬유와 같은 재료를 대체할 수 있었고, 수많은 제품의 가격이 하락해 많은 사람이 살 수 있게 되었다. 이외에도 부산물인 아스팔트는 도로를 포장하는 데 쓰이기도 한다.

여기에서 주목할 만한 점은 혁신이 일어나면 사람들의 선호가 변화한다는 점이다. 사람들은 나무 대신 석유를 연료로 선택했다. 혁신 이전에 소비하던 재화를 더 이상 원하지 않게 된 것이다. 스마트폰이 보급된 이후 소비자들은 콤팩트 카메라, MP3 플레이어, 유선 전화 같은 물건을 더는 찾지 않는다. 이들 또한 과거에는 즉석카메라, CD플레이어, 전보 시장을 파괴한 새로운 것이었다. 경제학자 조지프 슘페터는 이처럼 새로운 것의 창조가 오래된 것을 파괴하는 현상을 '창조적 파괴'라고 이름 붙였다.

만약 나무 삽자루보다 가격이 저렴하고 품질도 적당한 플라스틱 삽자루가 개발된다면 대장장이는 그것을 선택해 생산 비용을 줄일 것이다. 그렇게 되면 삽의 가격이 하락해 더 많은 농부가 삽을 구입할 수 있게 되겠지만, 동시에 목수의 일거리는 줄어든다. 시장에서 요구되는 기준, 다시 말해 소비자가 기대하는 품질과 가격을 충족시키지 못하는 생산자는 거래에

2부 선택된 윤리

참여하기 어렵다. 그리고 혁신은 이 기준을 변화시킨다. 계속해서 일어나는 혁신과 창조적 파괴는 사람들이 다른 사람들의 선호를 충족시킬 일거리를 끊임없이 찾아 나서도록 만든다.

석유 산업 또한 창조적 파괴를 피하지 못한다. 투자는 석유의 가격이 높을수록 매력적이 된다. 혁신이 성공했을 때 얻을 수 있는 이익이 커지기 때문이다. 사람들은 투자비용을 회수할 수 있다고 판단하여 새로운 유전을 탐사하거나 복잡한 채굴, 정제 기술을 개발하거나 석유를 보다 효율적으로 사용하는 기술에 투자한다. 셰일 오일 채취 기술, 자동차 연비를 높이는 기술, 플라스틱 재활용 기술 등이 그 예다. 이와 동시에 석유를 대체하는 기술에도 투자가 이루어진다. 지금도 많은 기업이 태양 에너지 기술이나 전기자동차 같은 기술에 투자하고 있다. 이들의 품질이 충분한 수준에 도달하고, 그 가격이 석유의 가격보다 낮아진다면 사람들은 더 이상 석유를 선택하지 않을 것이다.

보다시피 이 모든 과정에서 시장에서 형성된 가격이 중심적인 역할을 한다. 사람들은 어떤 재화, 그리고 그것과 연동된 모든 것들의 가격을 지표로 어떤 기술에 투자해야 할지 판단한다. 그리고 앞서 살펴보았듯, 가격에는 사람들의 선호가 반영되어 있다. 따라서 혁신과 기술 개발에 이루어지는 투자는 자동으로 사람들의 선호를 반영한다. 재화와 기업은 소비자의 선호에 적합하도록 선택되고 진화한다.

물론 자급자족 경제에서도 혁신은 발생한다. 밀을 자급자족하는 사람은 더 많은 밀을 생산하기 위해 삽을 발명할 수도 있다. 하지만 혁신의 전파 속도는 느리다. 다른 사람이 그것을 보고 모방(2.4장)해 자신도 만들어 쓰는 식이다. 반면 시장경제에서는, 한 사람이 성공시킨 혁신이 빠르게 보급될 뿐만 아니라 전문화된 생산자들이 특정 분야에 집중하여 기술을 개발할 수 있다. 대장장이가 개량된 삽을 팔기 시작하면 농부들, 그들과 거래하는 밀 소비자들까지 빠르게 그 혁신의 효과를 누리게 된다. 이 속도는 통신과 교통의 발달로 시장이 통합되고 커질수록 빨라진다.

시장의 경쟁으로부터 일어나는 또 다른 재미있는 현상으로, 사람들이 거래 상대를 가릴 때 비용이 든다는 것이 있다. 소비자의 입장에서는 상대가 약속된 재화를 제대로 공급할지, 생산자의 입장에서는 상대가 약속된 돈을 제대로 낼 것인지 이외의 요소를 고려할 경우 그 사람은 비용을 내야 한다. 이렇게 손해 보는 현상을 경제학자 밀턴 프리드먼은 책 『자본주의와 자유』에서 '차별을 하나의 상품으로 보아 이를 구매하고 있는 것'이라고 표현했다. 그에 따르면 "빵을 사는 사람은 그 빵의 재료인 밀을 재배한 사람이 공산주의자인지 공화주의자인지, 입헌주의자인지 파시스트인지, 혹은 말 나온 김에 덧붙이자면, 흑인인지 백인인지 알지 못한다".

왜 손해를 볼까? 시장의 작동원리를 보면 당연한 결과

다. 거래 상대를 가린다는 것은 거래할 수 있는 상대가 줄어든다는 것을 뜻한다. 당신이 물고기를 사려고 하는데 특별히 유대인 어부와는 거래하지 않겠다고 가정해 보자. 당신은 유대인이 아닌 어부들의 경쟁을 완화시켜준 것이다. 당신은 유대인 어부가 더 낮은 가격을 제시하더라도 그와 거래하지 않을 것이기 때문에 그보다 높은 가격에 물고기를 사야 한다. 유대인 어부가 배제된 물고기 시장의 균형가격은 유대인 어부가 포함된 물고기 시장의 균형가격보다 높다.

더구나 오늘날 만들어지는 재화들은 수많은 사람의 손을 거쳐 만들어진다. 어떤 재화의 생산에 관여한 모든 사람을 추적하는 데는 막대한 시간과 노력이 든다. 당신이 들고 있는 이 책 또한 벌목회사부터 시작하여 제지공장, 잉크공장, 인쇄소, 출판사, 서점 등 수많은 나라에서 수많은 회사와 사람들이 관여한 결과다. 만약 당신이 유대인이 생산에 관여한 모든 재화를 사지 않겠다고 다짐한다면 큰 곤란을 겪게 된다. 이 책에 사용된 잉크를 만든 잉크 공장에서 인쇄소로 잉크를 운송한 운송업자의 자동차를 조립한 공장의 조립기계를 생산한 회사에 대출을 제공한 은행의 전산시스템을 개발한 회사의 인사담당자가 유대인이면 어떻게 할 것인가? 머지않아 살 수 있는 재화가 거의 없다는 것을 깨닫게 될 것이다.

생산자의 입장에서 거래 상대를 가린다면 사태는 더욱 심각해진다. 그는 더 비싼 가격을 제시하는 소비자를 거부해야 하므로 그보다 싼 가격에 재화를 팔게 된다. 또한, 생산 요소는 더 비싸게 구입해야 하므로 다른 생산자들보다 생산 비용이 많이 든다. 결과적으로 비싼 값에 만든 재화를 싼값에 팔게 되니 상대를 가리지 않을 때보다 손해를 볼 수밖에 없다. 게다가 생산 비용이 높다는 것은 가격을 낮출 수 있는 여유가 적다는 뜻이므로 혁신이 일어나거나 할 때 더 빠르게 일거리를 잃을 것이다.

4.2장에서는 보상과 처벌 전략을 이용하는 사람들 사이에서 상대에게 가하는 처벌이 점점 강해지고 반복되는 현상인 보복의 연쇄를 언급했다. 그렇다면 상대에게 점점 더 큰 행복을 반복해서 제공하는, 이를테면 보상의 연쇄라는 현상도 짐작해 볼 수 있다. 화목한 가족, 사이 좋은 친구, 서로 존중하는 연인 등의 관계에서 실제로 발견되는 현상이다.

놀랍게도 자본주의에서 발견되는 혁신과 생산성 향상은 보상의 연쇄와 유사한 특징을 보인다. 개인은 다른 사람의 선호를 충족시켜 돈을 번다. 이 돈의 일부는 최종 재화에 소비되어 효용을 제공하고 일부는 더 많은 돈을 벌기 위해 투자된다. 후자에는 생산 요소 구입이나 혁신을 위한 기술 개발이 포함된다. 혁신이 성공할 경우 더 높은 품질 혹은 더 낮은 가격의 재화가 거래되므로 사람들의 행복이 증가한다. 그리고 혁신으로 번 돈은 또다시 소비와 투자에 쓰인다. 더 큰 행복을 제공하고 그 보상을 얻는 과정이 반복된다는 점에서 보상의 연쇄와 비슷하다. 다만, 보복이나 보상의 연쇄는 대개 특정한 상대를 대상으로 이뤄지지만 혁신으로 인한 행복 제공은 상대를 특정하기 힘들어 그 유사성을 눈치채기 어렵다. 심지어 의도치 않은 혁신이 발생하는가 하면, 투자가 실패로 이어지는 경우도 많다.

8.4. 계약 이행의 강제

계약은 성실히 이행되어야 한다.
○ 「나폴레옹 법전 제1134조 제3항」

돈은 주조된 자유다.
○ 『죽음의 집의 기록』, 표도르 도스토옙스키

지금까지 살펴보았듯 자유로운 거래는 전형적인 포지티브섬 상호작용으로 사회구성원들이 보상과 처벌 전략을 사용한 결과다. 그렇기에 4.2장에서 논의한 보상과 처벌 전략의 한계를 그대로 이어받는다. 잠재적으로 상호작용할 수 있는 사람의 숫자가 개인이 평판을 파악할 수 있는 사람의 숫자를 넘어서면 무임승차가 발생한다. 만약 어부에게 물고기를 건네받은 뒤 돈을 내지 않고 도망쳤다고 하자. 사람들이 서로를 잘 아는 작은 집단에서는 소문이 퍼져 다시 거래하는 것이 어려워질 것이다. 어부나 그와 친밀한 사람이 직접 찾아와 보복할 수도 있다. 하지만 규모가 큰 집단에서는 무임승차를 한 뒤 성공적으로 도망칠 수 있고, 새 피해자를 찾아 다시 무임승차를 하는 것도 가능하다. 보상과 처벌 전략이 무력화되는 것이다.

거래에서 무임승차자는 거래 조건을 정하는 시점, 재화가 전해지는 시점, 그 대가가 지불되는 시점 그리고 재화가 소비되는 시점 등의 시간 차이를 이용한다. 시차가 존재하지 않는 거래는 상상하기 어렵다. 고용이나 임대 같은 거래는 말할 것도 없고 위 문단의 예시처럼 단순한 교환을 할 때도 시차는 발생한다. 거래의 시차는 참여자들이 정한 거래 조건을 필연적으로 약속, 즉 계약으로 만든다. 그리고 규모가 큰 집단에서는 상대가 약속한 보상을 실행하지 않을 가능성, 다시 말해 계약을 지키지 않을 위험이 크기 때문에 마음 편히 거래하기 어렵다.

게다가 사람들은 서로 다른 정보를 가지고 거래에 참여한다. 대체로 생산자는 자신이 공급하는 재화의 품질에 대해 소비자보다 잘 안다. 이러한 정보 비대칭은 거래가 이루어지는 시점과 재화가 소비되는 시점의 시차와 결합하여 무임승차에 이용된다. 예컨대, 어부가 상한 물고기를 신선하다고 속여 파는 것이다. 속은 소비자는 물고기의 맛이 이상하다는 것을 알아차리거나 먹고 배탈이 난 뒤에야 자신이 속았다는 것을 알 수 있다.

여기에서, 거래가 포지티브섬 상호작용이 되기 위한 조건이 하나 더 밝혀진다. 참여자들에게 거래에 관한 충분한 정보가 있어야 한다는 것이다. 물론 2.6장에서 소개된 제한된 합리성을 고려하면 개인이 거래에 대한 모든 정보를 제공하거나, 수집하거나, 이용하는 것은 불가능하다. 하지만 거래가 원활하게 이루어지기 위해 어느 정도 정보가 필요하다는 사실은 변하지 않는다.

메타선진국은 법으로 자유를 제한해서 시민들이 포지티브섬 상호작용을 하도록 유도한다(4.2장). 법으로 식품의 소비 기한과 영양 정보를 공개하도록 강제하거나, 브랜드의 평판 정보를 신뢰할 수 있도록 상표권을 보호하는 것, 허위 광고를 금지하는 것 등은 소비자들이 쉽게 정보를 얻도록 돕는다. 고의로 상대를 속여서 거래하는 것을 사기라는 범죄로 분류하여 형사처벌하는 방법도 있다. 하지만 무엇보다도, 메타선진국은 시민들이 계약을 지키고 약속한 보상을 이행하도록 강제해서 무임승차를 방지한다. 메타선진국이 자본주의를 통한 보상을 강제한다는 말은, 바로 합법적으로 이루어진 계약의 이행이 법으로 강제된다는 뜻이다.

그런데 아무리 계약의 이행이 강제되더라도 거래에서 분쟁이 완전히 사라지지는 않는다. 예상하지 못한 사건이 일어날 때 다시 분쟁은 발생한다. 어떤 목수가 희귀한 품종의 나무를 한 그루 키워, 가장 비싼 가격을 제시한 어부에게 그것으로 만든 낚싯대를 팔기로 했다. 미리 받은 계약금으로 낚싯줄과 부자재를 산 지 얼마 지나지 않아 그 사건이 일어났다. 나무가 벼락을 맞고 전부 타 버린 것이다. 목수는 약속한 낚싯대를 제공할 수 없게 되었다.

인간을 포함해 인지적 제한이 있는 모든 개체는 어떤 시점에 내릴 수 있는 모든 선택과 그에 따른 모든 시나리오의 행복과 불행을 검토할 수 없다(2.6장). 이 말은 거래하면서 일어날 수 있는 별의별 사건을 모두 예측해서 거래 조건을 미리 정할 수 없다는 뜻이다. 거래 참여자에게 인지적 제한이 존재하는 한 의도하지 않은 분쟁의 발생은 필연적이다. 만약 목수나 어부가 나무가 벼락을 맞는 상황을 예상해서 어떻게 대처할지 미리 계약에 포함해 두었다면 다행이지만, 그렇지 못했다면 분쟁이 발생한다. 이런 종류의 분쟁은 거래 참여자들이 서로를 속일 의도가 없었다는 점에서 사기와는 구분된다.

물론 참여자들이 분쟁을 자율적으로, 원만히 해결할 수도 있다. 하지만 그렇지 못한 경우, 의도하지 않은 분쟁은 보복의 연쇄(4.2장)로 발전할 수 있다. 예상했겠지만 메타선진국에는 분쟁 해결 기능이 존재한다. 우선 메타선진국의 법(특히 민법)은 참여자들이 고려하지 않은 거래 조건을 제공한다. 메타선진국에서 이루어진 계약은 우선 참여자들이 자유롭게 정한 거래 조건을 따르되, 참여자들이 미처 정하지 않은 부분은 법으로 정해진 표준적인 거래 조건을 따른다는 뜻이다. 이 방법으로 의도하지 않은 분쟁을 상당수 해결할 수 있다. 게다가 거래 조건을 협상할 때 참여자들이 중요하게 생각하는 조건에 더 집중할 수 있으므로 거래 비용이 줄어드는 효과도 있다.

그러나 법(특히 글로 쓰인 법) 또한 결국 인지적 제한이 있는 인간이 만든 것이다. 따라서 상황에 따라 참조할 법 조항을 찾기 어렵거나, 찾더라도 그 해석에 동의하지 않는 경우가 생긴다. 이때 이용되는 것이 민사재판이다. 분쟁을 해결하려는 참여자가 소송을 제기하면 민사재판이 열린다. 메타선진국의 정부는 법을 해석하고 각 사건에 적용해 판결을 내놓는다.*

앞서 언급했듯, 메타선진국의 법은 기본적으로 계약을 지키도록 규정한다. 그런데 목수는 어떻게 해야 할까? 낚싯대를 만들기로 약속한 희귀한 나무는 이미 타서 없는데, 민사재판에서 목수의 의무가 인정된다고 해도 없는 나무로 낚싯대를 만들도록 강제할 수는 없는 노릇이다. 분쟁이 해결되기 위해서는 목수가 다른 방법으로라도 어부에게 보상해야 할 것이다. 이때, 형사재판과 마찬가지로 까다로운 문제가 발생한다.

보상이란 타인의 선호를 충족시키는 것을 말하고(4.1장), 메타선진국은 법 앞의 평등을 추구한다(6.1장). 여러 민사재판에서 법 앞에 평등한 판결을 하기 위해서는 모든 사람이 공통으로 좋아하는 것, 즉 '보편적인 보상 수단'이 필요하다. 문제는 사람들의 선호가 다양하다는 것이다. 사람마다 선호가 다르다면 어떻게 보편적인 보상 수단이 존재할 수 있을까?

5.1장에서는 사람들의 선호가 각자 다르지만 선호를 가

---

*   7.3장의 내용을 기억한다면, 이 역할은 사법부가 맡을 것이라고 짐작할 수 있을 것이다. 이외에 민사재판은 고의적이거나 비경제적인 원인으로 발생한 분쟁의 해결에 이용되기도 한다.

진다는 점 자체는 공통적이기 때문에, 자유의 박탈로 선호 충족을 방해하는 것이 보편적인 처벌 수단이 될 수 있다는 점을 살펴보았다. 거꾸로, 사람들의 선호와 그 선호를 충족시킬 수 있는 재화 또한 다양하다. 그런데 마침 사람들이 각자 원하는 것을 얻는 데 이미 사용하고 있는 것이 있다. 돈이다(8.2장). 원하는 재화와 교환된다는 성질로부터, 메타선진국은 돈을 보편적인 보상 수단으로 이용한다.

"판결: 목수는 어부에게 100강변 마을 달러를 지급하라" 이처럼 민사재판에서 보편적인 보상 수단으로 인정되는 화폐를 '법정 통화'라고 한다. 미국에 산다면 의외로 가까운 곳에서 이 생소한 단어를 볼 수 있다. "이 지폐는 공적 및 사적인 모든 채무에 대한 법정 통화입니다"** 지갑을 꺼내 보라.

메타선진국은 시민들이 충분한 정보를 기반으로 자유롭게 맺은 계약을 이행하도록 강제한다. 또한, 표준적인 거래 조건과 민사재판을 제공한다. 참여자들은 거래 도중 일어난 분쟁을 자율적으로 해결하거나 법을 참조하거나 재판을 통해 해결할 수 있다.

**   미국 달러 지폐에 있는 문구로 원문은 "This note is legal tender for all debts, public and private"이다.

8.5. 재산권

다시 한번 찬찬히, 시장경제에서 생산, 거래, 소비가 일어나는
과정을 살펴보자. A가 재화를 생산한다. 생산된 재화는 A의 재
산이 된다. B는 A에게 돈을 주고 재화를 구매한다. 재화는 B의
재산이 되고 B가 준 돈은 A의 재산이 된다. A는 이 돈으로 C
로부터 다른 재화를 구매한다. 재화는 A의 재산이 되고 A가 낸
돈은 C의 재산이 된다. A는 구입한 재화를 다른 재화를 생산
하는 자본으로 쓰거나 최종 재화로 소비해서 효용을 얻는다.

　그런데 애초에 A가 재화를 생산한 이유는 무엇일까? 사
람들은 자신의 선택에서 발생할 미래의 여러 감정을 종합적으
로 고려해 선택을 내린다(2.2장). 그리고 생산은 재화를 소비해
효용을 얻기 위해 이루어진다(8.1장). 즉 마지막 단계에서 A가
얻는 효용이, A가 재화를 생산하고 돈을 벌도록 하는 결정적

인 유인이다. 만약 A가 마지막 단계의 효용을 얻지 못할 것이라 예상했다면 처음부터 재화를 생산하지 않았을 것이고, 따라서 거래도 이루어지지 않았을 것이다. 시장경제의 전문화된 생산자는 자신이 생산한 재화를 팔아 번 돈으로 최종 재화를 구입해 소비한다. 이 과정은 계약이 이행되고 재산권이 보호되며, 미래에도 그럴 것이라고 예상될 때 활발히 일어난다.

'재산권'이란 재산(법적 주체가 생산하거나 거래하여 얻은 생산 수단, 돈, 재화 같은 것)을 소유하고, 원하는 조건으로 자유롭게 거래(계약)하고, 원하는 대로 사용, 처분할 수 있는 권리를 말한다. 위 이야기에서 재산권이 어떤 역할을 하는지 살펴보자.

A는 재화를 생산했고 이것은 A의 재산이 되었다. 당연한 이야기지만 A가 이 재화를 팔기 위해서는 B에게 넘겨 주는 시점까지 그것을 소유하고 있어야 한다. 만약 재산의 소유권이 보호되지 않는다면 어떻게 될까? 도둑질을 당하는 경우가 대표적인 예다. A가 직접 생산한 재화, B에게 받은 돈, C에게 산 재화를 중간에 도둑맞을 가능성이 크다고 하자. 재산을 빼앗기면 마지막 단계의 효용을 얻을 수 없으므로 생산이나 거래를 할 유인이 줄어들 것이다. 메타선진국에서 도둑질의 처벌은 재산권을 보호하는 방법 중 하나다.

재산을 원하는 대로 사용하고 처분할 수 있는 권리는 어떤 역할을 할까? 3.1장에서 알아본 것처럼, 개인의 자유를 빼앗는 것은 선호 충족을 방해하는 것과 같다. 재산을 원하는 대로 자유롭게 사용한다는 것은 그것을 개인의 선호를 충족시키는 방식으로, 다시 말해 행복을 증가시키는 방식으로 사용한다는 뜻이다. 돈은 원하는 재화를 구입하는 데 사용될 것이다. 소유한 생산 수단은 생산성이 더 높은 방식으로 사용될 것이고, 최종 재화라면 더 많은 효용을 얻는 방식으로 사용될 것이다. 만약 재산을 자유롭게 사용할 수 없다면 A가 얻을 수 있는 마지막 단계의 효용이 줄어든다. 게다가 생산 수단을 원하는 방식으로 사용할 수 있는 권리란, 동시에 혁신을 시도할 수 있는 권리이기도 하다. 사람들이 무엇을 어떻게 생산할지 결정할 수 있기 때문이다.

마지막으로 원하는 조건으로 자유롭게 거래할 권리에 대해 알아보자. 거래가 이뤄질 때, 그 계약에 포함될 수 있는 조건은 여러 가지가 있을 수 있다. 예를 들어, 대장장이가 목수에게 삽자루를 주문한다고 하면 언제까지 줄 것인지, 돈은 언제 지급할지 같은 사항도 거래 조건에 포함된다. 그렇지만 거래 조건 중에서도 가장 신경 쓰이는 것은 역시 삽자루의 가격일 것이다. 여기에서는 원하는 가격에 거래할 수 있는 권리를 중점적으로 살펴보려고 한다.

시장에서 가격이 결정되는 메커니즘을 다시 떠올려 보자. 생산자는 재화를 보다 높은 가격에 팔기 위해, 소비자는 더 낮은 가격에 사기 위해 상대에게 제시하는 가격을 조정한다. 그 결과 균형가격이 형성되어 그 근처에서 대부분의 거래가 일어난다. 시장에서 실제로 거래가 이루어지는 가격을 시장가격이라고 한다면 균형가격이 곧 시장가격이 되는 것이다.

이때, 판매용의가 시장가격보다 높은 생산자는 생산을 포기하고 자신이 비교우위가 있는 다른 재화를 찾아 생산한다(시장에서 철수한다). 반대로, 판매용의가 시장가격보다 낮은 생산자는 시장에 진입해 재화를 생산한다. 마찬가지로 지불용의가 시장가격보다 높은 소비자는 시장에 진입해 재화를 소비하고, 지불용의가 시장가격보다 낮은 소비자라면 시장에서 철수해 같은 가격에 더 큰 효용을 주는 다른 재화를 소비할 것이다.

생산자와 소비자 모두 시장가격을 기준으로 어떤 시장에 진입 또는 철수할지 판단한다. 이처럼 가격이 사람들의 판단에 제공하는 정보를 '가격 신호'라 한다. 복잡해 보이지만, 시장가격이 균형가격과 일치할 때 가장 많은 생산과 거래가 일어난다는 점(8.2장)을 기억하면 다음 논의를 이해하기 쉽다.

이제 사람들이 자유롭게 가격을 제시할 수 없는 상황을 상상해 보자. 물고기의 균형가격이 5달러인데, 이 가격에 불만을 품은 어떤 사람들이 어부들을 찾아다니며 물고기를 3달러보다 비싸게 팔면 해코지를 하겠다고 위협하는 것이다. 3달러의 가격상한이 설정되었다(소비자들을 위협해 3달러보다 비싸게 사지 못하게 해도 결과는 같다). 이제 물고기는 균형가격과 가격상한중 더 낮은 가격인 3달러가 시장가격이 된다.

위에서 보았듯, 판매용의가 시장가격보다 높은 생산자

는 시장에서 철수한다. 가격상한이 없을 때는 판매용의가 5달러보다 높은 어부들이 시장에서 철수했다면, 이제 3달러와 5달러 사이에 있는 어부들까지 다른 직업을 찾게 된다. 한편, 지불용의가 3달러와 5달러 사이에 있던 소비자들은 3달러라는 시장가격을 신호로 시장에 진입한다. 원래라면 이들은 5달러에 물고기보다 큰 효용을 주는 다른 재화들을 소비했을 것이다(경제학자들은 이런 상황을 두고 초과수요가 발생했다고 말한다).

생산되는 물고기의 수 자체가 줄어들었기 때문에 당연히 거래량도 줄어든다. 다시 말해 (균형가격보다 낮은) 가격상한이 존재할 때의 거래량은 균형가격이 시장가격일 때의 거래량보다 적다. 게다가 어차피 가격상한보다 높은 가격을 제시할 수 없으므로 생산자들은 재화의 품질을 향상하거나 심지어 유지할 이유가 없다. 혁신을 방해하는 다양하고 미묘한 방법 중에서도 가격상한은 특히 효과적이다. 가격상한은 품질 향상을 저해할 뿐만 아니라 품질을 하락시킨다. 결과적으로 거래량은 줄어들고, 생산되는 재화의 품질도 낮아진다.

가격상한의 효과는 이뿐만이 아니다. 생산된 물고기는 줄었지만 값을 낼 수 있는 사람들은 늘어났기 때문에, 이제 사람들은 물고기를 사기 위해 줄을 서서 기다리거나 시장에 남아 있는 어부의 비위를 맞추기 위해 노력해야 한다. 물론 그렇게 하더라도 줄을 늦게 선 사람이나 어부의 마음에 들지 않은 사람들은 물고기를 얻을 수 없다. 어부가 거래 상대를 고를 수 있게 된 것이다. 가격상한이 없는 시장에서는 거래 상대를 가리거나 추가적인 조건을 요구하는 사람은 그렇지 않은 사람보다 손해를 보았지만(8.3장), 가격상한이 있는 시장에서는 손해를 보지 않는다.

그렇다면 이번에는 누군가가 소비자들을 찾아다니며 7달러보다 싸게 물고기를 사면 좋지 않은 꼴을 당할 것이라고 협박한다고 하자. 7달러의 가격하한이 설정되었으므로 이제 시장가격은 균형가격과 가격하한 중 더 높은 7달러다(어부들이 7달러보다 싸게 팔지 못하게 해도 된다). 지불용의가 5달러와 7달러 사이에 있는 소비자들은 시장에서 철수해 7달러에 물고기보다 큰 효용을 주는 다른 재화를 소비한다. 반면, 물고기의 판매용의가 5달러와 7달러 사이에 있는 사람들은 새로 시장에 진입해 어부가 된다(초과공급이 발생한다).

거래량이 줄어든다는 점은 가격상한의 경우와 동일하다. 그 값을 낼 소비자가 적어졌기 때문이다. 가격상한이 있던 때와 다른 점은 이번에는 소비자들이 어부를 가릴 수 있게 되었다는 것이다. 예를 들어 시장에 남아 있는 소비자들은 유대인 어부와 거래하지 않더라도 더는 손해를 보지 않는다.*

가격하한이 없었을 때, 물고기의 생산량이 값을 낼 수

---

*   가격하한의 또 다른 효과로 대체재 개발의 가속화가 있다. 왜냐하면, 사람들이 가격을 기준으로 기술 개발에 투자하기 때문이다(8.3장). 어떤 재화에 가격하한이 설정되면 대체재를 개발했을 때 더 크고 안정적인 이익을 얻을 수 있다.

있는 소비자보다 많았다면 시장가격이 낮아져 생산된 물고기들이 모두 소비될 수 있었다. 하지만 (균형가격보다 높은) 가격하한이 있으면 시장가격이 그보다 낮아질 수 없고, 소비되지 못하는 물고기가 남는다. 소비되지 못하는 물고기는 사람들에게 효용을 제공하지 않는다. 만약 소비되지 못한 물고기를 생산하는 데 사용된 생산 요소가 다른 재화를 생산하는 데 사용되었다면—그리고 그 재화에는 가격하한이 없다면—사람들에게 효용을 제공했을 것이다.

이처럼 가격 통제는 원래는 일치했던 균형가격과 시장가격 사이에 괴리를 발생시킨다. 가격상한이 있을 때는 물고기의 품질이 떨어지고 생산량이 줄어든다. 가격하한이 있을 때는 소비되지 않는 물고기가 발생한다. 두 경우 모두 거래량과 마지막 단계의 효용이 줄어든다. 가격제한이 없었다면 가능했던 포지티브섬 상호작용과 행복 추구를 못 하게 되는 것이다.

가격이 아닌 거래 조건을 제한해도 비슷한 효과가 나타난다. 마을에 두 명의 목수가 있다고 하자. 한 목수는 이미 만들어 둔 삽자루가 재고로 있어 바로 팔 수 있다. 다른 목수는 재고가 없어 주문을 받고 한 달 후에 전해 줄 수 있다. 재고가 없는 목수와 거래하는 것은 불확실성이 더 크므로 대장장이들의 지불용의가 낮아진다. 목수의 입장에서는 재고를 유지하는 명시적 비용(8.3장)이 덜 들기에 판매용의가 낮아진다. 따라서 더 낮은 가격에 거래가 이루어질 것이다. 다시 말해 대장장이는 재고가 있는 목수와 거래하여 더 높은 가격에 당장 삽자루를 얻거나, 재고가 없는 목수와 계약하여 오래 기다리는 대신 더 낮은 가격에 삽자루를 얻을 수 있다.

이때, 모종의 이유로 삽자루를 건네주는 데 일주일이 넘게 걸리는 계약이 금지되었다고 하자. 그렇다면 삽자루를 높은 가격에 살 용의는 없지만, 오래 기다리는 것을 감수하고 낮은 가격에 사려는 대장장이는 거래를 포기할 것이다. 거래 조건의 제한은 자유로운 거래의 성립을 방해한다. 그뿐만 아니라 자유가 제한된 개인은 그 상황을 벗어나 선호를 충족시키려 하므로(3.1장) 암시장이 발생하는 원인이 된다.

개인은 효용을 얻기 위해, 즉 행복을 증가시키기 위해 재화를 생산하고 돈을 벌고 거래를 한다. 개인이 재산을 소유할 수 없다면 효용이 줄어든다. 재산을 원하는 대로 사용할 수 없다면 효용이 줄어든다. 거래 조건을 자유롭게 결정할 수 없다면 효용이 줄어든다. 재산권의 보호는 개인이 재산을 소유하고 원하는 대로 사용하며, 거래 조건을 자유롭게 결정할 수 있도록 한다.

재화의 가격과 거래량이 시장에서 결정되는 시장경제와 달리, 생산 요소를 할당하는 누군가가 생산량을 지시하고 생산된 재화의 가격을 결정하거나 배급하는 경제체제를 '계획경제'라고 한다. 앞 문장에서 나타나듯 계획경제에서는 재산권의 상당 부분이 보호되지 않는다. 구체적으로는 누군가(대개 정부)가 생산량을 지시하고 생산 요소를 할당하므로 생산 수단을 소유할 수 없거나 소유한 생산 요소를 원하는 대로 사용할 수 없다. 또한, 그렇게 생산된 재화의 가격을 정부가 결정하거나 배급을 시행하므로 원하는 조건으로 자유롭게 거래할 수 없다. 계획경제에서 발생하는 여러 현상을 살펴보면 재산권의 유용성이 더 쉽게 이해될 것이다.

우선 정부가 지시한 재화 생산은 사람들의 선호를 반영하기 어렵다. 그래서 계획경제 국가에서는 만성적인 초과수요와 초과공급, 그리고 암시장이 발생한다. 삽자루의 생산을 지시하는 공무원과 삽날의 생산을 지시하는 공무원의 손발이 맞지 않아 자루가 날보다 훨씬 많이 생산되었다고 하자. 삽의 생산은 날이 모자라 제한되고 밀의 생산은 삽의 공급으로 제한된다. 한편 물고기의 생산은 낚싯대의 공급으로 제한되고, 낚싯대의 생산은 삽자루의 재료이기도 한 원목의 공급으로 제한된다. 결과적으로 물고기와 밀의 생산은 줄어들고 쓸데없는 삽자루만 남아도는 상황이 되었다. 만약 낭비된 원목이 낚싯대의 생산에 투입되었다면 물고기의 생산량이 증가해 사람들의 효용이 늘어났을 수도 있다. 여기에서 재미있는 점은, 사람들이 밀과 물고기를 얼마나 원하는지는 아직 고려되지도 않았다는 것이다.

정부가 밀의 생산을 지시한다고 하자. 밀을 생산하기

위해 정부는 먼저 삽의 생산을 지시해야 하고, 삽을 생산하기 위해서는 삽자루를, 삽자루 생산을 위해 원목 생산을 지시해야 한다. 게다가 각 단계의 재화는 한 가지 용도로만 이용되는 것이 아니다. 원목은 낚싯대를 만드는 데도 사용될 수 있다. 따라서 원목의 생산을 지시하는 공무원은 낚싯대와 삽자루가 얼마나 생산되며 얼마만큼의 원목이 필요한지 알아야 한다. 또한, 삽자루가 얼마나 생산될지 알아야 한다는 것은 삽이 얼마나 생산될지, 얼마만큼의 삽자루가 필요한지 알아야 한다는 뜻이며 다음으로 밀이 얼마나 생산되며 얼마만큼의 삽이 필요한지도 알아야 한다. 그리고 이 목록은 밀가루, 빵, 샌드위치 등으로 끝없이 이어질 수 있다. 결론적으로 한 재화를 얼마나 생산할지 지시하는 공무원은 다른 모든 재화가 얼마나 생산되고, 그 과정에서 어떤 생산 요소가 언제, 얼마나 투입될지 그리고 사람들이 어떤 최종 재화를 얼마나 원할지 정확히 알아야 초과수요나 초과공급을 피할 수 있다.

반면, 시장경제에서는 재화의 가격을 통해 사람들의 선호(더 구체적으로는 그들의 기회비용)에 대한 정보가 다른 사람들에게 전달된다. 생산자와 소비자는 가격을 기준으로 시장에 진입하거나 이탈한다. 기회비용은 선택된 것과 선택되지 않은 것의 정보를 모두 담고 있다(8.1장). 덕분에 한 재화의 가격은 다른 모든 재화의 가격과 연동되고, 갑작스럽게 사람들의 선호가 변하거나 예상치 못한 사건으로 일시적인 초과수요나 초과공급이 발생해도 가격이 함께 변화해 장기적으로 해소된다. 그리고 생산자들이 생산 요소를 원하는 방식으로 사용할 수 있으므로, 예컨대 원목의 값이 올랐을 때 플라스틱 삽자루 같은 대체재가 개발, 생산될 수 있다. 계획경제에서 대체재가 생산되기 위해서는 정부가 별도로 지시를 내려야 한다.

2.1장에서 보았듯, 사람들은 타인이 무엇을 느끼는지 알 수 없기에 타인의 선택을 관찰하여 선호를 파악한다. 기회비용에 대한 정보 또한 마찬가지다. 거래에서 어떤 사람의 기회비용에 대한 정보는 그의 실제 선택, 다시 말해 제시된 가격에 재화를 구매(판매)했는가 또는 하지 않았는가를 통해 전달된다. 실제 선택이 아닌, 설문조사 같은 방법으로 신뢰할 수 있는 선호 정보를 얻기는 어렵다. 우선 사람의 모든 선택이 의식적으로 이루어지는 것이 아니고(2.4장), 설문조사 대상이 자신의 선호를 잘 모르거나 거짓말을 할 수도 있다(2.1장). 게다가 사람의 선호는 수정 가능하고(2.4장), 실제로 변화한다. 따라서 한 번 시행된 설문조사 결과를 계속 신뢰할 수 없으며, 심지어 설문조사의 결과를 분석하는 동안에도 선호가 바뀔 수 있다.

또한, 계획경제에는 감독하기 어려운 공무원의 대리인 문제가 발생한다. 메타선진국에서는 관료제와 법치주의를 이용해 대리인 문제에 대처했다(7.3장). 관료제에서 공무원은 업무 지침에 따라 업무를 수행한다. 다시 말해 공무원은 주어진 업무 지침을 해석하고 실행한다. 계획경제의 공무원은 재화의 생산과 배급을 지시하는 업무를 수행하게 되는데, 문제는 이 업무를 성공적으로 수행하는 구체적인 지침을 세우기 어렵다는 점이다. 적어도 지금까지 그런 지침이 존재했다는 기록은 없다. 따라서 계획경제는 업무의 많은 부분을 공무원의 독단에 의지하게 되고—그렇다고 그것이 성공적이라는 뜻은 아니다—독단은 자의적 권력 사용과 구별하기 어렵다.

관료제에서는 업무 지침이 구체적이지 못할수록 공무원의 자의적 권력 사용의 폭이 늘어난다. 메타선진국에서는 대개 고위 공무원의 업무가 이런 성격을 띠는데, 이들의 숫자가 상대적으로 적기 때문에 7.3장에서 소개된 여러 방법(투표로 뽑기, 임기를 지정하기 등)을 이용해 이들의 권력 남용을 견제할 수 있다. 하지만 모든 재화의 생산과 배급을 결정하는 일은 소수의 공무원이 수행하기에는 업무가 과도하다. 그래서 이 업무는 다수의 하급공무원이 수행하게 되고, 위 견제 방법들을 적용하기 어렵다. 계획경제의 한 공무원이 자신이나 친한 사람이 특히 좋아하는 재화를 더 많이 생산하도록 지시했다고 하자. 이것은 업무를 성공적으로 수행하기 위한 결정일까 아니면 권력을 남용한 결정일까? 판단하기 곤란하다. 왜냐하면, 이를 판단하는 기준인 업무 지침 자체가 모호하기 때문이다.

혁신은 어떨까? 시장경제에서는 생산자가 자신의 이익을 늘리려고 시도하는 과정에서 혁신이 일어난다(8.3장). 명시적 비용의 감소, 품질의 향상, 새로운 재화의 개발이 성공할 때 생산자는 이득을 보고, 이 이득이 생산자들이 혁신을 시도하도록 하는 유인이 된다. 그러나 계획경제에서는 정부가 생산자에게 생산 요소를 할당하고 생산된 재화는 정부에 의해 배급되거나 가격이 결정된다. 생산자들이 혁신을 시도할 유인이 없으므로 혁신 또한 정부의 지시를 필요로 한다.

이때에도 어김없이 대리인 문제가 발생한다. 공무원이 사람들의 선호를 반영한 혁신이 아니라 자신에게 유리한 혁신이나 기술 개발을 지시하는 것이다. 예컨대 계획경제의 공무원은 커피의 맛을 향상시키는 것과 같이 하찮아 보이는 일에 혁신을 지시하기보다는, 자신의 실적이나 지위 유지에 도움이 되는 혁신을 지시할 것이다. 더군다나 커피의 생산을 지시받은 생산자들도 커피의 품질을 높이거나 유지할 유인이 없으니, 계획경제의 커피 맛은 공무원이 그것을 커피라고 인정할 최저의 수준으로 떨어지게 된다. 더군다나 공무원들은 지시된 생산 목표치가 달성되었는가에 더 관심이 많으므로 시장경제의 소비자들만큼 커피 맛에 까다롭지 않을 가능성이 크다. 다만, 아무리 품질이 낮은 커피라도 근사한 이름을 붙이는 것에는 큰 수고가 들지 않으므로 승리커피Victory coffee 같은 멋들어진 이름이 붙을 수는 있다.

그에 반해 시장경제에서는 생산자들이 혁신을 일으킬 유인이 있고, 그 유인에는 가격을 통해 자동으로 사람들의 선호가 반영된다(8.3장). 따라서 생산자들은 사람들의 선호를 더 많이 충족시킬 혁신을 시도하게 된다. 게다가 소비자가 기대하는 품질과 가격을 충족시키지 못하는 생산자는 일거리를 잃고 시장에서 퇴출된다(8.3장). 덕분에 비록 소설의 등장인물에서 따와 그다지 위엄 있어 보이지 않는 이름의 커피조차 맛은 승리커피보다 뛰어나다.*

보다시피 계획경제에서는 그 특성상 만성적인 초과수요, 초과공급, 전반적인 재화의 품질 하락이 발생하고 공무원의 대리인 문제에 대처하기 어렵다. 이 모든 것을 무시하더라도 다음의 특성 하나만으로 계획경제는 메타선진국의 윤리와 결합할 수 없다. 그것은 시장경제에서는 금지되지 않은 모든 재화를 만들고 소비할 수 있지만, 계획경제에서는 정부가 생산을 지시한 재화만 소비할 수 있다는 것이다.

재화란 개인이 효용, 즉 행복을 얻을 수 있는 것을 말한다(8.1장). 그리고 자연선택을 거쳐 선호를 물려받은 개인들은 생존을 심각하게 저해하지 않는 범위에서 다양한 주관적 선호를 가질 수 있다(7.2장). 그러므로 사람들은 그들의 다양한 선호에 따라 다양한 재화를 원한다. 어떤 재화의 균형가격보다 자신의 판매용의를 낮출 자신만 있다면, 시장경제의 생산자는 시장에 진입해 재화를 생산한다. 이런 원리로 다양한 재화가 생산되고, 사람들의 다양한 선호를 충족해 줄 수 있다.

---

*　　허먼 멜빌의 소설 『모비 딕』에는 스타벅(Starbuck)이라는 인물이 등장한다.

한편 계획경제에서는 국민이 어떤 재화를 생산하고 소비해야 할지 공무원이 결정한다. 달리 말하면, 개인들은 정부가 지시하지 않은 재화를 생산하고 소비할 자유가 제한된다. 따라서 사람들은 그들의 다양한 선호를 충족시킬 수 없다. 예를 들어, 공무원이 빨간색 곰인형의 생산만 지시했다면 파란색 곰인형을 원하는 아이가 있더라도 부모는 그것을 선물할 수 없다. 생산을 지시하는 공무원을 설득하지 못하면 사람들은 원하는 재화를 얻을 수 없다. 이 같은 계획경제의 특성은 개인의 자유를 추구하는 메타선진국의 윤리와 정면으로 배치背馳된다. 메타선진국은 개인이 특정한 선호를 가져야 한다고 강요하지 않는다(3.1장). 하지만 계획경제를 채택한 정부는 국민이 무엇을 원해야 할지, 어떤 것을 품질로 여겨야 할지 지정한다. 다양성 부족으로 인한 취약성 발생은 말할 것도 없다.

개인의 자유에 속하는 표현의 자유 또한 제한되는 것은 마찬가지다. 내가 계획경제 국가에서 이 책을 출간한다고 하자. 공무원의 생산 허가를 받지 못하면—검열을 통과하지 못하면—이 책은 출간될 수 없다. 이 책의 원고를 들고 책 생산을 지시하는 공무원을 찾아가는 우스꽝스러운 모습을 상상해 보라. 이 모습이 특히 우스꽝스럽게 느껴지는 이유는 도저히 계획경제를 옹호한다고 말하기 어려운 이 책의 출판이 계획경제를 운영해 생계를 유지하고 있는 공무원의 자의적 결정에 달려 있기 때문이다.

종합하면, 재산권이 보호되지 않는 계획경제에서는 개인이 재화를 생산할 유인이 줄어들고, 정부가 지시하는 재화의 생산이나 혁신은 사람들의 선호를 반영하기 어려우며, 감독하기 어려운 공무원의 대리인 문제가 발생한다. 사람들은 정부가 지정한 재화만을 생산, 소비할 수 있는데 그마저도 품질은 형편없다. 더구나 쉽게 간과되는 점이 있다. 개인이 직접 자신의 직업을 정하거나 바꿀 수 있는 시장경제와 달리, 계획경제에서 사람들은 정부로부터 어떤 재화를 어떻게 생산할지 지시받는다. 만약 누군가로부터 무엇을 생산할지 지시받고, 그 지시를 거부할 수 없는 사람을 노예라고 한다면, 계획경제란 노예제도의 하나로 분류될 수 있을 것이다.

메타선진국이 계획경제를 채택하지 않은 것은 전혀 놀랍지 않다. 사람들은 계획경제가 개인의 행복을 증가시키는 데 그다지 유용하지 않다는 사실을 이미 알고 있다. 많은 사람이 살고 싶어 하는 국가, 즉 선진국들이 하나같이 시장경제를 채택하고 있다는 것이 그 증거다. 심지어 보장된 표현의 자유를 이용해 계획경제가 유용하다고 주장하는 몇 안 되는 선진국 국민마저 자신이 사는 국가에 계획경제를 도입하려고 할 뿐, 이미 계획경제를 채택하고 있는 국가로 이주하는 것은 싫어할 정도다.

메타선진국은 재산권을 보호한다. 재산권이란 재산을 소유하고, 원하는 조건으로 자유롭게 거래하고, 원하는 대로 사용하거나 처분할 수 있는 권리를 말한다. 8.1장에서 살펴본 자본주의의 뜻(생산 수단과 그것에서 발생한 이익을 사적으로 소유하고, 그 재산을 자유롭게 사용, 처분할 수 있는 경제체제)을 떠올려 보면 재산권을 보호한다는 것과 자본주의를 채택한다는 것은 실질적으로 같은 말임을 알 수 있다.

자본주의와 시장경제를 채택한 메타선진국은 포지티브 섬 상호작용인 자유로운 거래와 혁신이 활발히 이루어지도록 시민들에게 다음과 같은 환경을 제공한다. 거래 참여자들이 충분한 정보를 얻을 수 있고, 표준적인 거래 조건이 주어진다. 재산권이 보호되고 계약의 이행이 강제되며 민사재판으로 분쟁이 해결된다. 국부The wealth of a nation란 그 나라 국민들이 누리는 최종 재화의 양과 질을 일컫는다. 국부는 국민의 생산성에서 나오고, 생산성은 제도 안에서 형성된다.

돈과 시장에 관한 흔한 오해 중 하나는 이들이 국가나 정부에 의해 발생했다는 것이다. 이것이 사실이라면 강변 마을 이야기에 정부를 등장시켜야 했을 것이다. 하지만 돈과 시장의 발생과 가격 기구의 작동은 정부에서 근무하는 지적 설계자가 없어도 충분히 설명된다. 불필요한 가설을 추가하는 것은 그 이론이 틀릴 가능성만 높인다(2.6장). 실제로 정부가 금지하는 암시장의 존재가 이 오해를 반증한다. 돈, 시장, 심지어 가격 기구를 작동시키는 사람들의 이윤동기나 자신의 재산권을 지키려는 현상은 사람들이 자연선택에서 살아남은 조상으로부터 물려받은 주관적 선호를 지니고, 그 선호에 따라 보상과 처벌 전략을 사용하고 있다는 사실로부터 발생하며, 국가 따위보다 먼저 존재했다. 정부가 사람들의 이윤동기나 시장을 만들었다고 말하는 것은 코가 안경을 쓰기 위해 만들어졌다고 말하는 것과 다를 바 없다. 코는 안경보다 먼저 존재했다. 메타선진국의 정부가 하는 일이라고는 이미 오랫동안 존재한 시스템을 보조해 포지티브섬 상호작용의 비중을 늘리는 정도다(4.2장).

9장 외부효과, 복지, 세금, 국제 관계

9.1. 외부효과

특수강 공장의 목적은 소음을 내며 유해 가스를 배출하는 것이 아니다. 고객을 위해 고성능 금속을 만드는 것이다. 그 목적을 위해 소음을 내고 열과 연기를 배출한다.
  ○ 『매니지먼트』, 피터 드러커

과학은 조국을 모른다. 왜냐하면 지식은 인류에 속하고 세상을 밝히는 등불이기 때문이다.
  ○ 루이 파스퇴르

8장을 관통하는 주제는 충분한 정보를 기반으로 자유롭게 이루어진 거래가 참여자들의 행복을 증가시킨다는 것이다. 사실이다. 하지만 이 문장은 세심히 읽혀야 한다. 자유로운 거래는 참여자들의 행복을 증가시킨다. 이 문장은 거래에 참여하지 않은 사람들의 행복에 대해서는 언급하지 않는다. 강변 마을의 대장장이는 삽을 만들어 농부와 거래했다. 거래 참여자인 대장장이와 농부의 선호는 분명히 충족되었다. 그런데 알고 보니, 대장간 근처 주민들이 삽을 만들 때 발생한 매연으로 고통받고 있다는 것이 밝혀졌다. 거래에 참여하지 않은 사람의 효용이 고려되지 않은 것이다.

　어떤 사람이 보상을 받거나 대가를 치르지 않고 다른 사람의 효용을 증가 또는 감소시키는 것을 '외부효과'라고 한다. 강변 마을처럼 작은 마을에서는 비교적 쉽게 외부효과가 해결될 수 있다. 인구가 적기 때문에 외부효과를 일으키는 사람을 추적하기 쉽고, 사람들이 평판을 중요하게 여기기 때문이다. 예컨대 대장간 근처 주민들이 직접 대장장이를 찾아가 매연을 줄이도록 요구할 수 있고, 대장장이 또한 평판을 신경 쓰기 때문에 매연저감장치를 설치하거나 아예 인가가 드문 마을 외곽으로 대장간을 옮길 수 있다. 심지어 주민들에게 양해를 구하고 매연을 그대로 배출하는 대신 보상금을 지급할 수도 있다. 문제는 마찬가지로 인구가 많을 때다. 인구가 많으면 평판을 파악하기 어려워지고(4.2장), 외부효과의 원인을 추적하는 것도 어려워진다.

매연의 예시처럼 대부분 환경오염은 전형적인 외부효과다. 특히 다른 사람의 효용을 감소시키고 처벌을 받거나 비용을 지불하지 않는 '부정적 외부효과'에 속한다. 1968년, 생태학자 개릿 하딘은 『공유지의 비극』이라는 유명한 에세이를 발표한다. 내용을 요약하자면 이렇다. 여러 목동이 자유롭게 쓸 수 있는 목초지가 있다고 하자. 당연하게도 목초지의 풀이 자라는 속도는 한정되어 있다. 그러나 각 목동에게는 다른 목동이 그 목초지를 사용하기 전에 한 마리라도 더 많은 소를 풀어놓는 것이 이득이다. 만약 풀이 자라는 속도에 맞춰 적당한 수의 소를 풀어놓는다면 계속해서 우유와 고기를 얻을 수 있다. 하지만 목동들은 더 많은 이득을 위해 각자 더 많은 소를 풀어

2부 선택된 윤리

놓으려 하므로, 결국 모두가 사용하지 못하는 황무지가 되고
만다. 이 이야기는 환경오염이 일어나는 이유와 양상을 명쾌
하게 꼬집고 있다.

사실 공유지의 비극을 해결하는 방법은 그 이름만 보고
생각해 낼 수 있을 정도로 간단하다. 목초지를 공유하지 않고
누군가가 목초지를 소유해 재산권을 행사하면 해결된다.* 재
산권이 설정된 목초지(생산 수단)는 생산성이 더 높은 방법으
로 사용될 것이다(8.5장).** 소유자는 직접 소를 키우거나 다른
목동들에게 빌려줄 수 있으므로 어느 쪽이든 소유한 목초지를
황폐화하지 않고 생산성을 유지하도록 관리할 유인이 있다.

모든 환경오염과 부정적 외부효과가 이토록 간단히 해
결될 수 있었다면 공유지의 비극 이야기는 지금처럼 널리 퍼

---

* 　그렇다면 누가 생산 수단을 소유할 것인가? 메타선진국에서 법적 주체는 자신
이 생산하거나 거래하여 얻은 재산(생산 수단과 재화)을 소유한다(8.5장). 그
러나 최초의 생산과 거래 이전의 소유권은 추가적인 관찰이 필요하다. 이에 대
한 메타선진국의 입장은 '사용취득'이라는 제도로부터 살펴볼 수 있다. 사용취
득이란 일정 기간 이상 재산을 점유한 사람에게 그 소유권을 인정해 주는 제도
다. 예를 들어, 어떤 사람이 주인이 없거나 방치된 땅을 개척하고 관리해서 밀
이나 소를 키워 왔다면 그 땅의 주인이 된다. 이 제도는 사람들이 방치된 자원
을 찾아 개척하고 관리해 재화를 생산하고 효용을 얻도록 장려하는 동시에 이
미 소유하고 있는 재산을 방치하지 않고 자신의 관리 능력을 벗어난 재산은 다
른 사람에게 팔거나 빌려주도록 하는 유인을 제공한다.

** 　소유된 생산 수단(토지와 자본)이 생산성이 더 높은 방식으로 사용된다는 말
은 생산 요소(생산 수단과 노동)로 확장해도 동일하게 적용된다. 사람들이 자
신의 노동을 원하는 대로 거래하고 사용할 수 있을 때, 더 큰돈을 벌어 더 많은
재화를 소비하기 위해 노동 생산성을 자발적으로 높이려는 유인이 발생한다.
이 유인의 부재는 노예제도가 생산성이 떨어져 비효율적인 이유를 설명한다.

지지 못했을 것이다. 목초지는 울타리를 치고 다른 사람의 사용을 막는 방법으로 비교적 쉽게 재산권을 행사할 수 있다. 문제는 재산권을 행사하기 어려운 재화에서 발생한다. 흐르는 강물, 바닷물, 대기 중 공기, 심지어 전자기파의 주파수 대역이나 정보가 그렇다.

외부효과가 발생하는 주된 원인은 그 재화에 배제성이 없기 때문이다. '배제성'이란 값을 내지 않고 재화를 소비하는 사람을 막을 수 있는, 이름 그대로 배제할 수 있는 재화의 성질을 말한다. 재산권을 행사할 수 있도록 하는 성질이라고 생각해도 무방하다. 지금까지 언급된 재화 대부분은 배제성이 있다. 예를 들어, 밀과 물고기 같은 재화는 도둑이나 강도를 피해 잘 보관해 두었다가 값을 지불한 사람에게만 건네줄 수 있으므로 배제성이 있고, 재산권을 행사할 수 있다. 목초지 또한 앞서 보았듯 배재성이 있다. 하지만 공기나 바닷물은 누군가가 소유권을 주장한다고 하더라도 다른 사람의 소비를 막기 어렵다. 모든 공기와 바닷물에 배제성을 부여하기 위해서는 무수히 많은 풍선과 물병이 필요할 것이다.*

---

*   실제로 용기에 담겨 배제성이 생긴 유체(流體)는 별문제 없이 거래된다. 캔에 담긴 음료수, 드럼통에 담긴 석유, 잔에 담긴 커피 등이 그 예다. 이때 배제성을 부여하는 비용, 쉽게 말해 용기의 가격은 생산 비용에 포함된다. 울타리 설치 비용이 소고기와 우유 가격에 포함되어 있는 것과 같은 원리다. 이처럼 어떤 재화에 배제성이 있는가, 없는가는 딱 잘라 구분된다기보다 배제성을 부여하는 비용, 다시 말해 재산권을 보호하는 비용이 감당할 만한가, 그렇지 않은가의 구분에 가깝다. 따라서 감당할 만한 비용으로 재화에 배제성을 부여할 수 있는

인구가 많은 도시에 여러 개의 대장간이 있다고 하자. 각 대장장이는 매연을 줄이기 위해 매연저감장치를 설치할 수도 있고, 설치하지 않을 수도 있다. 인구가 많으니 평판이 역할을 하기 어렵고, 여러 대장장이 중 누가 매연을 많이 발생시키는지 추적하기도 어렵다. 게다가 매연저감장치를 설치하는 비용은 삽의 생산 비용에 포함된다. 농부들은 삽을 더 싸게 사고 싶어 하므로(8.2장) 장치를 설치한 대장장이는 설치하지 않은 대장장이에 비해 이익도 줄고 경쟁에서도 불리해진다. 결론적으로 모든 대장장이가 대기 중에 매연을 그대로 배출할 유인이 있는 전형적인 공유지의 비극 상태가 된다.

메타선진국은 법을 통해 타인에게 피해를 줄 자유를 제한한다(4.2장). 이는 부정적 외부효과에도 적용된다. 예컨대 메타선진국의 의회는 거주지역과 일정 거리 이내에서 일정량 이상의 매연을 배출하는 사람을 형사처벌하는 법을 만들 수 있

기술이 개발되면 그동안 거래되지 않던 재화가 새롭게 거래의 대상이 되기도 한다. 예컨대 액화 기술이나 파이프라인 수송 기술이 개발되기 전에는 천연가스의 저장과 운송, 따라서 거래가 곤란했다. 위와 같은 속성을 고려할 때 흥미로운 관찰이 가능하다. 재화에 배제성을 부여하는 비용은 물론 그 재화의 물리적 특성에도 영향을 받지만, 그 재화가 생산되고 거래되는 사회의 문화에 따라서도 달라진다. 사람들이 서로의 재산권을 존중하는 사회와 그렇지 못한 사회가 있다고 하자. 전자의 사회는 재화의 재산권을 보호하는 비용이 후자의 사회보다 적게 든다. 예를 들어, 목초지에 더 낮은 울타리를 설치해도 다른 사람들이 침범하지 않고, 밀을 보관하는 데 튼튼한 잠금장치를 할 필요가 없다. 이렇게 아낀 비용과 자원은 다른 재화의 생산에 사용될 수 있으므로 전자의 사람들은 더 큰 효용을 얻을 수 있다.

다. 이 법이 시행되면 대장장이들은 처벌을 피하고자 매연저 감장치를 설치하거나 인가와 떨어진 곳으로 대장간을 옮길 것이다.

두 번째 방법은 조금 더 우아한데, 이를 설명하기 전에 한 가지 오해를 바로잡아야 한다. 환경오염에 관한 흔한 오해 중 하나는 오염원을 완전히 없애면 사람들이 행복해진다는 것이다. 언뜻 보면 그럴싸해 보인다. 하지만 한 가지 선택을 통해 발생한 일련의 상황이 한 가지 감정만을 유발하는 것은 아니다(2.2장). 매연을 배출한다는 이유로 대장간의 운영을 아예 금지한다면 분명 공기는 더 깨끗해질 것이다. 하지만 더 이상 삽이 생산되지 않으므로 농부들의 밀 생산성이 낮아져 사람들이 굶주리게 된다.

정부가 할 수 있는 선택은 대략 세 가지로 나뉜다. 매연 배출을 규제하지 않아 사람들이 더러운 공기로 고통받지만 기근을 피하는 것, 매연 배출을 완전히 금지해 사람들이 깨끗한 공기를 마시면서 기근으로 고통받는 것, 그리고 약간의 매연 배출만을 허용해 사람들이 약간 더러운 공기를 마시고 밀의 생산량도 약간 줄어드는 것이다.* 예상하다시피 시민들을 대

---

* 매연저감장치 설치 비용은 삽의 생산 비용. 따라서 판매용의에 포함돼 삽의 균형가격을 높인다. 그 결과 지불용의가 새 가격에 미치지 못하게 된 농부들과 설치 비용을 포함한 판매용의가 새 가격을 넘어선 대장장이들이 삽 시장에서 철수해 생산량과 거래량이 줄어든다. 이렇게 높아진 삽의 가격은 이번에는 밀의 생산 비용에 포함되어 밀의 가격을 높이고 생산량을 줄인다. 같은 방식으로

2부 선택된 윤리

리하는 메타선진국 입법부의 선택은 마지막이다. 구체적으로는 시민들에게 대기오염과 밀 생산량 감소가 둘 다 용인되는 수준에서 매연 배출을 규제하는 것이다.

결론은 시민들에게 용인될 수 있는 환경오염의 범위가 존재하고, 그 수준은 시민들의 선호에 달려 있다는 것이다. 여기에서 환경오염이란 시민들의 주관적 선호에 반하는 환경의 변화를 말한다. 사실 오염이라는 단어 자체가 언어를 사용하고 시민조건을 갖춘 유일한 종인 인간의 주관적인 기준에 따라 분류된다는 것을 생각해 보면 이 같은 단어 사용에 별 무리는 없어 보인다.

온실효과가 좋은 예시다. 온실효과란 적외선을 흡수, 방출하는 성질을 가진 온실기체가 항성으로부터 행성에 도달한 복사에너지가 우주로 다시 방출되는 시간을 늦춰 행성 표면의 온도를 상승시키는 현상을 말한다. 온실기체는 여러 종류 있으나 여기에서는 널리 알려진 이산화탄소를 예시로 사용하자.

밀가루, 빵, 샌드위치 등의 가격이 오르고 거래량이 줄어든다. 게다가 일부 대장장이가 생산자였던 삽 시장에서 철수한다는 것은 동시에 소비자였던 삽자루 시장에서도 철수한다는 뜻이다. 이들의 삽자루에 대한 지불용의가 사라졌으므로 삽자루의 가격이 하락하고 판매용의가 새 가격을 넘어선 목수들이 시장에서 철수한다. 결론적으로, 법으로 삽의 생산 비용이 상승하면 삽뿐 아니라 관련된 재화들의 거래가 함께 줄어든다. 자유로운 거래는 참여자들의 포지티브섬 상호작용이므로, 거꾸로 말하면 매연 배출이라는 부정적 외부효과로부터 이득을 본 사람들은 대장장이 혼자가 아니라 원목, 삽자루, 삽, 밀, 밀가루, 빵, 샌드위치 등을 거래한 모두다. 물론 인지적 제한을 지닌 배고픈 샌드위치 소비자가 삽 생산의 매연 배출까지 추적, 고려하며 거래하기를 기대하기는 어렵다.

대기 중 이산화탄소의 양이 많아지면 지구의 평균 온도가 상승한다는 것만 기억하면 충분하다.

당연한 이야기지만 인간에게는 살기 적합한 온도의 범위가 있다. 왜냐하면, 지금 살아 있는 인간의 수많은 고정된 선호는 최근 지구에서 생존과 번식에 성공한 조상으로부터 물려받은 것이기 때문이다. 쉽게 말해 지금 살아 있는 인간은 최근의 지구 온도와 환경에 적응해 있다. 문제는 고정된 선호가 환경의 변화에 취약하다는 것이다(2.3장). 사람들은 지구의 온도가 급격하게 올라가거나 내려가서 그 영향으로 피해를 받는 것을 원치 않는다. 이 책을 쓰고 있는 현재, 이산화탄소가 오염물질로 여겨지는 이유는 사람들이 인간의 선호에 반하는 온도 상승을 우려하고 있기 때문이다. 이렇듯 환경오염의 기준은 살아 있는 시민들의 주관적 선호다. 2.3장에서 소개된 산소 대폭발 사건 이전의 생물들은 인간과 달리 산소를 오염물질로 여길 것이다. 메타선진국 환경정책의 목표는 시민(현재로는 인간) 우호적 환경의 조성 및 유지다.

본론으로 돌아와서, 메타선진국은 시민들에게 용인되는 온도 범위에 대응해서 온실기체의 배출이나 포집을 규제할 것이다. 만약 대기 중 온실기체의 양이 적절한 범위 안에 있다면 아예 규제를 할 필요가 없을 것이다. 여기에서는 메타선진국의 규제 방법을 살펴보기 위해 이산화탄소의 배출이 부정적 외부효과를 일으키는 상태라 가정하자.

첫 번째 방법은 대장간 매연 배출 규제와 같은 직접 규제다. 이산화탄소 최대 배출량을 지정하고, 그 배출량을 지키지 않는 사람을 처벌하는 것이다. 그런데 이산화탄소는 그 성질로부터 다른 방법을 사용할 수 있다. 바로 세금을 부과하는 것이다. 이 두 번째 방법을 교정적 조세라고 부른다.

이산화탄소를 하루에 5톤씩 배출하는 두 생산자가 있다고 하자. 이때 정부가 이산화탄소 배출 1톤에 10달러씩 세금을 부과하면 어떻게 될까? 생산자들은 이윤동기(8.2장)를 지녔기 때문에 혁신을 시도하고 생산 비용을 줄이려고 한다(8.3장). 각 생산자는 생산공정을 수정하거나 포집 장치를 설치해 이산화탄소 배출량을 줄일 수 있다. 그들은 세금을 피하려고 배출량을 줄일 수 있는 가장 저렴한 방법부터 적용하기 시작할 것이다. 그렇게 저렴한 방법을 모두 적용해 배출 1톤을 줄이는데 10달러보다 비용이 많이 드는 방법만 남았다면, 그때부터는 차라리 세금을 내는 것이 더 저렴하므로 세금을 납부할 것이다.

이 과정을 통해 비교적 생산공정을 수정하기 쉬웠던 생산자 A는 하루 4톤의 배출을 줄여 1톤(5-4)만 배출하고, 그렇지 못한 생산자 B는 2톤의 배출을 줄여 3톤(5-2)을 배출하는 상태가 되었다고 하자. 오염물질 배출에 세금을 부과하자 배출이 10톤(5+5)에서 4톤(1+3)으로 줄어든 것이다.

직접 규제와 어떤 차이가 있을까? 각 생산자의 하루 최대 배출량을 2톤으로 지정하면 이때에도 10톤의 배출은 4톤 (2+2)으로 줄어들 것이다. 그런데 A는 비용을 크게 들이지 않고 4톤을 줄일 수 있지만 3톤(5-2)을 줄인 이후에는 더는 줄일 유인이 없으므로 허용되는 최대 배출량인 2톤을 그대로 배출할 것이다. 반면 B는 비싼 비용을 들여 3톤을 감축해야만 한다.

교정적 조세는 사람들이 가진 이윤동기를 이용한다는 점에서 우아하다. 그 결과 사회 전체적으로 가장 쉽고 저렴하고 수고가 적게 드는 방법부터 적용되어 비용 효과적으로 오염이 줄어든다. 게다가 직접 규제에서는 지정된 최대 배출량에서 배출을 더 줄일 유인이 없지만, 조세에서는 보다 저렴한 방법이 발견되기만 하면 사람들이 계속 오염을 줄여나가도록 끊임없이 유인을 제공한다. 환경오염을 줄일 저렴한 방법의 탐색, 즉 혁신과 기술 개발(8.3장)이 끊임없이 시도, 적용된다는 뜻이다.

막간을 이용해 교정적 조세를 사용할 수 있도록 하는 이산화탄소의 성질이 무엇인지 짚고 넘어가자. 그것은 이산화탄소를 누가 배출했는지는 중요하지 않고, 배출된 총량이 중요하다는 점이다. 일단 배출된 기체 이산화탄소는 누가 배출했든 간에 대기 중에 빠르게 확산되어 행성 전체에 온실효과를 일으킨다. 따라서 더 적은 비용으로 더 많은 배출을 감소시킬 수 있는 교정적 조세가 유용하게 이용될 수 있다.

매연은 어떨까? 어떤 도시에 두 개의 대장간이 있다고

하자. 만약 대장간이 동쪽에 하나, 서쪽에 하나 있다면 매연을 배출하는 곳이 어디냐에 따라 피해를 입는 사람들이 달라진다. 동쪽 대장간만 매연저감장치를 설치하지 않았다면 마을 동쪽에 사는 주민들이 더 큰 피해를 입고, 반대라면 서쪽 주민들이 더 큰 피해를 입는다. 따라서 두 대장간 모두 근처 주민들에게 용인되는 수준으로 매연을 줄이도록 하는 직접 규제가 유용하다.

하지만 대장간 두 개가 도시 중앙에 이웃해 있다면 어느 쪽이 매연을 배출하든 피해를 입는 사람들은 거의 달라지지 않는다. 두 곳 중 어느 곳이 매연을 배출하는지보다 배출된 총량이 중요해지고, 교정적 조세를 이용할 수 있게 된다. 같은 논리로 여기저기로 이동하는 오염원, 예컨대 자동차에도 교정적 조세가 이용될 수 있다. 실제로 메타선진국에서 자동차는 직접 규제와 교정적 조세가 모두 적용되는 재화다. 메타선진국은 자동차 생산자에게 오염 배출기준을 만족하는 자동차를 만들도록 직접 규제하고, 동시에 자동차 연료(휘발유와 경유)에 세금을 부과해* 자동차 사용에 따른 부정적 외부효과에 비용이 들게 한다.

지금까지 메타선진국이 어떻게 직접 규제나 교정적 조

---

* 이 세금은 뒤이어 다룰 정부가 제공하는 공공도로의 이용에 비용을 부과하는 것으로 해석할 수도 있다.

세 같은 방법*을 이용해 시민들에게 용인되는 수준으로 부정적 외부효과를 줄일 수 있는지 살펴보았다. 그런데 앞서 외부효과란 보상을 받거나 비용을 지불하지 않고 다른 사람의 효용을 증가 또는 감소시키는 것이라고 설명한 바 있다. 그렇다면 '긍정적 외부효과'도 존재할 것이다. 다른 사람의 효용을 증가시켰지만, 이에 보상은 받지 않은 상황이다.

1998년 여름, 비슷한 재난을 묘사하는 두 영화가 개봉했다. 여러 차이가 있지만, 〈딥 임팩트〉와 〈아마겟돈〉 모두 지구를 향해 날아오는 거대한 운석을 발견하고, 용감한 우주비행사들이 핵폭탄으로 운석을 폭파해 인류의 멸종을 피한다는 줄거리를 담는다.

---

* 본문에서는 다루지 않았지만, 오염 배출권 거래제도도 교정적 조세와 비슷한 효과를 낸다. 정부가 이산화탄소 배출량 목표를 100톤으로 정하고, 1톤 단위로 나눠 100개의 배출권을 사람들에게 나눠줬다고 하자. 사람들은 배출권을 구입할 수도 있고, 판매할 수도 있고, 소비해서 이산화탄소를 배출할 수도 있다. 이산화탄소 감축에 비싼 비용이 드는 사람은 그만큼 비싼 가격에 배출권을 구입해 소비하려고 할 것이고, 비교적 싸게 감축이 가능한 사람들은 전자의 사람들에게 배출권을 판매하고 자신은 배출을 줄이는 것이 이득이다. 이들의 거래가 반복되면 8.2장에서 본 것같이 배출권의 균형가격이 형성될 것이고, 이 가격보다 감축비용이 비싼 사람들은 배출권을 구입해 이산화탄소를 배출하고 저렴한 사람들은 생산공정을 수정하는 등 배출을 줄일 것이다. 사실상 배출권의 균형가격만큼 세금을 부과하는 것과 같은 효과를 내는 것이다. 또한, 정부가 배출권을 100개만 만들었으므로 목표 배출량이 자동으로 달성된다. 이것을 응용해서, 이산화탄소를 포집하는 사람이 배출권을 발행할 수 있도록 만든다면 목표 배출량을 0(탄소중립) 이하로 설정하는 것도 이론상 가능하다. 예를 들어, 아무나 1.1톤의 이산화탄소를 포집할 때마다 1톤짜리 배출권을 판매할 수 있다면 결과적으로 순 배출량은 음수가 될 것이다.

2부 선택된 윤리

환경오염을 시민들의 선호에 반하는 환경의 변화라고 한다면, 옛날 공룡을 멸종시킨 것과 같은 대형 운석의 충돌 또한 환경오염으로 분류할 수 있다. 이런 종류의 환경오염은 인간의 활동으로부터 발생하지 않기 때문에 규제나 조세로 해결되지 않는다. 하지만 시민들은 여전히 대형 운석을 미리 발견하고 폭파한다는—보다 현실적으로는 궤도를 이탈시키는—재화, 이를테면 운석 폭파 서비스를 원한다. 문제는 운석 폭파 서비스가 배제성이 없다는 것이다. 다시 말해 값을 내지 않고 재화를 소비하는 사람을 막을 수가 없다.

누군가가 사람들에게 돈을 걷어 위협적인 운석을 감시, 폭파하는 기업을 세운다고 하자. 이 비즈니스 모델로 그 어마어마한 운영비용을 충당하는 것은 매우 어려울 것이다. 관대한 억만장자들의 두둑한 후원이 없다면 말이다. 회사가 제공하는 재화에 배제성이 없기 때문이다. 구체적으로 말하면 돈을 낸 사람들만 한정해서 운석 충돌로부터 보호할 방법이 없다. 일단 운석이 폭파되면, 돈을 낸 사람이나 내지 않은 사람이나 모두 효용을 얻는다. 그렇다면 많은 사람이 돈은 내지 않고 효용만 얻으려고 할 것이다. 무임승차가 합리적인 선택이다.

운석 폭파 서비스는 돈을 내거나 보상을 하지 않은 사람들에게 효용을 제공한다는 점에서 긍정적 외부효과에 잘 들어맞는다. 이처럼 배제성이 없는 재화는 무임승차가 발생하므로 재화를 생산할 유인이 배제성 있는 재화보다 현저히 줄어든다. 다시 말해 포지티브섬 상호작용인 자유로운 거래가 이루어지기 어려워 생산자가 보상받지 못하고, 따라서 재화를 생산하려 하지 않는다.

이처럼 긍정적 외부효과를 일으키는 재화는 사람들이 원해도 시장을 통해 공급되기 어렵다. 이때, 긍정적 외부효과는 타인의 선호를 충족시킨다는 점에서 바람직한 행동이라 할 수 있으므로, 메타선진국이 보상을 강제할 수 있다(4.2장). 예를 들어, 시민들에게 걷은 세금으로 자본을 구입하고 사람들을 고용해서 운석 폭파 서비스를 공급하도록 하는 것이다. 정부가 배제성 없는 재화를 공급한다는 발상은 사람들에게 매우 익숙해 보인다. 실제로 〈딥 임팩트〉와 〈아마겟돈〉에서도 영화의 제작진은 물론이고 관객들 또한 각국 정부의 주도로 운석을 폭파한다는 내용을 그다지 이상하게 여기지 않았다.

메타선진국이 긍정적 외부효과에 보상을 강제하는 방법은 다양하다. 우선 위와 같이 정부나 정부가 관리하는 기관, 기업이 사람들을 고용하거나 계약을 맺어 재화를 생산하도록 하는 것으로, 6.3장에서 짤막하게 언급된 국방에 흔히 사용되는 방법이다. 국방 서비스는 일단 외부의 침략을 막아 내면 모든 국민이 효용을 얻는다는 점에서 대표적인 배제성이 없는 재화다. 메타선진국은 군인을 고용해 임금(보상)과 무기(자본)를 지급하고 외부의 위협으로부터 시민을 보호하도록 한다.

자동차나 보행자가 무료로 다닐 수 있는 공공도로도 비

숫한 방식으로 공급된다. 모든 도로에 배제성을 부여하는 것은 비용이 너무 많이 들기 때문이다. 실제로 일부 도로는 배제성을 부여하고, 재산권을 행사하는 것이 크게 어렵지 않다. 다리, 터널, 고속도로 같은 곳은 출입구의 개수가 적어서 통행료를 받을 요금소를 설치하는 비용이 감당할 만하고, 그렇게 운영되는 사례도 많다. 하지만 모든 도로의 골목과 교차로에 요금소를 설치하고, 통행료를 내지 않는 사람이 도로를 이용하지 못하도록 감시하는 일에는 감당하기 어려운 비용이 든다. 게다가 수십 미터마다 자동차를 멈추고 요금을 정산해야 한다면 자동차를 사용하여 얻는 효용이 크게 감소할 것이다.

　　이외에 직관적인 보상 방법으로 보조금 지급도 있다. 만약 시민들이 온실효과로 인한 온도 상승을 우려하고 있다면, 대기 중 이산화탄소를 포집하는 서비스는 시민들의 효용을 증가시킬 것이다. 하지만 무임승차가 발생하므로 서비스가 시장을 통해 공급되기 어렵다. 이때 정부가 이산화탄소 1톤을 포집할 때 10달러의 보조금을 지급한다면, 10달러의 지불용의를 가진 소비자들이 난데없이 생겨나 10달러의 시장가격이 형성된 것과 같은 효과가 나타난다. 포집 서비스의 판매용의가 1톤당 10달러보다 낮은 생산자들이 가격 신호를 통해 시장에 진입해 이산화탄소를 포집하기 시작하고(8.5장) 이익을 늘리기 위해 혁신을 시도할 것이다(8.3장). 이 방법은 우주에서 운석이 날아오는 것과 마찬가지로 이산화탄소 기체의 발생 원인이 인간이 아닐 때도 적용 가능하다. 하지만 그 원인이 인간의 활동이라면 앞서 살펴본 교정적 조세와 동시에 적용할 수도 있다. 이산화탄소 배출에 부과한 세금으로 이산화탄소 포집에 보조금을 지급해 이중의 효과를 얻는 것이다.

전염병에 효과가 있는 예방접종도 긍정적 외부효과를 발생시킨다. 한 사람이 예방접종을 하면 그 사람은 물론이고 주변의 다른 사람들도 그 병에 걸릴 가능성이 줄어든다. 하지만 개인들은 각자 예방접종을 결정할 때, 병에 걸릴 위험, 병을 피하는 행복, 부작용이 발생할 때의 고통, 예방접종의 따끔함과 가격은 고려하지만 긍정적 외부효과는 보상받지 않으므로 잘 고려하지 않는다. 이때 예방접종의 긍정적 외부효과에 대한 보상으로 보조금이 지급된다면 예방접종을 하는 사람이 늘어날 것이다. 심지어 홍역처럼 강력한 전염병은 아예 의무적으로 예방접종 시키기도 한다.

지금까지의 논의에서 보았듯, 무임승차와 외부효과가 발생하는 원인은 그 재화에 재산권을 행사하기 어렵기 때문이다. 같은 이유로 자유로운 거래가 이루어지거나 시장이 형성되기 어렵다. 그렇다면 재산권을 행사할 수 있기만 하면 다른 재화와 마찬가지로 자발적인 포지티브섬 상호작용이 일어나지 않을까? 실제로 메타선진국에서 이용되는 방법이다.

정보는 재산권을 행사하기 어려운 재화다. 인간은 수정 가능한 선호를 지닌 데다 타인을 곧잘 모방한다. 게다가 강력한 도구인 언어를 사용해 정보를 주고받는다(2.4장). 과거에는 구전口傳이나 필사筆寫로 정보를 전달해야 했지만 인쇄술 등의 발명으로 정보의 복제와 전달은 이전과 비교할 수 없을 정도로 쉽고 빨라졌다. 문제는 그만큼 복제가 쉬워진 동시에 재산권을 행사하는 것도 어려워졌다는 것이다. 무언가 유용하거나 효용 있는 정보를 개발한 사람이 값을 지불한 사람에게만 그 정보에 접근할 수 있도록 제한하는 것은 거의 불가능하다.

메타선진국은 개발된 정보의 재산권을 보호해 배제성을 부여한다. 이것을 지적 재산권이라고 하는데, 흔히 들어 보았을 특허권, 저작권 같은 것이 여기에 포함된다. 예를 들어, 한 대장장이가 같은 일을 하면서도 힘이 훨씬 덜 드는 삽을 개발했다고 하자. 특허제도가 없다면 이 대장장이는 이익은커녕 거의 확실하게 손해를 본다. 그가 개량된 삽을 팔기 시작하면 다른 대장장이도 그것을 모방해 비슷한 제품을 내놓는다. 그의 판매용의에는 큰 개발비용이 포함되지만 모방하는 대장장이들의 개발비용은 훨씬 적기 때문에, 그가 다른 대장장이와의 경쟁에서 이길 가능성은 희박하다. 하지만 특허가 보호된다면 발명가 대장장이는 다른 사람들이 비슷한 제품을 만들어 파는 것을 막거나 특허 사용료Royalty를 받을 수 있다. 발명품이 유용하면 유용할수록 더 많은 돈을 벌 것이다. 혁신과 기술 개발의 유인이 크게 증가하며 사람들은 이미 개발된 것을 중복해서 개발할 필요가 없어진다.

저작권도 마찬가지다. 어떤 작가가 무척이나 재미있는, 다시 말해 독자에게 효용을 주는 소설을 썼다고 하자. 저작권이 보호되지 않는다면, 이 작가는 독자가 아무리 많더라도 몇 권 정도밖에 팔지 못할 것이다. 나머지 독자들은 더 저렴한 가격의 복사본을 읽고 효용을 얻을 것이기 때문이다. 저작권의 보호는 작품으로부터 효용을 얻은 독자가 작가에게 보상하도록 강제하고 이 보상은 사람들이 좋은 작품을 만들도록 하는 유인이 된다.

그러나 메타선진국도 모든 정보의 재산권을 보호할 수는 없다. 곱하기라는 개념을 아무도 모르는 세상을 상상해 보자. 이 세계의 사람들은 곱하기 계산이 필요할 때 더하기를 반복해서 답을 구한다. 그러던 중 어떤 수학자가 구구단을 이용한 곱하기 방법을 개발한다면 어떻게 될까? 1단부터 9단까지 81개(곱셈의 항등원과 교환법칙을 고려하면 36개) 항목만 외우면, 사람들은 상당한 시간을 절약해서 같은 계산을 할 수 있게 된다.

곱하기를 지적 재산권으로 보호할 수 있을까? 곱하기는 다양한 분야에서 수없이 사용되며 익숙해지면 펜이나 종이 없이 머릿속으로 계산하기도 한다. 곱하기에 배제성을 부여하려면 수많은 사람의 생활과 머릿속에서 이루어지는 계산까지 모두 감시해 사용료를 받아야 한다. 감시 비용을 계산할 필요도 없이 현실적으로 불가능하다. 곱하기의 개발은 사람들에게 어마어마한 효용을 제공하지만 지적 재산권을 보호하기는 곤란하다. 메타선진국은 이처럼 막대한 긍정적 외부효과가 발생하는 기초 학문의 연구에 대해서는 보조금 지급 등의 방법을 통해 사회에 공급되도록 하고 있다.

　비슷한 이유로 이미 보호되고 있는 지적 재산권 또한 모든 상황에서 보호되는 것은 아니다. 자신이 산 소설도 저작권자의 허락 없이 복사해서 판매하는 것은 금지, 처벌되지만 마음에 드는 구절을 일기장에 옮겨 적는 것은 감시되지도, 금지되지도 않는다. 그런데 지적 재산권이 기간 만료 없이 영원히 보호된다면 어떻게 될까? 보호해야 할 저작권이나 특허가 시간이 지나도 줄어드는 일 없이 계속 늘어날 것이다. 생산자가 자신의 제품이 침해하는 특허가 있는지 검토하고, 특허권의 소유자를 모두 찾아 계약 협상을 하는 거래 비용은 감당할 수 없도록 커질 것이다. 또한, 지적 재산권을 둘러싼 분쟁이 끝없이 늘어나 법원의 업무(8.4장)가 마비될 것이다. 메타선진국에서 지적 재산권은 한정된 영역에서 제한된 기간 안에서 보호된다. 공개된 유용한 정보는 정해진 기간이 지나면 사회구성원 공동公同의 재산이 되어 자유롭게 이용되고, 또 다른 유용한 정보가 개발되는 기반이 된다.

　마지막으로 소개할 보상 방법은 명예의 인정이다. 사람들은 타인의 평판을 파악해서 어떤 상호작용을 할지 결정한다(4.1장). 하지만 메타선진국처럼 규모가 큰 집단에서는 개인이 모든 구성원의 평판을 파악하고 추적할 수 없다(4.2장). 하지만 이것은 평판을 숨기거나 속이기 쉬워졌다는 뜻이지, 평판이 아예 이용되지 않는다는 뜻은 아니다. 사람들은 여전히 상호작용할 상대의 평판 정보를 얻기 위해 노력하며, 상대에게 자신의 평판이 좋다는 신호를 보내려 애쓰고 광고한다. 이때 상대에게 신뢰할 수 있는 신호를 보낼 수단이 있다면 유용하게 이용될 것이다. 메타선진국은 이 사실을 이용해 긍정적 외부효과를 발생시킨 사람에게 상賞이나 훈장을 수여하기도 한다. 이것은 그 사람이 정부로부터 인정받아 신뢰할 수 있는 평판, 다시 말해 명예를 지녔다는 신호를 전달한다.*

이처럼 메타선진국은 다양한 방법으로 부정적 외부효과를 억제하고 긍정적 외부효과는 장려한다. 배제성 없는 재화가 공급, 관리되어 시민들의 고통은 줄어들고 행복이 늘어난다. 이 장에서 소개한 것만 정리하자면, 부정적 외부효과에는 직접 규제나 교정적 조세와 같은 방법이 쓰이고, 긍정적 외부효과에는 정부가 생산자와 계약해 발생시키거나, 보조금을 지급하거나 명예를 인정하거나 재산권을 보호하는 제도를 운영하기도 한다.

---

* 　2.4장에서 언급했듯 이것은 사람들이 자신의 평판을 일일이, 의식적으로 계산하며 명예로운 행동을 선택한다는 뜻이 아니다. 하지만 평판이 좋은 개체가 사회라는 환경에서 포지티브섬 상호작용의 기회가 늘어나(4.1장) 더 생존에 적합하다면, 명예를 얻을 때 긍정적 감정을 느끼도록 진화가 이루어질 수 있다.

하지만 외부효과에 대한 정부의 개입, 다시 말해 시장에서 거래되기 어려운 배제성 없는 재화를 공급, 관리하는 일은 앞서 소개된 계획경제의 단점을 일부 공유할 수밖에 없다. 대표적인 것이 초과수요와 초과공급이다. 일단 국방을 제공한다고 하면, 국방비를 얼마나 써야 할지 결정해야 한다.** 국방은 배제성이 없어 시장에서 거래되지 않고, 따라서 시민들의 실제 선택에 기반해 선호와 기회비용의 정보를 전달하는 균형가격이 형성되지 않는다. 메타선진국은 설문조사 등의 방법으로 시민들의 선호를 추정할 텐데(어려운 말로 비용 편익 분석을 한다고 말한다), 8.5장에서 보았듯 신뢰할 수 있는 선호 정보를 얻기 어렵다. 예를 들어, 국경 근처에 사는 사람은 국방의 유용성을 과장할 것이고 보다 안전한 곳에 사는 사람은 국방의 무용성을 과장할 것이다.

매연과 이산화탄소의 배출 허용량 결정부터 공공도로의 공급과 기초 학문 연구에 투입할 예산의 결정과 어느 영역까지 지적재산권을 보호할지 결정하는 것 등 정부의 모든 개입에 같은 문제가 발생한다. 게다가 각 정책의 행정 비용 또한 무시할 수 없다. 예컨대 매연 배출을 규제한다면, 비용 편익 분석을 실시하고 관련 법을 만든 뒤 각 대장간이 얼마나 매연을

**   특히 이 문제는 비유적으로 총과 버터(Guns and Butter)라고 불린다. 한정된 자원으로 국방(총)과 일상적인 재화(버터) 중 무엇을 생산할지 결정해야 한다는 뜻이다.

배출하는지 감시하고 위반이 있을 경우 대장장이를 처벌해야 하는데, 모두 비용이 드는 일이다.

정부의 개입이 이다지도 문제투성이라면 도대체 왜 개입하는 것일까? 민주주의와 법치주의를 채택한 메타선진국에서 모든 권력 사용은 법에 따라 이루어지고, 법의 기준은 시민의 동의다(7장). 이것은 물론 외부효과에도 적용된다. 메타선진국이 외부효과에 개입하는 이유는 시민들이 초과수요, 초과공급, 행정 비용이 발생하더라도 아예 개입하지 않는 것보다 낫다고 여기기 때문이다. 사람들이 완전히 자유로운 무정부 상태에 놓이는 것보다 약간의 압제가 있더라도 메타선진국에 사는 것을 선호한다는 7장의 내용과 일맥상통한다.

이 장에서는 이해를 돕기 위해 외부효과의 여러 예시를 들었지만, 메타선진국은 재산권을 행사할 수 있는 상황 대부분에서는 시장이 그 역할을 하도록 내버려둔다. 이것이 사소한 외부효과가 발생하지 않는다는 뜻은 아니다. 사소한 외부효과에 메타선진국이 개입하지 않는다는 뜻이다. 예를 들어, 누군가가 짧은 속옷을 사다 입어 효용을 얻을 때 그 사실을 알게 되어 부정적 감정을 느낀 사람의 외부효과를 해결하기 위해 생산되는 속옷의 길이에 반비례한 세금을 부과하거나 규제를 시행하지는 않는다. 메타선진국은 오로지 법의 영역, 다시 말해 국가가 자유를 제한하는 데 시민들이 거의 예외 없이 동의하는 영역(7.2장)에서만 외부효과에 개입한다.

다음 주제로 넘어가기 전에 외부효과의 정의를 다시 한 번 살펴보자. 외부효과란 어떤 사람이 보상을 받거나 대가를 치르지 않고 다른 사람의 효용을 증가 또는 감소시키는 것을 말한다. 이번에는 4장의 내용을 떠올려 보자. 사람들은 보상과 처벌 전략을 이용해 서로의 행동을 유도하고 있다. 하지만 인구가 많은 집단에서는 보상과 처벌을 피해 다른 사람으로부터 이득을 취하는 것이 가능해진다. 외부효과의 정의와 일치한다.

메타선진국의 기능은 외부효과의 내부화다. 메타선진국의 기능 대부분은, 외부효과를 사회 계약의 핵심인 보상과 처벌 전략의 영향권 안으로 되돌려 놓는 것으로 일반화될 수 있다. 그 결과 무임승차는 억제되고 포지티브섬 상호작용은 장려되어 보다 큰 협력이 가능해진다. 이때, 법 앞의 평등을 위해 보편적인 처벌 수단인 자유의 박탈(5.1장)과 보편적인 보상 수단인 돈(8.2장)이 주로 이용된다. 보상이란 긍정적 자극을 제공하거나 부정적 자극을 제거해 효용을 증가시키는 것, 처벌은 부정적 자극을 제공하거나 긍정적 자극을 제거해 효용을 감소시키는 것이다(4.1장). 따라서 박탈된 자유를 돌려주는 사면이나 가석방이 보상 수단으로, 돈을 빼앗는 벌금이나 조세가 처벌수단으로 이용되기도 한다.

자유를 박탈하는 징역형이나 벌금으로 도둑을 처벌하면 시민들이 도둑질 때문에 효용이 감소하는 일이 줄어든다. 온실기체의 배출에 세금을 부과하면 온실효과 때문에 사람들의 효용이 감소되는 정도가 억제되고, 포집에 보조금을 지급하면 효용이 증가한다. 계약을 이행하도록 강제하고 민사재판을 통해 과실이나 고의로 인한 손해를 배상하게 하면 다른 사람에게 손해를 끼치는 일이 줄어들고 포지티브섬 상호작용인 자유로운 거래가 활발해진다. 심지어 7.2장에서 언급한 폭발물 면허 제도는 면허 없이 폭발물을 사용하는 사람을 처벌해서 시민들이 일상에서 폭발에 휘말려 효용이 감소하는 일을 줄인다.

메타선진국은 자연선택에서 살아남은 선호와 시민조건을 지닌 개체들이 서로의 선호를 충족시키기 위해 대규모로 협력하는 곳이다. 그 방법은 제한된 법의 영역에서 보상과 처벌을 강제해 시민들이 바람직한 선택을 하도록 유도하는 것이다(4.2장). 이 두 문장을 장황하게 늘여 놓은 것이 이 책이다.*

---

*   시간 순서대로 말하자면, 객관적 윤리를 포기한 이후 여러 사례를 어수선하게 늘어놓았더니 그것들이 이 문장들을 가리킨다는 것을 발견했다. 사람들과 공유하고 싶어질 만큼 놀라운 경험이었다.

9.2. 복지제도

> 동일한 규칙 아래에서 모두가 획득할 수 있는 사적 재산을 단지 일부의 사람만이 실제로 획득에 성공한다고 해서 이를 특권이라고 부르는 것은 특권이라는 용어로부터 그 의미를 박탈하는 것이다.
>
> ○『노예의 길』, 프리드리히 하이에크

> 프롤레타리아가 잃을 것은 쇠사슬뿐이다.
>
> ○『공산당 선언』, 카를 마르크스

메타선진국의 특징 중 하나는 복지제도를 운영하는 복지국가라는 것이다(1.3장). 복지제도의 기능은 메타선진국의 여느 정책들과 마찬가지로 외부효과로 설명될 수 있다. 그 기능을 설명하기 전에, 그 목적에 대해 이야기해 보자. 복지제도를 운영하는 목적으로는 흔히 경제적 평등, 그중에서도 기회의 평등이 지목된다. 하지만 선진국들을 관찰한 결과 이 목적을 달성했거나 정말로 달성하려는 곳은 찾아볼 수 없었다.

　우선 경제적 평등은 기회의 평등, 그리고 그와 대응하는 결과의 평등으로 딱 잘라 나누어지지 않는다. 그렇지만 여기에서는 일단 사람들이 흔히 생각하는 것처럼 가처분 소득을 경제적 결과라고 하고, 그 소득을 얻을 수 있는 능력을 경제적 기회라고 한 뒤 논의를 진행해 보자.

오늘날 선진국에서 대놓고 경제적 결과의 평등을 요구하는 사람은 거의 사라진 것 같다. 메타선진국은 시민들의 재산권을 보호하는 자본주의를 채택했다(8.5장). 자본주의에서 사람들은 자신이 원하는 재화를 구입하기 위해 다른 사람의 선호를 충족시킬 재화를 생산하고 돈을 번다(8.2장). 이렇게 버는 소득이 재화를 생산할 유인으로 작동하는 것이다. 역사에서 교훈을 얻은 덕분인지, 사람들은 모든 사람의 가처분 소득을 그들의 생산성과 관계없이 똑같이 만든다면(경제적 결과의 평등), 이 유인이 제거되고 재화가 생산되지 않아 모두가 고통받을 것이라는 사실을 대체로 이해하는 것처럼 보인다.

이제 복지제도의 목적이 경제적 기회의 평등이라고 말할 수 있다면 마음이 편하겠지만 여기에도 문제는 만만찮다. 그것은 사람들의 경제적 기회를 비교하기 곤란하다는 것이다. 생산자들은 저마다 비교우위가 있는 전문화된 분야에서 재화를 생산한다(8.1장). 이처럼 전문화된 분야에서 생산이 이루어지다 보니 그 분야마다 기회가 되는 요소가 달라질 수밖에 없다. 예를 들어, 키가 큰 사람은 농구 선수가 되기 유리하다. 그런데 경마에서 말을 타는 기수는 키가 작은 사람이 유리하다. 키가 작을수록 몸무게가 적게 나가고, 말이 더 빨리 달릴 수 있기 때문이다. 그렇다면 경제적 기회는 키가 큰 사람에게 유리한가, 키가 작은 사람에게 유리한가? 분야에 따라 다르다.

게다가 사람들의 선호는 수정 가능하고, 변화한다(2.4

장). 그리고 자본주의에서 사람들은 다른 사람의 선호를 충족시키고 돈을 번다. 이 말인즉 사람들의 선호가 바뀌면 돈을 버는 능력, 다시 말해 경제적 기회가 변화한다는 뜻이다. 가수에게 맑은 목소리가 유리한가, 허스키한 목소리가 유리한가? 유행에 따라 다르다.

사실상 경제적 기회를 비교하는 것이 불가능하므로 평등하게 만드는 것도 불가능하다. 상황이 이렇게 복잡하다 보니 사람들은 비교적 측정하기 쉬운 어떤 요소를 경제적 기회와 동일시하는 휴리스틱에 빠지기도 한다. 그리고 아이러니하게도, 그 요소에는 경제적 결과가 자주 동원된다. "A가 B보다 가처분 소득이 많다. 따라서 A는 경제적 기회가 더 컸을 것이다"는 식이다. 결과를 측정해 놓고 기회를 측정했다고 착각하니 애초에 둘의 구분에 별 의미가 없다.

이 모델의 문제점을 지적하기는 쉽다. 사람들의 선택을 고려하지 않는다는 것이다. 경제적 결과란 어떤 사람이 자신의 경제적 기회를 가지고 선택을 해서 얻은 결과다. 이 휴리스틱은 경제적 결과를 얻는 과정에서 사람들의 선호와 선택을 무시한다는 점에서 부정확하다. 극단적인 예시로 같은 소득의 A와 B가 각각 1달러씩 내놓고 가위바위보를 한다고 하자. A가 이겨 판돈 2달러를 차지했다. 그렇다면 A가 B보다 가처분 소득이 많은 이유가 경제적 기회가 달랐기 때문인가?

이 모델을 기반으로 기회의 평등을 추구한다면 어떤 일

이 일어날까? 결과로 측정된 기회의 평등 추구는 메타선진국의 윤리, 특히 법 앞의 평등과 동시에 성립할 수 없다. 이는 경제나 소득이 아닌 영역에서도 일반적으로 적용된다. 교도소의 수감률을 예로 들어 보자. 5장에서 살펴보았듯 메타선진국은 범죄를 저지른(다는 선택을 한) 사람을 교도소에 가둬 처벌한다. 이때 전 국민을 임의의 기준으로 나누어 조사했더니 A집단의 수감률이 B집단의 수감률보다 낮았다고 하자. 그 원인이 경찰이나 판사 같은 공무원들의 부패라면 그것은 그것대로 큰 문제다. 그러나 공무원이 부패한 것이 아니라면, 분별 있는 사람은 A집단이 B집단보다 크거나 많은 범죄를 저질렀다는 결론을 내릴 것이다. 하지만 여기에 사람들의 선택(범죄)을 무시하는 휴리스틱을 적용하면 다음과 같은 결론을 얻는다. A집단이 B집단보다 수감률이 낮다. 따라서 (B집단과 똑같이 범죄를 저질렀어야만 하는) A집단은 수사를 더 잘 피했을 것이다. 여기에서 결과는 수감률, 기회는 범죄를 저지르고 수사를 피하는 능력에 해당한다.

이제 이 결론으로부터 기회의 평등을 추구해 보자. 이를 위해서는 A집단의 수감률을 높여야 한다(B집단의 수감률을 낮춰도 된다). 간단한 방법으로 법을 A집단에 불리하게 바꾸면 된다. A집단에 한해 범죄가 성립하는 기준을 낮추거나 같은 범죄의 형량을 높이는 것이다. 또 다른 방법으로 법은 그대로 두되, 공무원들이 A집단에게 불리하게 법을 적용하거나 그냥

마구잡이로 잡아 가둘 수도 있다. 간과되기 쉬운 세 번째 방법도 있다. A집단의 선호와 선택을 무시하고 더 많은 범죄를 저지르도록 강제하는 것이다.

보다시피 세 방법 모두 메타선진국의 윤리와 공존할 수 없다. 첫 번째 방법을 실행할 때 법 앞의 평등이 무너진다는 사실은 설명이 필요 없다. 두 번째 방법도 같은 법이 개인이 속한 집단에 따라 다르게 적용된다는 뜻이므로 마찬가지로 법 앞의 평등(6.1장)이 성립하지 않는다. 만약 이 과정이 공무원의 자의로 이루어졌다면 법치주의(7.3장) 또한 함께 붕괴한다. 세 번째 방법에서는 개인이 자신의 선호대로 행동할 자유(3.1장)를 잃는다.

위와 같은 방법을 언제까지 적용해야 할까? 결과가 같아질 때까지, 그러니까 수감률이 같아질 때까지 적용하면 된다. 수감률이 같아지면 수사를 피하는 능력이 평등해졌다는 결론을 내릴 수 있다. 기회를 결과로 측정하기 때문이다. 게다가 6.1장에서 보았듯, 집단을 나누는 기준은 무수히 많으므로 그 모든 기준에 이 방법들을 반복적으로 적용해야 비로소 평등을 이룰 수 있다. 결국, 개인 단위로 결과의 평등을 직접 추구하는 것과 별반 다를 것이 없다. 범죄 수사를 전면 중단하고 전 국민을 무작위 추첨하여 감옥에 수감시키면 정책 목표(수감률의 평등)에 근접할 수 있을 것 같기는 하다.

지금까지의 논의를 정리해 보자. 메타선진국은 경제적

결과의 평등을 추구하지 않으며 경제적 기회는 비교가 불가능하고, 결과로 측정된 기회의 평등은 어떤 종류이건 메타선진국의 윤리와 동시에 성립할 수 없다.* 그런데도 사람들은 오른손이 없는 사람에게 의심의 여지 없이 경제적 기회가 적다고 합의할 수 있을 것이다. 국민들이, 사실이 민주적으로 결정된다는 비현실적인 신념에 사로잡혀 있는 민주국가를 상상해 보자. 이 가상의 국가는 매년 열리는 사실 공포公布 주간에 다음과 같은 국민투표 결과를 사실로써 선언했다. ① 객관적 윤리는 존재한다. ② 경제적 기회의 평등은 객관적 윤리에 해당하며, 따라서 추구해야 할 정의다. ③ 오른손이 있는 사람은 그렇지 않은 사람보다 경제적으로 유리한 기회를 가진다. (④ 용의 비늘은 마름모꼴이다.)

곰곰이 생각해 보면 경제적 기회의 평등에는 사뭇 섬뜩한 면이 있다. 원래 손과 다름없는 의수를 만들 수 있거나 손을 자라게 하는 기술이 있다면 다행일 것이다. 그렇지 않다면 모든 사람의 오른손을 잘라내야 한다. 그것이 평등하고, 정의이기 때문이다. 이 나라의 거리에는 오른손이 없는 사람들만 보일 것이다. 아니, 길거리에 사람이 보이지 않을 것이다. 다음

---

*   나는 누군가 평등이라는 단어를 법 앞의 평등, 경제적 평등, 결과의 평등, 기회의 평등, 결과로 측정된 기회의 평등 등을 구분하지 않고 마구잡이로 사용할 때 유익한 논의는 포기하는 것이 마음이 편하다는 것을 깨달았다. 6장에서 편집증적으로 평등이라는 단어에 '법 앞의'라는 수식어를 붙인 이유다.

국민투표 안건에 왼손과 두 발이 올라오는 것은 시간문제이기 때문이다. 정의를 집행하는 마지막 공무원에게도 정의를 실현하기 위해 정부 주도로 자동화된 정의 구현 기계를 개발하게 될까? 기계 이름은 프로크루스테스**가 어울릴 것 같다.

메타선진국의 복지제도는 경제적 평등을 제공하지 않는다. 그렇다면 메타선진국의 복지제도가 실제로 수행하고 있는 기능은 무엇인가? 그것은 주기적으로 경제적 결과의 최저한을 보장함에 따른 기회의 끊임없는 제공이다.

사실 경제적 결과와 경제적 기회 사이에는 독특한 관계가 있다. 그런 의미에서 경제적 결과를 통해 경제적 기회를 측정한다는 휴리스틱에 아예 일리가 없는 것은 아니다. 다만 그 인과관계를 보다 면밀히 따져볼 필요가 있다. 사람들은 자신이 소유하거나 빌린 생산 수단에 노동을 더해 재화를 생산하고(8.1장) 돈을 번다. 문제는 돈을 벌기 위해 돈이 필요하다는 것이다. 생산 수단을 구입하고 빌리는 것은 공짜가 아니다. 게다가 사람들은 교육 등을 통해 자신의 노동 생산성을 높이곤 하는데, 이 또한 돈이 드는 일이다.

이처럼 돈을 벌기 위해 돈이 필요하다는 말은 오늘의 경제적 결과가 내일에는 경제적 기회로 작용한다는 뜻이 된

**   그리스 신화의 인물로, 행인을 붙잡아 자신의 철(鐵) 침대에 눕히고 침대보다 키가 크면 다리를 자르고 작으면 몸을 늘려서 죽였다고 한다.

다. 이 특성이 앞서 경제적 평등이 기회의 평등과 결과의 평등으로 딱 잘라 나누어지지 않는다고 언급한 이유다. 과거의 경제적 결과가 미래에 경제적 기회로 역할 하므로, 마치 건설 현장에 설치된 안전망이 사람이 빠른 속도로 딱딱한 땅바닥에 부딪히는 것을 막아주는 것처럼, 복지제도를 통해 경제적 결과가 어떤 수준 아래로 떨어지지 않도록 보장된다면* 시민들에게는 계속해서 경제적 기회가 주어지는 효과가 있다.

더구나 복지제도를 통해 제공되는 기회는 단순히 경제적 기회에 한정되지 않는다. 현대의 선진국에서 생산은 극도로 전문화되어 있다. 시민들은 태어나서 죽을 때까지 다른 사람이 생산한 재화를 소비한다. 노동 생산성을 높이는 일은 둘째 치고, 적절한 영양을 섭취하여 생산성을 유지하거나 그저 생존을 지속하는 것에도 계속 돈이 나간다. 이런 의미에서 복지제도가 제공하는 것은 단순한 경제적 기회를 넘어선다. 시민들은 복지제도로부터 다양한 종류의 기회를 얻는다. 극단적으로는 생존의 기회이며, 무언가에 도전할 기회이기도 하다. 만약 지원이 화폐로 이루어진다면 이 속성은 더욱 두드러진다. 보편적 보상수단인 화폐(8.4장)를 원하는 재화나 서비스로 교환할 수 있기 때문이다.**

---

*   채무자의 파산 제도나 투자자에 대한 유한책임 제도도 비슷한 역할을 한다.

**   이 말은 그렇지 않은 국가에 비해서, 복지제도를 운영하는 선진국에 사는 것만으로 보상을 받는 것과 같은 상태라는 것을 암시한다.

그래서 시민들에게 기회를 제공해 주는 것이 무슨 외부효과를 발생시킨다는 것일까? 결론부터 말하자면 메타선진국의 지속이라는 긍정적 외부효과가 발생한다. 메타선진국은 사람들이 살고 싶어 하는 국가다. 이때 메타선진국이란 특정한 국가를 말하는 것이 아니라, 메타선진국의 윤리를 따르는 국가의 한 상태를 일컫는다(1.3장). 어제까지 선진국이었던 국가는 갑작스러운 사건으로 선진국이 아니게 될 수도 있다. 따라서 메타선진국의 윤리, 다시 말해 사람들이 원하는 국가의 상태가 유지(되어서 그들의 선호가 충족)된다면 긍정적 외부효과가 발생한다고 할 수 있다.

복지제도가 메타선진국을 지속시킬 수 있는 이유는 메타선진국의 제도가 단기보다 장기에서 유용하기(행복 추구에 도움이 되기) 때문이다. 2.6장에서 살펴보았듯 미래를 더 멀리 예측할수록 오류가 누적되기 때문에, 사람들은 먼 미래의 감정보다 가까운 미래의 감정을 더 생생하게 느낀다. 현재 생산성이 낮은 사람은 미래에 비교우위가 있는 분야를 찾아 생산성을 높일 가능성이 있다. 장기적으로는 그렇다. 그러나 지금 당장 생산성이 낮기 때문에 생산성을 높이는 데 투자할 돈을 벌기 어렵고, 돈이 없기 때문에 생산성을 높이기 어렵다는 악순환에 빠진다.*** 이 악순환에서 빠져나오는 것은 불가능하지는

***　　이는 '부익부 빈익빈'이라는 현상의 일부다. 이 현상은 과거의 경제적 결과가

않지만 동시에 불확실하다. 엎친 데 덮친 격으로 생존조차 어렵다면 사태는 더욱 심각하다.

3.1장에서 보았듯 선호의 충족은 효용(행복)의 증가와 같은 말이다. 8장에서는 개인이 효용을 얻을 수 있는 것은 재화라고 하며, 개인은 전문화된 영역에서 재화를 생산해 번 돈으로 원하는 재화를 구입해 자신의 선호를 충족시킨다는 것을 살펴보았다. 어떤 사람의 생산성이 높아져 다른 사람들의 선호를 더 많이 충족시켜줄수록, 더 많은 돈을 벌고, 더 많은 효용을 얻고, 더 많은 선호를 충족시킬 수 있다는 것이다. 반대로, 생산성이 낮아져 악순환에 빠지면 선호를 충족시킬 기회가 적어진다. 잃을 것이 줄어드는 것이다.

이런 상황에 놓인 사람이 근시안적인 선택을 하는 것은 충분히 합리적이다. 예컨대 생존이 위협받을 정도로 생산성이 낮은 사람이 빵을 훔치거나 하는 현상에는 그다지 놀랄 만한 요소가 없다. 메타선진국은 형벌을 이용해 범죄를 예방한다. 당연하지만 범죄가 발생한 이후 실제로 형벌이 가해질 때까지는 시간 차이가 존재한다. 당장 생존이 위험하다면 그보다 먼 미래의 형벌은 큰 고려사항이 되지 못한다. 심지어 숙식이 제

미래의 경제적 기회로 작용한다는 사실과, 평판을 고려해 거래 상대를 고르는 사람들의 습성으로부터 발생한다. 4.1장에서 보았듯 이미 만족스러운 거래를 여러 번 성사시켜 평판이 좋은 사람은 앞으로도 포지티브섬 상호작용인 자유로운 거래에 참여할 기회가 많아진다.

공되는 감옥에 가려고 일부러 작은 범죄를 저지르는 사례도 있다. 형벌이 효과가 있으려면 감옥 밖의 생활이 감옥 안의 생활보다 행복하게 여겨져야 한다.

잃을 것을 잃은 사람들의 근시안적인―그리고 합리적인―선택은 정치적인 영역으로 이어진다. 8장에서 보았듯 계약 이행의 강제와 재산권의 보호는 미래에 재화가 생산되는 원천이다. 하지만 생산성이 낮은 사람들은 생산성이 낮다는 바로 그 이유로 생산성을 높여 돈을 버는 것이 어렵다. 따라서 미래에 생산될 재화를 소비할 수 있다는 기대를 좀처럼 갖기 어렵다. 그 결과 미래의 생산을 고려하기보다 당장 생산된 재화를 더 많이 차지하려는 정치적 결정을 내리기도 한다. 재산권의 보호를 포기하는 것이다. 9.3장에서 다시 다루겠지만, 재산권의 보호가 적절한 수준에서 안정적으로 제한된다면 복지제도를 비롯해 메타선진국을 운영하는 재원이 될 수 있다. 문제는 악순환에 빠진 사람들이 다른 목적에 이용되는 경우다.

간접 민주제를 채택한 국가에서는 선거로 뽑힌 의원들이 법을 만든다. 그런데 의원들은 자기 자신의 선호를 충족시키려고 하는 개인들이다(7.1장). 이들은 종종 시민들에게 위임받은 권력을 이용해 금전적 이득을 취하거나, 더 끔찍하게는 자신이 객관적 윤리라고 믿어 의심치 않는 압제적 정의를 실현하려고 한다. 그리고 이들이 권력을 얻는 데 곧잘 이용되는 것이, 자신이 더 이상 잃을 것이 없다고 생각하는 사람들의 투표다. 실제로 1932년 바이마르 공화국 의원 선거에서 나치당이 원내 1당을 차지한 원인 중 하나로 1929년 시작된 세계 대공황으로 인한 독일 국민의 경제적 불안정이 꼽힌다. 당시 나치당을 이끌던 히틀러는 대공황의 원인으로 유대인을 지목하며 그들의 재산을 빼앗아 나누어 주겠다고 약속했다. 이후 독일 국민들은 그들에게 잃을 것이 남아 있었다는 사실을 깨닫게 된다.

게다가 사람들이 생산성을 잃는 사건은 언제나 일어난다. 단순히 사고나 질병으로 발생하는 경우도 허다하고, 혁신 또한 주요한 원인이다. 생산자들은 이익을 늘리기 위해 혁신을 일으키고, 그 결과 사람들의 선호가 변화한다(8.3장). 사람들의 변화한 선호를 따라잡지 못하는 생산자들은 생산성과 일거리를 잃게 된다. 생산성이란 타인의 선호를 충족시키는 능력이기 때문이다(8.2장). 물론 완벽한 미래 예측이 가능하다면 언제 어떤 사고, 질병, 혁신이 발생할지 정확히 알고 대비할 수 있을 것이다. 하지만 인지적 제한이 있는 인간에게는 불가능한 일이다(2.6장).

직업과 생산할 재화의 선택은 메타선진국에서 법 앞에 평등하게 보장된 개인의 자유다. 그러나 이 말이 개인이 생산한 재화를 구매해야 할 의무가 있는 누군가가 존재한다는 뜻은 아니다. 당신이 농부가 될지 어부가 될지 고민하고 있다면 메타선진국은 당신이 농부(또는 어부)가 되는 것을 법으로 금지하지 않는다. 하지만 당신이 실제로 농부가 되어 생산한 밀이 팔릴 것이라고 보장하는 법 또한 없다. 현실은 그 반대로, 거래 참여자 모두 상대와의 거래를 거절할 권리를 가진다. 만약 당신이 시장의 기준, 다시 말해 소비자가 기대하는 품질과 가격을 충족시키지 못한다면 자유로운 거래가 이루어지지 못해 조만간 시장에서 철수해야 할 것이다. 이는 혁신으로 시장의 기준이 바뀌었을 때도 똑같이 적용된다. 생산성과 일거리를 잃는 것이다(특히 혁신과 기술 개발의 결과로 직업을 잃는 현상을 '기술적 실업'이라고 한다).

위와 같이 사람들은 수시로 생산성을 잃고 그중 일부는 악순환에 빠진다. 일단 악순환에 빠지면 빠져나오는 것이 어려우므로—빠져나오기 어렵다는 특성이 바로 악순환이라고 불리는 이유다—이들의 비율은 계속 늘어난다. 한편 민주주의를 채택한 메타선진국은 충분히 많은 시민이 유용한 모델을 받아들이고 메타선진국의 윤리를 추구할 때에만 유지될 수 있다(7.2장). 메타선진국의 윤리를 기꺼이 포기할 사람들이 늘어난다는 것은 곧 메타선진국의 지속이 점점 더 위태로워진다는 뜻이다.

복지제도 없이 메타선진국이 지속될 수 있다는 생각은 비현실적이다. 메타선진국의 복지제도는 경제적 결과의 최저한을 보장하여 시민들에게 악순환에서 빠져나올 기회를 제공하고 메타선진국의 윤리를 포기할 필요가 없도록(더 이상 합리적인 선택이 되지 않도록) 돕는다. 기회가 제공된 시민들은 보다 먼 미래를 고려한 선호를 가질 수 있다. 지급된 보조금은 각 시민이 보다 필수적이라고 여기는 재화, 예컨대 음식, 물, 지붕과 벽이 있는 잠자리, 전기, 항생제, 그리고 의수 등을 구입하는 데 먼저 소비될 것이다.* 또한, 사람들은 복지제도를 이용해 새로운 일거리를 찾고 자신의 생산성을 높일 수도 있다. 이런 과정을 통해 필수재와 더불어 자본과 교육 서비스같이 사람들의 생산성을 높이는 재화의 지불용의가 늘어난다. 늘어난 지불용의에 따라 생산자들이 추가로 시장에 진입하고 혁신과 기술 개발이 가속화된다.

비행기 제조 회사는 코가 빛나는 순록을 걱정하는 설계자를 고용하지 않고, 지구가 평평하다고 믿는 비행기 조종사는 효율적인 항로를 계산할 수 없다. 높은 생산성을 가지기 위해서는 최소한 자신이 생산하는 재화와 관련된 분야에서는 현실적이고 유용한 모델을 이용할 줄 알아야 한다. 비교우위가 있는 분야를 찾고 생산성을 높이는 과정에서, 사람들은 유용한 모델을 더 많이 접하고 받아들이게 된다. 덧붙이자면, 드문 경우지만 복지제도가 없었다면 아무도 모르게 잊혔을 천재가

---

* 여기에서 필수적이라는 단어는 정의 카르텔이나 압제적 국가, 계획경제의 공무원에 의해 객관적으로 규정되는 것이 아닌, 사람들의 주관적 선호에 따라 다른 것보다 먼저 원하게 되는 것이라는 의미로 사용되었기 때문에 사실 이 말은 동어반복이다.

2부 선택된 윤리

재능을 키워 대단히 유용한 모델이나 정보(9.1장)를 개발할 수도 있다. 그렇다면 막대한 긍정적 외부효과가 발생할 것이다.

8.1장에서 보았듯 생산성이 높은 사람은 포지티브섬 상호작용인 자유로운 거래를 통해 다른 사람의 삶의 질을 높인다. 사람들의 생산성이 높아진다는 것은 더 큰 이익의 거래를 할 수 있는 잠재적 상대가 늘어난다는 것을 뜻한다. 메타선진국의 복지제도는 서로의 삶의 질을 높이는데 협력할 준비가 되어 있고, 형벌을 무릅쓰거나 메타선진국의 윤리를 포기하기에는 잃을 것이 많은 이웃을 공급한다는 점에서 긍정적 외부효과를 발생시킨다.

9.3. 세금

대표 없이 과세 없다.
○ 표어

강변 마을 사람들은 고민에 빠졌다. 마을이 번성할수록 도둑질이 기승을 부리는 것이다. 문제는 도둑을 잡는 일, 즉 방범 서비스에 배제성이 없다는 점이다. 일단 도둑이 줄어들면 마을 사람들 모두가 효용을 얻는다. 긍정적 외부효과를 일으키는 방범 서비스는 시장을 통해 공급되지 않고 있었다.

사람들은 마을 회의를 열어 매일 한 명씩 돌아가며 순찰을 하기로 했다. 하지만 얼마 안 가 이 방법이 비효율적이라는 것을 깨닫는다. 농부가 순찰을 하는 날에는 농사를 짓지 못하는 데다, 도둑을 발견하더라도 놓치기 일쑤였다. 만약 순찰만 전문으로 하는 사람이 있다면 다른 사람들은 자신이 잘하는 일에 집중할 수 있고 도둑도 더 잘 잡힐 것이다. 각자 잘하는 일을 맡아서 하면 총생산량이 증가한다(8.1장).

그런데 어떤 사람이 매일 방범 서비스를 제공한다면 그는 다른 재화를 생산하고 원하는 재화로 교환할 기회를 포기해야 한다. 포기해야 할 기회비용 이상의 보상이 없다면, 그는 방범 서비스를 제공하지 않을 것이다. 이 문제의 한 가지 해결 방법은 8.5장에서 힌트를 얻을 수 있다. 무엇을 생산할지 지시받고 그 지시를 거부할 수 없는 사람인 노예에게 그 일을 시키는 것이다. 물론 시민조건(6.2장)을 갖춘 데다 자유가 제한되는 상황을 벗어나려는(3.1장) 개인으로 구성된 노예들에게 업무상 간혹 폭력을 사용할 일도 있는 치안 유지를 맡긴다는 것은 그다지 지속 가능한 방법처럼 보이지 않는다.

마침 이 마을에는 노예제도가 없어도 이 문제를 해결할 수 있는 도구가 있다. 돈이다. 돌아가며 순찰을 하는 대신, 사람들에게 돈을 걷어 방범 서비스 생산자, 이를테면 경찰을 자유로운 거래로 고용한다면 문제가 해결된다. 경찰 업무에 유용한 나무 수갑과 같은 자본 또한 목수를 노예로 만드는 대신 시장에서 구입해 지급할 수 있다.

메타선진국의 운영도 크게 다르지 않다. 메타선진국 또한 시민들에게 돈을 걷어 시민의 일부를 공무원으로 고용하고, 시장에서 여러 자원과 자본을 사들여 지금까지 살펴본 각종 정책을 실행한다. 이렇게 걷는 돈을 '세금'이라고 한다. 법치주의를 따르는 메타선진국은 모든 권력 사용에 법적 근거를 요구하므로(7.3장), 시민들에게 강제되는 세금의 징수 또한 의회에서 결정된 세법에 따라 이루어진다. 보다시피 세금으로 국가를 운영한다는 것은 결국 시민들이 자유롭게 쓸 수 있던 자원 일부를 강제로 정부의 정책에 사용한다는 뜻이다. 세금을 걷어 경찰을 고용하면 그가 선택할 수 있던 다른 재화의 생산이 포기되고, 나무 수갑을 구입하면 낚싯대나 삽자루를 만들 수 있던 원목이 사용된다. 총을 더 많이 만들면 버터는 덜 만들어진다.

한편 돈을 걷는다는 특성상, 생산성이 높고 돈과 재산이 많은 사람으로부터 세금을 더 많이 걷을 수밖에 없다. 돈이 없는 사람에게서 돈을 걷을 수는 없다는 간단한 이유에서다. 세금을 무엇에 부과할지 여러 의견이 있지만, 여기에서는 사람들에게 익숙한 소득세를 예로 들어 보자(계산의 편의를 위해 공제나 누진 세제는 없다고 치자). 소득이 각각 4달러와 36달러인 A와 B로부터 10달러의 세금을 걷으려면 어떻게 해야 할까? A로부터는 아무리 많아 봐야 4달러밖에 징수하지 못하므로, 10달러를 채우기 위해서는 B로부터 최소 6달러를 걷어야 한다. 같은 논리로 시민 중 소득이 0달러인 사람이 한 명이라도 있으면, 시민들에게 모두 같은 금액의 세금을 부과해 0달러보다 큰 세수(조세수입)를 확보할 수 없다. 이것은 수학적으로 불가능하다. 그런데 사람들이 생산성과 소득을 잃는 사건은 언제나 일어난다(9.2장). 시민 중 소득이 없는 사람이 누구인지는 계속 바뀔지언정, 항상 존재한다는 뜻이다.

돈이 많은(담세력이 큰) 사람이 더 많은 세금을 부담한다
는 것은 언뜻 법 앞의 평등에 어긋나 보인다. 하지만 법 앞의
평등이란 개인의 선택에 같은 규칙이 적용되는 상태를 말한
다. 그러므로 규칙을 잘 정하면, 돈이 많은 사람이 더 많은 세
금을 부담하면서도 법 앞의 평등을 같이 이룰 수 있다. 위 문단
의 예시에서 재화를 생산하고 소득을 얻는다는 개인의 선택에
세금을 부과해 보자. 누구든지 1달러(100센트)를 벌 때 25센트
를 세금으로 낸다는 동일한 규칙(소득세율 25%)을 적용하면, A
로부터 1달러(4×0.25), B로부터 9달러(36×0.25)를 징수해 법 앞
에 평등하게 세수 10달러(1+9)가 확보된다.

8.5장과 9.1장을 주의 깊게 읽은 독자라면 세금이 재화
의 생산과 거래를 처벌하는 효과가 있다는 것을 눈치챘을 것
이다. 조세는 본질적으로 재산권의 제한이다. 시민들의 재산이
자 보편적인 보상 수단인 돈을 빼앗아 긍정적 자극을 제거한
다. 따라서 세금을 부과하면 사람들이 재화를 생산하고 돈을
벌 유인이 줄어들 것이라고 추론할 수 있다.* 세금은 생산성을

---

*　　소득, 소비, 소유한 재산 등 어디에 부과하느냐에 따라 약간의 차이는 있다. 예
　　컨대 소비세는 소득세보다 자본 축적(8.1장)을 촉진하는 효과가 있다. 재화를
　　생산해 번 소득은 자본에 투자되거나 최종 재화에 소비된다(8.3장). 사람들은
　　최종 재화를 소비하기 위해 재화를 생산하므로(8.5장), 소득과 소비 어느 쪽에
　　과세하건 생산이 저해될 것이다. 소득세는 번 소득이 투자에 쓰이는지 소비에
　　쓰이는지 구별하지 않고 과세하는 반면, (부가가치세를 비롯한) 소비세의 경우
　　소득이 투자에 쓰였을 때 축적된 자본으로부터 얻은 소득으로 최종 재화를 소
　　비할 때까지 과세가 미뤄지므로 비교적 투자가 장려된다.

처벌한다. 이것이 세금이 세율에 비례해 걷히지 않는 이유다.

　　세금에 관한 흔한 오해 중 하나는 세수가 세율에 비례한다는, 더 심각하게는 무한정 세금을 걷을 수 있다는 것이다. 하지만 위에서 살펴보았듯 무작정 세율을 높인다고 항상 세수가 늘어나지는 않는다. 만약 세율이 0%라면 당연히 세수는 0이다. 그런데 세율이 100%라고 해도 세수는 0에 가까울 것이다. 얻은 소득을 전부 세금으로 내야 한다면 사람들이 굳이 고생해서 소득을 얻으려 하지 않을 것이기 때문이다. 따라서 가장 많은 세수를 얻을 수 있는 세율(세수 최대화 세율이라고 하자)은 0%와 100% 사이 어딘가에 존재할 것이다.* 이것은 너무나 당연하지만 종종 간과되는 사실을 시사한다. 정부가 사용할 수 있는 자원이 한정되어 있다는 것이다.

　　정부가 정책을 실행한다는 것은 어떤 의미를 지닐까? 개인, 집단, 국가, 그 무엇이 되었건, 사용할 수 있는 자원이 한정되어 있다는 말은, 그 한정된 자원을 이용하는 무언가를 선택하기 위해 반드시 다른 무언가를 포기해야 한다는 것을 뜻한다. 예컨대 목수는 사용할 수 있는 원목이 한정되어 있다. 손에 든 나무로 낚싯대를 만들기로 결정했다면, 바로 그 나무로 동시에 삽자루를 만들 수는 없다. 마찬가지로 정부가 걷을 수

---

*　이것을 그림으로 그리면 U자를 뒤집어 놓은 모양의 그래프가 나올 것이다. 경제학자 아서 래퍼가 식당에서 즉흥적으로 냅킨에 그려 설명했다는 일화로부터 '래퍼 곡선'이라 불린다.

있는 세금과 걷은 세금으로 구입, 사용할 수 있는 자원은 한정되어 있다. 따라서 정부가 한 정책을 실행하기 위해서는 다른 무언가를 희생해야 한다. 그것은 다른 정책이 될 수도 있고 시민들의 자유와 생산성이 될 수도 있다.

어떤 국가가 짧은 속옷 착용을 규제하기 시작한다고 할 때, 이 결정은 경찰과 판사의 업무를 늘리므로 도둑질 같은 기존 범죄를 수사하고 판결할 시간을 빼앗는다. 기존 범죄의 처리를 조금도 소홀히 하지 않으려면(희생하지 않으려면) 경찰과 판사를 추가로 고용하고 경찰서, 법원, 교도소를 증축해야 한다. 물론 세금이 사용되는 일이다. 그렇게 사용된 세금은 다른 정책, 예컨대 복지제도 등에 사용될 수 있던 돈이다. 정부가 정해진 예산 내에서 어떤 정책을 실행하는 것은, 그렇게 하지 않았다면 실행되거나 유지될 수 있었던 다른 정책을 포기하고 바로 그 정책을 선택한다는 것을 뜻한다.

다른 정책을 포기하지 않는 방법도 있다. 세율을 높여 세금을 더 많이 걷는 것이다. 물론 세수 최대화 세율에 도달하기 이전에만 사용할 수 있다. 이 경우에는 다른 것이 희생된다. 세금을 더 많이 걷으면 재화를 생산할 유인이 줄어든다. 앞서 보았듯 세금은 시민들이 재산을 자유롭게 소유하고 사용할 수 있는 권리인 재산권을 제한하기 때문이다. 시민들의 자유와 생산성이 희생되는 것이다. 이처럼 정부의 정책은 다른 정책 또는 시민의 자유를 대가로 실행된다. 거꾸로 말하면, 어떤 정책의 폐지나 축소, 비용 효율 개선은 다른 정책을 실행하거나 세율을 낮춰 시민에게 자유를 돌려줄 기회가 된다.

지금까지의 논의에 덧붙여, 세금에 관한 또 다른 오해는 조세가 무조건 국민의 생산성과 효용을 떨어뜨린다는 것이다. 세금에는 생산을 처벌하는 효과가 분명히 있다. 하지만 걷힌 세금이 적절한 정책에 쓰인다면, 그 효과를 상쇄시키고 결과적으로 국민의 생산성과 효용을 증가시키는 것이 가능하다. 메타선진국의 정책이 이 경우에 해당한다.

8장의 내용을 다시 떠올려 보자. 생산의 전문화는 재화의 총 생산량, 즉 시민들의 생산성을 증가시킨다(8.1장). 또한, 집중된 기술 개발을 가능하게 하고 혁신을 빠르게 보급시킨다(8.3장). 이 같은 전문화는 더 많은 상대와 거래할 수 있을 때 가속화된다(8.1장). 만약 생산한 재화를 자유로운 거래를 통해 원하는 재화로 교환할 수 없다면, 전문화가 이루어지지 않아 비효율적인 자급자족에 의존해야 할 것이다. 종합하면, 생산이 전문화되고, 시민들의 생산성이 높아져, 더 많은 재화를 소비해 효용을 증가시키기 위해서는 거래가 쉬워야 한다. 자유로운 거래를 방해하는 거래 비용이 낮아야 한다는 뜻이다.

하나의 거래가 이루어지기까지 참여자들은 다양한 수고와 비용, 즉 '거래 비용'을 들인다. 만약 거래 비용이 거래에서 얻을 수 있는 이득보다 크다면 자유로운 거래는 이루어지지 않을 것이다. 다시 말해 거래 비용이 낮아진다면 거래가 더 활발히 일어날 것이다. 재화를 안전하게 보관하고 상대에게 전달하는 비용도 거래 비용에 속한다. 메타선진국의 도둑과 강도를 처벌하고(8.5장) 공공도로를 제공하는(9.1장) 정책에는 이 비용을 줄이는 기능이 있다.

거래 비용의 또 다른 예시는 정보 수집 비용이다. 자유로운 거래가 서로의 행복을 증가시키는 포지티브섬 상호작용이 되기 위해 충분한 정보가 필요하다는 것은 8.4장에서 이미 살펴보았다. 손해를 피하려는 거래 참여자들은 재화의 품질이 어떤지, 상대가 계약을 제대로 이행할 것인지 파악하느라 애쓴다. 만약 상대가 계약을 지키지 않거나 분쟁이 발생한다면 이를 바로잡기 위한 비용이 추가로 발생하는 데다 보복의 연쇄로 발전할 가능성까지 있다. 8.4장에서 뒤이어 소개된 정보 공개의 강제, 상표권 보호, 허위 광고 금지, 사기를 처벌하는 정책들, 표준적인 거래 조건과 평화적으로 분쟁을 해결할 민사 재판의 제공, 마지막으로 이들 못지않게 중요한 계약 이행의 강제는 시민들의 정보 수집 비용과 인지적 부담을 크게 줄여 준다.*

---

* 이외에 메타선진국은 일정 품질 이상의 재화만 생산하도록 강제해서 시민들의 정보 수집 비용을 줄이기도 한다. 재화의 품질 하한이 설정된다고 할 수 있다. 예시로 7.2장에 언급된 건축법이 있다. 건축법은 쉽게 무너지는 건물을 짓지 못하도록 강제해서 사람들이 건물에 들어갈 때마다 건물의 안전 정보를 파악할 필요가 없도록 돕는다. 심지어 공공도로에서 자동차의 진행방향을 오른쪽과 왼쪽 중 하나로 통일시키고 신호등의 지시를 따르도록 강제하는 법 또한 교통사고율과 운전할 때 필요한 인지적 부담을 줄인다.

그뿐만 아니라 메타선진국은 타인에게 피해를 줄 자유를 제한하고(4.2장), 자유로운 거래가 일어나기 어려운 배제성 없는 재화를 직간접적으로 공급하거나 거래를 가능하게 만들어(9.1장) 시민들의 효용을 증가시키는 정책을 펼친다. 형사재판을 통한 범죄의 처벌(5장), 효용을 떨어뜨리는 환경오염의 규제, 국방 서비스의 공급, 기초 학문 연구의 보조금 지급, 특허권과 저작권 보호 등(9.1장)의 정책이 그것이다. 적절히 사용된 세금은 국민의 생산성과 효용을 증진시킨다.

국가의 모든 정책은 국민의 자유를 이중으로 제한한다. 정책의 실행 그 자체로 한 번, 그 정책을 실행할 세금의 징수로 또 한 번. 자유민주주의의 과도기였던 근대는 혁명의 시기였다(3.1장). 영국의 명예혁명, 미국 독립 혁명, 프랑스 혁명이 대표적인데, 이들로부터 각각 탄생한 권리장전, 미국 독립선언, 인간과 시민의 권리선언에서 저마다 한 번씩 세금을 언급하는 것은 전혀 놀랍지 않은 일이다.*

마지막으로 반복하지만 민주주의와 법치주의를 채택한 메타선진국은 시민의 동의로 법을 만들고 정책을 실행해 압제

---

*
- levying taxes without grant of Parliament is illegal.
  (Bill of Rights 1689, 영국 명예혁명)
- For imposing Taxes on us without our Consent.
  (United States Declaration of Independence, 미국 독립 혁명)
- Article XIV － Each citizen has the right to ascertain, by himself or through his representatives, the need for a public tax.
  (Declaration of the Rights of Man and of the Citizen, 프랑스 혁명)

를 피한다(7장). 국가의 어떤 정책에 동의한다는 것은 그 정책의 내용뿐 아니라 그 정책을 실행하기 위한 세금의 지출과 징수까지 동의한다는 의미다. 시민들의 동의하에, 세금은 비압제적일 수 있다.

9.4. 메타선진국의 국제 관계

한 나라의 경제발전 수준이 높아져 맥도날드 체인을 먹여 살릴 만큼 두꺼운 중산층을 갖게 되면 이 나라는 '맥도날드 국가'가 된다. 맥도날드 국가의 국민들은 더 이상 전쟁을 좋아하지 않고 햄버거를 사기 위한 줄에서 기다리기를 더 좋아한다.

○ 『렉서스와 올리브나무』, 토머스 프리드먼

이 책의 주제는 개인이 지닌 주관적 선호를 이용해 메타선진국의 윤리가 작동하는 메커니즘을 설명해 보는 것이다. 국가들 사이에 벌어지는 국제관계는 이 주제를 넘어서지만, 복수複數의 선진국이 존재할 때 발생하는 현상이 흥미로워 간단히 살펴보려고 한다.

메타선진국은 기본적으로 외부의 위협으로부터 시민들을 보호한다(6.3장). 이것이 서로에게 이득이 되는, 다른 국가와의 포지티브섬 상호작용까지 거절한다는 뜻은 아니다. 그런데 국가들의 상호작용을 관찰해 보면 자연스럽게 어떤 전략을 따르는 것이 발견된다. 그렇다, 보상과 처벌 전략이다.* 우호적인

---

* 특히 국제 관계에서는 '호혜성의 원칙'이라고 불린다.

국가에는 이익을 제공(또는 불이익을 제거)하고, 적대적인 국가에는 불이익을 제공(또는 이익을 제거)하는 것이다(4.1장).

한편 국가 간의 상호작용에는 개인 간의 그것과 크게 구별되는 특성이 있다. 4.2장에서 보았듯 충분히 많은 상대에게 접근 가능한 개인은 보상과 처벌을 피해 무임승차가 가능하고, 그것이 내시 균형이 된다. 이때 메타선진국은 법의 영역에서 보상과 처벌을 강제해 내시 균형을 협력으로 되돌려 놓는다. 하지만 영토가 지질학적 판Plate에 고정되어 있다는 특성상, 국가는 상대에게 이득을 얻거나 피해를 준 뒤 평판에 영향을 끼치지 않고 도망치는 것이 불가능하다. 덕분에 보복의 연쇄라는 위험이 여전히 존재할지라도, 협력(포지티브섬 상호작용)하기 위해 보상과 처벌을 대리하거나 강제할 무언가를 필요로 하지 않는다.

협력의 경향은 특히 메타선진국의 윤리를 따르는 국가들에서 보다 두드러져 보인다. 선진국들 사이에서는 실제로 협력이 이루어지고 있을 뿐 아니라 결국에는 상대가 협력을 선택할 것이라는, 최소한 전쟁을 하지는 않을 것이라는 모종의 신뢰까지 느껴진다. 흔히 '민주적 평화Democratic peace'라는 이론으로 설명되는 현상이다.

국민의 입장에서 전쟁은 국가 간에 발생하는 대표적인 네거티브섬 상호작용이다. 그리고 메타선진국의 정책은 시민들의 선호에 따라, 다시 말해 민주적으로 결정된다(7.1장). 메타선진국의 윤리를 따르는 두 국가를 상상해 보자. 만약 이들이 전쟁을 한다면 각 나라의 시민들은 얻을 것이 별로 없다. 잘 돼 봐야 국경이 더 먼 곳으로 옮겨지는 정도다. 그러나 잃을 것은 많다. 막대한 전쟁 비용을 세금으로 지불해야 하고, 일이 잘 풀리지 않으면 생명까지 위태롭다. 그리고 무엇보다 아래 설명할 협력의 이득을 포기해야 한다. 다른 선진국과 전쟁을 하려는 정치인이 메타선진국 시민들의 지지를 얻지 못하는 것은 별로 놀랍지 않은 일이다.

한편 선진국 사이에는 교류와 협력에 유리한 구조가 이미 마련되어 있다. 여기에는 경제적 협력이 포함된다. 선진국 시민이 다른 선진국의 시민과 거래를 한다고 하자. 8장에서 보았듯 포지티브섬 상호작용인 자유로운 거래는 재산권이 보호되고 계약 이행이 강제될 때 활발히 일어난다. 두 사람의 재산권은 자본주의를 채택한 두 국가로부터 보호되고 있다. 또한, 관할에 따라 두 사람이 맺은 계약의 이행이 강제되고, 덧붙여 범죄는 처벌될 것이다. 선진국 시민들은 이 같은 구조를 이용해 국경을 넘어 더 많은 상대와 보다 마음 편히 거래, 상호작용 할 수 있다.

실제로 이 책을 포함해 수많은 재화가 국제적 협력을 통해 만들어지고 있다(나는 아시아에서 조립된 컴퓨터, 아메리카에서 프로그래밍된 워드프로세서, 아프리카에서 수확된 커피의 힘을 빌려 이 문장을 쓰고 있다). 무역의 이득은 어찌나 매력적이던지 압제적 국가조차 포기하지 못할 정도다. 8.1장에 소개된 절대우위와 비교우위의 원리도 애초에 국제 무역의 이득을 설명하기 위해 등장했으니 말이다.

선진국 시민에게 있어, 타 선진국 시민들의 선호와 그로부터 발생하는 민주적 결정은 독재자의 변덕 따위보다 믿음직스럽게 여겨진다. 그 이유는 위에서 본 것처럼 국가 간 네거티브섬 상호작용이 시민 개인의 입장에서 잃을 것만 많기 때문이다. 그리고 보다 근본적인 이유는 선진국 시민들의 선호, 다시 말해 원하는 것이 비슷하며, 그것이 협력을 통해 동시에 충족될 수 있다는 것이다.

현재 선진국 시민들은 모두 인간이고(6.2장), 인간의 선호는 문화를 포함하는 환경과 유전자로 물려받은 본능으로부터 형성된다(2.4장). 우선 모든 인간은 그리 멀지 않은 공통 조상으로부터 유전자를 물려받았다는 유전적 공통성을 지닌다. 또한, 선진국들은 메타선진국의 윤리와 제도를 공유하고 있고(1.3장), 메타선진국의 제도는 충분히 많은 시민이 메타선진국의 윤리를 추구할 때 유지될 수 있다(7.2장). 선진국 시민들에게는 메타선진국의 윤리를 추구하며 비슷한 제도를 운영하고 있다는 점에서 문화적 공통성이 있는 것이다. 그리고 이들이 추구하는 메타선진국의 윤리란 결국 협력을 통해 서로의 선호를 충족시키도록 돕는 제도를 말한다(4.2장).

이처럼 협력이 용이한 선진국 정부들은 국경을 넘어 발

생하는 국제적 규모의 외부효과(9.1장)에도 협력해 대응하곤 한다. 예를 들어, 지적 재산권을 보호하는 조약, 환경오염을 규제하는 조약을 맺는 등이다. 심지어 정부기관끼리 지구 접근 천체의 감시 정보를 공유하기도 한다.

메타선진국의 윤리를 따르는 국가들이 활발히 교류하고 협력하는 단계를 넘어서면, 조금씩 마치 한 나라처럼 행동하기 시작한다. 비자 없는 입국이 허용되고, 군사동맹을 맺어 외부의 위협을 함께 물리치거나 더 나아가 연합, 연방을 구성할 수도 있다. 이 단계에서 시민들은 다른 국가나 주州로 이주하는 것마저 자유로워지고 출신지를 따지는 것이 점점 더 무의미해진다. 유럽연합(EU)이나 미합중국이 그 예인데, EU와 미국의 시민들은 각 연합, 연방 안에서 거주 이전의 자유가 보장된다. 한편 미국과 EU 중 대부분 국가는 군사동맹 NATO의 회원국이기도 하다.

메타선진국의 윤리를 채택하는 국가의 증가는 기존 선진국도 환영할 소식이다. 더 활발한 포지티브섬 상호작용을 기대할 수 있고, 잠재적으로 위협이 될 가능성이 줄어들므로 이에 대비하는 비용을 줄일 수 있기 때문이다. 이 같은 이유로 선진국들은 메타선진국의 윤리를 도입하려는 국가를 지원해 그 과정을 돕기도 한다.

시민의 자유와 법 앞의 평등을 추구하고 복지를 제공하며 민주주의, 법치주의, 입헌주의, 자본주의를 채택한 국가의

258

등장은 역사적으로 그리 오래된 사건이 아니다. 그런데도 이 새로운 형태의 체제는 급속히 퍼져 나가, 현재 대부분 국가에서 최소한 명목상으로는 채택되었을 정도다.* 그리고 이것이 실제로 작동하고 있는 국가는 선진국이라 불린다(1.3장). 언어를 사용하는 인간에게는 유용한 것을 새로 만드는 것보다 모방하는 것이 더 쉽다(2.4장). 그리고 통신기술의 발전은 사람들이 메타선진국의 윤리가 유용하다는, 다시 말해 행복 추구에 도움이 된다는 정보에 더 쉽게 접하도록 만들었다. 행성계 단위로 문화를 공유할 수 있게 되었으며, 공통 문화의 비중이 점점 더 커지고 있다고 말해도 좋다. 지구의 시민들은 지금껏 보지 못한 규모의 협력을 이뤄냈다. 그리고 더 거대한 협력을 이룰 것이다.

---

*   보다 희극적인 경우는 메타선진국의 윤리를 명목상 부정하면서 현실적인 이유로 그 일부를 도입하거나 포기하지 못하는 때다.

서문에서 밝혔듯 나는 이 책을 쓰면서 이 세상에서 어떻게 살아갈지에 대한 유용한 지침을 얻었는데, 우스갯소리로 '선진국 사용설명서'라는 이름을 붙였다. 물론 이 지침을 따라야 할 도덕적 의무가 있다고 주장할 의도는 추호도 없다. 진부한 표현이지만 실로 인생에 정답은 없다. 다만, 보다 획기적인 방법을 알고 있는 것이 아니라면 이 지침을 따르는 것이 인생을 덜 고통스럽게 만들 것이다. 이 지침을 따르지 않는 사람들이 고통받기를 내가 바란다는 뜻이 아니고, 현실적인 모델이 그런 예측을 내놓는다는 의미다. 아쉽게도 나는 저주를 내리는 영험한 방법을 알지 못한다. 마지막으로 덧붙이자면 각 항목은 상호 배타적이지 않고, 제시된 순서는 우선순위나 지침을 따르는 시간 순서를 나타내지 않는다.

유용한 모델을 사용하라

인간의 지식과 힘은 서로 같은 것이다.
○ 『신기관』, 프랜시스 베이컨

개인은 매 순간 선택을 하고(2.1장), 그 선택에 따라 이후의 삶이 달라진다(2.6장). 이때 유용한 모델은 개체가 효과적, 효율적으로 선호를 충족시키는 데 도움을 준다(2.5장). 다시 말해 행복(긍정적 감정)을 얻고 고통(부정적 감정)을 피할 수 있도록 돕는다.

2.5장에서는 유용한 모델을 얻는 주요한 방법으로 과학을 소개했다. 물론 모든 사람이 과학을 연구하지는 않는다. 오늘날의 과학은 발전과 세분화가 거듭된 결과, 연구하기 위해 상당한 훈련과 전문성을 요구하게 되었다. 이처럼 과학을 연구하는 데 전문화(8.1장)한 사람들은 과학자라고 불린다. 일상생활에서, 과학자가 아닌 대부분의 사람들은 과학자 사회에서 이미 잘 검증해 놓은 모델을 이용하는 것으로 충분하다. 설령 과학자라 할지라도 자신이 연구하지 않는 분야에서는 그렇게 할 수밖에 없다.

과학적 방법의 특징은 모델을 끊임없이 검증, 포기하고 현상을 더 잘 설명하는 새로운 것으로 대체한다는 것이다. 따라서 과학적 방법과 그 산물인 과학 이론을 받아들이는 사람은 종종 모델과 견해를 바꿀 일이 생긴다. 문제는 견해를 너무

자주 바꾼다는 평판을 얻는 경우, 다른 사람들이 그의 선호를 안정적으로 파악하기 어려워 신뢰를 얻기 어렵다는 점이다. 쉽게 말해, 줏대 없이 변덕스럽다거나 믿음직스럽지 못하다는 평가를 받기 쉽다.

개인적으로 이 문제에 대처한 방법은 견해를 수정하되 충분히 타당한 근거가 주어졌을 때만 그렇게 한다는 평판 그 자체를 얻은 것이다. 이를 위해서는 자신의 견해가 바뀌었을 때, 그것을 인정하고 그 이유를 제시할 수 있어야 한다. 이 방법의 장점은 견해의 수정이 단순한 변덕이 아님을 알려 신뢰를 되찾을 수 있고, 덤으로 이것을 알고 있는 사람이 당신을 설득하고 싶을 때 비논리적인 접근방식을 피하려고 노력하게 된다는 것이 있다.

만약 참신하고 유용한 모델을 발견했다는 생각이 들면 그것을 다른 사람들에게 공개하는 것도 시도해 볼 만하다. 약점을 보완 받아 더 유용한 모델을 얻는 기회가 될 수 있다. 나는 이 책을 통해 소개한 모델이 유용하다고 생각한다. 유용한 모델의 특징 중 하나는 응용이 가능하다는 것이다. 이 지침은 선택을 하며 살아가는 개인의 입장에서 이 책의 모델을 응용해 끌어낸 것이다.

현재 메타선진국의 윤리는, 그것이 정의롭다는 다소 근거가 빈약한 신념에 의해 위태롭게 지탱되고(혹은 스러져 가고) 있다. 나는 이 책에서 정의나 객관적 윤리의 전제前提 없이 메타 선진국의 윤리의 유용성과 궁극 원인(2.5장)을 밝히고자 시도했다. 굳이 이 책을 접한 적이 없더라도, 많은 사람이 이미 이 지침을 따르고 있는 것처럼 보일 것이다. 왜냐하면, 이 책이 우리가 무엇을 하고 있는가를 관찰해 나온 결론이기 때문이다(1.3장). 그러므로 이 책의 설득력을 인정해 받아들인다 해도 당장 생활에 큰 변화는 없을 것이다. 하지만 그 기반이 되는 모델은 보다 현실적인 것으로 바뀌어 변화하는 환경(2.3장)에서 더 다양하게 응용(2.4장)될 수 있을 것이다.

자유로운 동시에 보상과 처벌 전략이 유효한 환경에 살아라

> 그야말로 민주주의는 최악의 정치체제라 불린다.
> 지금껏 시도된 모든 다른 체제를 제외하면.
> ○ 윈스턴 처칠

간단히 말해, 선진국에 사는 것이 낫다. 사람들은 보상과 처벌 전략을 이용해 사회를 이루고 유지한다(4.1장). 집단의 크기가 커지면 전문화가 가속화되고 총 생산량이 늘어나 더 큰 협력이 가능해지지만(8.1장), 그 크기가 각자의 평판을 파악할 수 있는 규모를 넘어서면 보상과 처벌 전략이 무력화된다. 무임승차가 발생하고 해코지를 당하기 쉬워진다. 이때 법으로 보상과 처벌이 강제되면 협력이 가능한 환경이 다시 조성될 수 있다(4.2장). 그러나 법이 개인의 자유를 추구하는 시민들에 의해 민주적으로 만들어지지 않는다면, 동의하지 않는 법을 따르도록 강제되어 행복 추구를 방해받게 될 것이다(7.2장).

요컨대, 메타선진국의 윤리가 작동하고 있는 환경에 사는 것이 개인의 행복 추구에 도움이 된다. 물론 모두에게 쉬운 일은 아니다. 운 좋게 선진국의 시민으로 태어났다면 메타선진국의 윤리가 가장 잘 유지될 것 같은(혹은 덜 포기될 것 같은) 방향으로 가끔 있는 투표에 참가하는 것으로 충분하다. 그렇지 않은 경우, 자신이 사는 곳에 그것이 도입되도록 노력하거나 다른 지역이나 국가로 이주해야 할지도 모른다.

동의하는 법을 지켜라

> 나는 고발한다...!
> ◦ 에밀 졸라

아래는 메타선진국의 윤리를 간단히 정리한 모습이다(4.2장).

	바람직한 행동	바람직하지 않은 행동
법의 영역	국가가 강제하는 보상(2사분면)	국가가 강제하는 처벌(1사분면)
도덕의 영역	개인적 보상(3사분면)	개인적 처벌(4사분면)

1사분면에 적용되는 지침이다. 국가는 법을 어긴 사람

을 처벌한다. 따라서 처벌의 고통을 피하고 싶다면 법을 지키는 것이 좋다. 다만, 더 큰 고통을 피하기 위해 법을 어겨야 하는 상황도 없는 것은 아니다. 가령 표현의 자유가 제한되는 압제적 국가에서 사실에 반하는 국가의 견해에 반론을 제시하거나 메타선진국의 윤리의 채택을 위해 활동하는 것 등이다. 법을 지켜 발생하는 고통과 지키지 않아 발생할 고통을 조심스럽게 저울질해야 할 것이다.

긍정적 감정을 제공하는 상대를 가까이하고 보상하라

> 당신이 협력자라면 당신 주위에는
> 협력자들이 함께하기 마련이고 결국 뿌린 대로 거둔다.
> ◦ 『초협력자』, 마틴 노왁·로저 하이필드

3사분면에 적용되는 지침이다. 4.2장에서 강조했듯 일상생활에서는 법의 영역보다 도덕의 영역에서 훨씬 많은 상호작용이 일어난다. 이때 사람들은 서로에게 보상과 처벌 전략을 사용하고 있으므로 개인이 장기적으로 행복하기 위해서는 상대와 협력하여 둘 다 행복해지는 것(포지티브섬 상호작용)이 유효한 방법이다(4.1장). 값비싼 선물부터 고맙다는 한마디까지, 긍정적 감정을 제공한 상대의 행동에 대해 이루어지는 보상에는 상대가 계속 그렇게 행동하도록 유도(조작적 조건화)하는 효과가 있으며, 보상의 연쇄(8.3장)를 기대할 수도 있다.

부정적 감정을 제공하는 상대를 멀리하라

> 무조건적인 협력은 상대방을 망치는 경향이 있다.
> 그렇게 해서 녀석을 교화시키는 부담을 전체 집단에게 지우게 된다.
> ○ 『협력의 진화』, 로버트 액설로드

4사분면에 적용되는 지침이다. 법의 영역에서 타인에게 피해를 줄 자유가 성공적으로 제한되었다고 해도, 도덕의 영역에서는 여전히 부정적 감정을 제공하는 상대와 마주치곤 한다. 상대가 당신의 선호를 잘 모르는 경우는 제외하고—알려 주면된다—문제는 당신이 그것을 싫어한다는 것을 알면서도 그 행동을 하는 경우다. 이때 섣불리 처벌로 되갚아주는 것은 보복의 연쇄(4.2장)가 발생할 수 있으므로 공개적으로 추천하기는 어렵다.

  그런데 무임승차가 발생할 정도로 상호작용 가능한 사람이 많은 사회에 살고 있다는 것은, 거꾸로 말해 무임승차하려는 상대를 계속 상대하고 있을 필요가 없다는 뜻도 된다. 무임승차자를 계속 상대하기로 선택했을 때의 기회비용(8.1장)은 그로부터 얻는 고통뿐만이 아니다. 포기되는 것은 그 고통과, 같은 자원을 들여 다른 사람과 포지티브섬 상호작용을 했을 때 얻을 수 있던 행복 둘 다다. 간단히 말해 무임승차자를 상대할 시간에 긍정적 감정을 제공하는 사람을 만나는 게 낫다.

생산성을 높여 돈을 벌고 재화를 소비하라

> 사람을 움직이려면 상대가 원하는 것을
> 해 주는 것이 유일한 방법이다.
> ○ 『인간관계론』, 데일 카네기

2사분면에 적용되는 지침이다. 재산권이 보호되는 사회에서 사람들은 각자 비교우위가 있는 재화를 전문적으로 생산, 제공해서 돈을 벌고 그 돈을 원하는 재화로 교환, 소비해서 효용(행복)을 얻는다(8장). 원하는 재화를 더 다양하고 많이 소비하기 위해서는 돈을 버는 능력, 즉 다른 사람의 선호를 충족시킬 재화를 생산하는 능력, 즉 생산성(8.2장)을 높여야 한다. 품질 좋은 재화를 낮은 비용으로 생산해(8.3장) 거래하기 매력적인 사람이 된다면, 좋은 평판(4.1장)을 얻어 보다 큰 규모의 거래, 따라서 큰 수익을 기대할 수 있다.

이때 정보 비대칭(8.4장)을 이용해서, 그러니까 상대를 속여서 이득을 얻는 것은 장기적으로 보았을 때 현명한 방법이 아니다. 속은 상대가 시도하는 처벌을 피해야 하며 반복적인 거래를 기대하기 어렵다. 정도에 따라 형사처벌을 받을 위험도 있고, 평판을 모르는 상대를 계속 찾아 나서야 하므로 거래의 규모를 키우는 데 한계가 있다. 만약 상대가 당신의 수익 모델을 알면서도 여전히 거래하려고 한다면, 적어도 그가 속고 있지는 않다고 말할 수 있을 것이다. 참고로 나는 서점에서 이 책이 판매될 때 정가의 일정 퍼센트를 로열티(9.1장) 수익으로 얻는다.

긍정적 외부효과를 일으켜라

> 영웅은 그 무서운 왕국에서 귀환한다.
> 그가 가져온 전리품은 세상을 구원한다.
> ○『천의 얼굴을 가진 영웅』, 조지프 캠벨

안타깝게도 가처분 소득의 크기와 그것으로 얻을 수 있는 효용은 정비례하지 않는다. 소득이 100배가 된다고 해서 행복도 100배가 되는 것은 아니다. 사람은 돈이 생기면 보다 필수적인 (같은 금액에 더 큰 효용을 주는) 재화부터 먼저 소비하기 때문에 그 이후 생긴 소득은 덜 필수적인 재화에 소비된다(9.2장). 배고픔이 해결되면 음식에 대한 관심이 덜해지기 마련이다(2.4장). 개체의 선택은 준거점에서의 감정, 즉 한계효용Marginal utility을 기준으로 이루어진다. 수도꼭지가 한 개 있는 집에서 두 개 있는 집으로 이사하는 것에는, 수도 시설이 없는 집에서 있는 집으로 이사하는 것만큼의 극적인 감동이 없다(재화의 소비가 한 단위씩 늘어날 때마다 추가되는 효용이 줄어드는 것을 어려운 말로 한계효용 체감의 법칙이라고 한다).

　　이미 선진국에서 범죄와 거리를 두고 살면서, 가까운 사람들과 보상의 연쇄를 경험하며, 수고를 더 들이고 싶지 않을 정도로 돈을 벌어 재화를 소비하고 있다면 도대체 무엇을 '하고 살까Would'? 아직 가지고 싶은 것이 너무 많은 나로서는 상상만 할 뿐이다. 나는 여태까지 한 것처럼 사람들이 어떤 사람을 존경하고, 그렇게 되고 싶어 하는지를 살펴보았다. 사람들은 위 상태에 더불어 긍정적 외부효과(9.1장)를 일으키는 사람을 롤모델로 삼았다. 시민(6.2장)과 경계적 시민(6.3장)의 조건을 지닌 개체들에게, 자신과 비슷한 삶을 살 수 있도록 도움을 주는 사람이었다.

감사의 글

이 책을 세상에 내놓는 데 도움 주신 출판사 및 관계자 여러분께 감사드린다. 수많은 고마운 분들의 손을 거친 덕에 이 책은 빛을 볼 수 있었다.

이미 세상을 떠난 분이 많지만, 내게 어깨를 빌려준 거인들에게도 감사를 표한다. 나는 선구자들이 남긴 연구와 고뇌 위에 서 있다. 1만 년만 일찍 태어났더라면, 나 또한 당시 여느 사람처럼 하늘이 도는 것이 분명해 보이는 평평한 땅 위에서 짧고 불편한 삶을 살았을 것이다.

이 책에 새로운 것은 별로 등장하지 않는다. 내가 한 일이라고는 모순되는 것을 포기하고, 각 분야 개론 수준의 지식을 주관적 선호라는 관점에서 재해석해 이리저리 짜깁기한 것에 불과하다. 나는 그다지 학문과 친한 편은 아니라서 어느 분야에서도 취미의 수준을 벗어났다고 생각지 않는다. 오히려 책을 쓴답시고 각 분야를 뒤적이다 자신의 무지에 절망했을 정도다.

그러던 중 물리학의 거장 에르빈 슈뢰딩거가 쓴 『생명이란 무엇인가』를 만났다. 세계를 전체로서 온전히 이해하고 싶다면, 불완전하고 간접적인 지식으로 웃음거리가 되더라도, 자신의 전문분야를 벗어나 여러 사실과 이론을 종합하는 작업을 누군가는 시작해야 한다는 그의 이야기는 내게 큰 힘이 되었다. 그 또한 모든 방면에서 수준 미달인 호사가가 과분한 용기를 얻으리라고는 예상치 못했겠지만 말이다.

마지막으로 지원을 아끼지 않은 가족, 친지에 대한 감사를 빼놓을 수 없다. 특히 부모님은 수년 동안 소득도 없이, 날마다 책이나 바꿔 들고 다니는 아들이 저축을 탕진하고 굶어 죽거나 생활에 불편을 겪지 않도록 도와주셨다. 낭만 없이 말하자면 나는 부모님의 이타적 선호에 기반한 사적私的 복지의 수혜자다. 부모님의 지원이 없었다면 이토록 미래가 불안정한 도전을 해 보거나, 대칭성의 발견과 추상화의 즐거움을 알게 될 기회도 없었을 것이다.

세계 빈곤에 대한 놀라운 사실 중 하나는 우리가 마법처럼 가난한 사람의 은행 계좌에 돈을 이체할 수 있다면 문제를 바로잡는 데 드는 비용이 아주 적다는 사실이다.

◦ 『위대한 탈출』, 앵거스 디턴

충분히 발달한 기술은 마법과 구분할 수 없다.

◦ 아서 C. 클라크

책을 쓰게 된 계기는 인공지능 기술의 발전이었다. 책 내용은 그것으로부터 크게 벗어났지만, 이 책에서 다룬 몇 가지 주제로부터 인공지능 시대에 유용할 법한 아이디어가 떠올랐다. 그것은 자동화된 복지 기능이 내장된 화폐다. 과거에는 현실성이 없다고 여겨졌겠으나 근래의 급격한 기술 발전은 이를 크게 허황되어 보이지 않게 만들었다.

미국에서 출판되는 책 중 80%는 100부가 채 팔리지 않는다는 이야기가 있다. 내가 근시일 안에 다시 책을 쓸 수 있는 행운은 요원해 보인다. 이 책의 주제는 무언가 새로운 것을 제시하기보다는 지금 있는 것을 설명해 보는 것이지만, 나는 어울리지 않는 쿠키 영상Credit cookie을 너저분하게 덧붙이기로 했다. 위 아이디어에 관심이 동하지 않았다면, 마저 읽지 않더라도 책의 완결성을 해치지 않을 것이다.

여기에서 복지란 9.2장에서 살펴본 최저한의 경제적 결과 보장을 말한다. 그렇다면 어떻게 화폐에 복지 기능을 넣을 수 있을까? 마법을 쓸 수 있다고 상상해 보자. 헝가리산 용의 꼬리 가시로 만든 지팡이를 휘둘러 지갑에 마법을 건다. 매일 밤 12시 종이 울리면 마법 돈이 짜잔 생기는 마법이다. 이제 같은 마법 지갑을 여러 개 만들어 전 국민에게 나누어 준다. 기왕 마법을 쓰는 김에 전 세계 사람들에게 나누어 줄 수도 있겠다. 완성이다. 더 멋들어진 이름이 생각나기 전까지, 돈의 이름과 단위는 일단 WCC(세계 시민 통화)라고 해 두자. 먼 옛날 WCC 를 만들기 위해서는 사냥한 마녀를 화형 시킬 것이 아니라 마법 지갑 생산에 동원해야 했을 것이다. 용과 마녀가 멸종한 오늘날, 우리에게는 마법 같은 정보 기술이 있다.

WCC는 기본적으로 컴퓨터 통신을 이용해 구현되는 디지털 통화다. 다행스럽게도 조금만 익숙해지면, 사람들은 별 무리 없이 모니터에 나타나는 숫자를 돈으로 이용할 수 있다는 것이 밝혀진 상태다(8.2장). 나부터도 일상생활에서 지폐나 동전보다 신용카드를 사용하는 경우가 훨씬 많다. 그리고 신용카드 대금이 지불된 것을 확인하기 위해 스마트폰으로 은행 계좌의 잔액을 조회하곤 한다. 마치 형체가 없는 돈과 지갑을 가진 느낌이다. 비교적 역사가 긴 인터넷 뱅킹에다, 2009년 등장해 인기를 끈 암호화폐 덕분에 전자 지갑이라는 개념도 더 이상 생소하지 않게 되었다.

WCC에는 두 종류의 (전자) 지갑이 필요하다. 하나는 일반 지갑이고 하나는 한 사람이 한 개만 가질 수 있는, 이를테면 시민 지갑이다. 매일 밤 12시가 되면 각 시민 지갑에는 1WCC가 생성(발행)된다.* 추가로 시스템 운영에 지리적 편애가 있다는 오해를 피하고자 국제우주정거장 등의 시간대를 기준으로 삼을 수도 있겠다.

이런 식으로 매일 WCC가 발행되면 돈의 양이 무한정 늘어나므로 화폐의 구매력이 떨어지는(물가가 오르는) 인플레이션이 발생할 것이다. 각 시민 지갑에서 발행되는 1WCC의 가치도 시간이 갈수록 작아진다. 이를 방지하기 위해 매일 일정 비율의 돈을 모든 지갑에서 소멸시킨다. 여기에서는 기억하기 쉽게 매일 1,000분의 1(0.1%)이 사라진다고 하자.** 여기까지 정리해 보면 매일 밤 12시(UTC+0), 다음과 같은 일이 일어난다.

일반 지갑: 보유한 WCC의 0.1%가 소멸한다.

시민 지갑: 보유한 WCC의 0.1%가 소멸하고, 1WCC가 발행된다.

---

*   만약 모든 지갑에서 WCC가 발행된다면 사람들은 마구잡이로 지갑을 만들어 더 많은 돈을 얻으려 할 것이다.

**   만약 돈이 소멸되지 않는 지갑이 있다면 사람들은 가진 돈을 모두 그 지갑에 몰아넣을 것이다. 또한, 일정 비율이 아니라 일정 금액이 각 지갑에서 소멸한다면 이번에도 한 지갑에 돈을 몰아넣는 일이 발생할 것이고, 누진적인 비율로 소멸한다면 반대로 가능한 한 많은 지갑으로 분산시킬 것이다.

자정 직전 보유한 지갑을 모두 합해 0WCC를 가진 사람의 잔고는 1WCC($0 \times 0.999+1$)가 된다. 100WCC를 가지고 있던 사람의 잔고는 100.9WCC($100 \times 0.999+1$)가 된다. 1,000WCC는 1,000WCC($1000 \times 0.999+1$) 그대로, 10,000WCC는 9,991WCC($10000 \times 0.999+1$)가 된다.

표로 만들면 다음과 같다.

	23시 59분 59초 잔고 합	00시 00분 01초 잔고 합	증감량
시민A	0WCC	1WCC	+1WCC
시민B	100WCC	100.9WCC	+0.9WCC
시민C	500WCC	500.5WCC	+0.5WCC
시민D	1,000WCC	1,000WCC	0WCC
시민E	1,500WCC	1,499.5WCC	−0.5WCC
시민F	1,900WCC	1,899.1WCC	−0.9WCC
시민G	2,000WCC	1,999WCC	−1WCC
시민H	5,000WCC	4,996WCC	−4WCC
시민I	10,000WCC	9,991WCC	−9WCC

1,000WCC를 기준으로 그보다 적게 가진 사람은 잔고가 늘어나고, 많이 가진 사람은 잔고가 줄어드는 것을 볼 수 있다. 마치 화폐의 보유를 담세력(9.3장)으로 보고 세금을 부과해, 그 세금으로 복지제도를 운영하는 것과 같은 모양새다. 직간접적으로 보유한 화폐의 양과 경제적 결과가 비례할 것이라는 가정에 큰 무리는 없어 보인다. 덧붙여, 오랫동안 같은 과정이 반복되면 모든 지갑의 총 잔고는 사용 인구(시민 지갑의 개수) × 1,000WCC로 수렴할 것이다.*

과거 밀턴 프리드먼이 주장했던 부(負)의 소득세나, 더 최근으로는 2020년 미국 민주당 대통령 후보 경선에서 앤드루 양이 공약한 기본소득을 떠올린 독자도 많을 것이다. 구체적인 구현 방식에는 차이가 있지만 WCC와 비슷한 아이디어는 쉽게 찾을 수 있다. 심지어 시간에 따라 줄어드는 돈마저 약 100년 전 사업가 질비오 게젤에 의해 'Freigeld'라는 이름으로 제안된 바 있다.

지폐나 동전을 사용하는 현재 화폐에 이 시스템을 접목하려면 매우 거추장스러워진다. 수없이 많은 공무원을 고용해 개개인이 보유한 모든 화폐의 양을 매일 조사하고 세금을 물린다고 상상해 보라. 막대한 행정 비용(9.1장)이 발생하고, 사람들은 세금 징수원의 눈을 피해 현금을 숨겨 조세를 회피할 것이다.

이에 반해 WCC에는 대응하는 지폐나 동전이 없고 정

해진 시각에 자동으로 일어나는 소멸을 피할 수 없다. 8.5장의 내용을 떠올려 보자. 한사람이 재화를 판매해 번 돈은, 그 사람의 재산으로 보유되고 있다가, 다른 재화를 생산하는 자본에 투자되거나 최종 재화를 구입하는 데 사용된다. 소멸하는 WCC의 성질은 사람들의 이윤동기(8.2장)와 결합해, 돈이 보유되는 시간을 최소화하고 투자와 소비를 활성화시킬 것이다. 번 돈을 사용하지 않고 가지고 있을수록 손해이기 때문이다. 마치 초유체 헬륨이 담아둔 용기의 벽을 타고 흘러나오듯, WCC에서는 디플레이션이 일어나도 유동성 함정을 빠져나오는 새로운 상Phase의 돈을 관찰할 수 있을 것이다.

중세 프랑스에서는 봉건영주Seigneur가 화폐를 발행했다. 이로부터 정부가 화폐를 발행해 얻는 이익을 세뇨리지Seigniorage 라고 부른다. 예를 들어, 1달러(100센트) 지폐를 인쇄하는 비용이 10센트라면 90센트(100-10)가 정부가 갖는 세뇨리지가 되는 것이다. WCC는 (민주주의 국가라면) 지금까지 정부에 위임되어 있던(7.3장) 화폐 발행권을 시민들이 되돌려 갖는, 이를테면 시민본위제 화폐다. 시민 한 명 한 명이 평등하게 화폐를 발행하고, 세뇨리지를 차지한다. 또한, 발행과 소멸이 정보 기술을 이용해 자동으로 이루어지므로, 공무원의 부패(7.3장)가 개입할 여지와 행정 비용이 적다.

나는 WCC가 다른 획기적인 아이디어의 힌트가 되는 것만으로 크게 만족할 것이다. 오히려 여기까지 쓴 그대로

WCC가 실현된다고 하면 걱정이 먼저 앞설 것이다. 특히 실질 복지 지출을 결정할 변수인 소멸 비율의 적절한 설정을 포함해, 파국을 피하기 위해서는 전방위적인 연구, 검토, 대비가 선행되어야 한다. 사생활 보호, 정전과 같은 비상시에 대한 대책 등 고려해야 할 사항이 산더미 같지만, 여기에서는 몇 가지만 살펴보고 넘어가자.

먼저 떠오르는 비판점은 아직 이 행성이 한 가지 화폐를 쓸 만큼 통합되어 있지 않다는 것이다. 최적통화지역 이론에 따르면, 어떤 지역이 정치·경제적으로 통합되고 각종 교류가 자유로울수록 같은 화폐를 사용하는 이점이 커진다고 한다. 그렇다면 세계적인 교류와 통합이 보다 활발해질수록 WCC를 사용하는 이점도 더 커질 것이다.

솔직히 말해 WCC의 이용 범위를 전 세계로 제안한 것은 순전히 상상해 보는 즐거움 때문이다. 현실적으로는 이미 정치적으로 일원화된 한 국가 안에서 비슷한 시스템을 구현하는 것이 그나마 가망이 있다. 만에 하나 국제적 규모로 실행된다고 하더라도 이미 충분히 통합된 국가들 사이에서나 가능할 것이다. 협력에 유리한 구조가 마련되어 있고, 실제로 활발한 교류와 협력이 이루어지고 있는 주요 선진국들 말이다(9.4장). 돈의 가치는 궁극적으로 그것을 돈으로 받는 사람들의 생산성에서 나온다(8.2장). WCC가 보다 큰 복지 효과를 가지기 위해서도, 다시 말해 시민 지갑에서 매일 발행되는 WCC가 더 큰 가치를 갖기 위해서도 자본이 축적되어(8.1장) 생산성이 높은 주요 선진국들에서 법정 통화(8.4장)로 인정될 필요가 있다.

일단 WCC가 주요 선진국의 법정 통화로 지정되었다고 할 때, 이것이 전 세계적 규모로 확대되기 위해서는 그 외 국가의 사람들도 시민 지갑을 발급받을 수 있어야 한다. 이를 위해서는 국경을 넘어 활동하며 사람들의 신원을 보증해 줄 국제기구를 설립해야 한다. 시민 지갑의 발급은 행정력이 충분한 선진국에서는 크게 어렵지 않지만, 정부를 신뢰하기 어려운 국가에서는 문제가 된다. 선진국에는 운전면허나 여권같이 신원을 증명할 수단이 이미 잘 마련되어 있어 그 시스템을 그대로 시민 지갑 발급에 이용할 수 있다. 그러나 신뢰하기 어려운 정부에 시민 지갑 발급을 맡긴다면 신원이 증명되지 않아 시민 지갑을 발급받지 못하는 사람들이 생기거나, 세뇨리지를 노린 부패한 정부가 존재하지 않는 사람들의 신원을 대량으로 위조할 수도 있다. 이 같은 상황을 방지하기 위해 신뢰할 만한 국제기구(또는 기구들)가 필요한 것이다. 다만, 이 경우에도 해당 기구가 원활히 활동할 수 없는 폐쇄적인 국가들까지 WCC에 참여하는 것은 어렵다.

이외에도 다양한 기술적 고려사항이 존재한다. WCC의 구현에는 기존의 클라이언트-서버 구조를 이용할 수도 있고, 최근 유행하는 분산원장기술을 도입할 수도 있다. 또한, 디지털 통화의 이점을 살려 필요한 만큼 소수점 아래로 최소 단위를 설정할 수 있을 것이다. 예를 들어, 1mWCC(0.001WCC)를 최소 단위로 사용하다가, 화폐 구매력이 커지면 1uWCC(0.000001WCC)로 변경하는 식이다. 이외에 시스템의 부하를 막기 위해 소액의 송금 수수료를 설정하거나, 처리능력이 충분해지면 폐지할 수도 있다.

발행·소멸 주기는 하루(24시간)가 적당해 보인다. 이 주기가 너무 길면(예컨대 1년), 마치 뜨거운 감자를 떠넘기듯 소멸 시각이 임박한 때 거래와 송금이 급증해 시스템에 부하를 줄 것이다.* 반대로 주기가 너무 짧으면(예컨대 1분), 이 또한 시스템의 부하가 크고 계산이 복잡해져 사람들의 혼동이 클 것이다. 333생존법칙에 따르면 인간은 공기 없이 3분, 물 없이 3일, 음식 없이 3주 정도 생존할 수 있다고 한다. 재해 등 위급상황에 사람들이 식수 같은 필수재(9.2장)를 구매할 수 있도록, 발행·소멸 주기는 3일 이내에서 결정되는 것이 적절해 보인다. 이때 하루는 가장 흔한 계약(8.4장)의 시간 단위로써 사람들의 혼동이 덜하고, 무엇보다 매우 직관적이다.

WCC가 성공적으로 자리 잡은 세상은 어떤 모습일까? 화폐로써 WCC의 가치는 사용자들의 생산성에 비례한다(8.2장). 그리고 반복되는 혁신과 기술 개발(8.3장)로 인류의 생산성

---

*　　또한, 긴 주기는 다른 사람의 세뇨리지를 착취하려는 불한당에게 유리하다. 발행주기가 길면 협박과 수금을 하고 돌아다니는 일을 더 가끔씩만 해도 되므로, 그 비용이 덜 든다.

은 놀라운 속도로 향상되었고, 되고 있다. 이때 WCC의 총 잔고는 사용 인구×1,000WCC로 수렴하므로, (화폐유통속도 등이 안정적이라고 가정하면) 장기적으로 1인당 평균 재화 생산량이 증가함에 따라 화폐의 구매력이 높아지는(물가가 낮아지는) 디플레이션이 발생할 것이다. 돈의 총량이 정해져 있으므로 재화가 많이 생산될수록 같은 금액으로 살 수 있는 재화가 많아지는 것이다.

WCC의 장점 중 하나는, 그 구매력이 어떤 수준을 넘어서면 WCC 사용에 필요한 장비(인터넷에 연결된 스마트폰)를 사용자들에게 따로 보급하거나 할 필요가 없다는 것이다. 1WCC의 가치가 1 미국 달러에 이르렀다고 하자. 이것으로 소득이 없는 사람도 한 달에 약 30달러를 쓸 수 있다. 저렴한 스마트폰과 최소한의 인터넷 접속을 유지할 수 있는 정도다. 지갑에서 발행된 WCC를 거의 다 스마트폰 유지에 지출해야겠지만, 인터넷에 접속하고 송금이 가능한 사람은 그렇지 못한 사람과 비교가 무색한 생산성을 지닌다는 점에서 커다란 자본(8.1장)이 된다. 인류가 지금껏 쌓아온 수많은 정보와 유용한 모델에 접근할 수 있는 도구이자 편리한 거래수단을 얻는 것이다.

다만, 여기에는 지구 어디서든 인터넷에 접속 가능해야 한다는 희망 사항이 포함되어 있다. 다행스럽게도 이 희망 사항의 전망은 꽤나 희망적이다. 우선 WCC는 (폐쇄적 국가를 제외한) 인간의 모든 거주지에서 인터넷 접속에 대한 지불용의(8.2장)를 증가시켜, 생산자들이 시장에 진입해 서비스를 제공하고(8.5장) 관련 기술을 개발(8.3장)할 유인을 만든다. 게다가 이미 인류의 기술은 지구 표면 전체에 인터넷을 제공할 수 있는 수준에 다다라 있다. 이 문장을 쓰고 있는 지금 당장, 내로라하는 IT 기업가들이 저궤도 위성 인터넷 시장에 앞다투어 진입하고 있으며, 위성 안테나는 가방에 들어갈 정도로 작아졌다. 마찬가지로 가방에 들어가는 크기의 태양광 패널과 배터리에서는 안테나와 스마트폰을 구동할 전력을 얻을 수 있다. 머지않아 하늘이 보이는 곳이라면 어디든지 인터넷에 접속할 수 있게 될 것이다.

1WCC의 가치가 3달러까지 오르면 절대적 빈곤이 사라진다. 2015년, 유엔 전문 기구인 세계은행은 절대적 빈곤의 기준이 되는 국제 빈곤선International poverty line을 하루 1.9달러*로 갱신했다. 2012년 자료에 따르면, 세계적으로 약 9억 명 정도가 절대적 빈곤에 처한 상태다. 시민 지갑에서 매일 3달러어치 WCC가 발행된다면, 그중 1달러를 스마트폰 유지에 사용한다고 해도 2달러가 남아 절대적 빈곤이 해결된다. 이것은 가난한 사람들이 필수재를 구입하고 생산성을 높여 경제적 악순환을

---

*　 2011년 PPP 기준. 덧붙여 이 부록에 언급된 달러는 모두 기준 연도 2011년의 실질 미국 달러로 하자.

벗어나는 데 사용될 수 있다(9.2장).

　　물론 WCC가 긍정적 결과만 내놓을 리는 없다. 정부가 제 역할을 못 하는 지역에서는 재산을 지키기 위해 9.3장의 강변 마을처럼 자경단을 운영해야 할지도 모른다. 내 빈약한 상상력으로도 사람들의 세뇨리지를 갈취하는 폭력 조직이나, 아이들을 돌보기보다 세뇨리지를 가로채는 데 급급해 열악한 시설에서 원아의 사망마저 은폐하는 고아원 등을 떠올려 볼 수 있다. 이처럼 WCC를 도입한다는 선택은 긍정적 결과와 부정적 결과가 모두 포함된 세상을 만들어낼 것이다(2.2장). 그런데도 WCC 덕에 재능을 키운 천재가 국제적인 규모(9.4장)로 막대한 긍정적 외부효과를 발생시킨다면(9.2장), 화폐 보유량이 많아 복지 지출의 대부분을 부담할 주요 선진국 국민들 입장에서도 손해를 보는 투자는 아닐 것이다.

　　그래서 WCC는 인공지능과 무슨 상관이 있을까? 생산자들은 토지, 노동, 자본과 같은 생산 요소를 투입해 재화를 생산한다(8.1장). 이때 생산자는 투입되는 생산 요소를 줄이거나, 더 저렴한 것으로 대체하기 위해 기술을 개발하고 혁신을 시도한다(8.3장). 그렇다. 대체되는 생산 요소에는 노동도 포함된다. 예컨대 녹음 기술이 없던 시절의 가수는 거래할 때마다 매번 노래를 불러야 했지만, 지금은 노래를 한 번 녹음해 두면 다시 부르지 않고도 몇 번이고 팔 수 있다. 사람들은 주머니 속에 1,000곡의 노래를 넣고 다닌다. 이처럼 인류는 더 적은 수고와 노동으로 더 많은 재화를 생산하기 위해 끊임없이 노력해 왔다. 이 과정에서 수많은 직업이 역사 속으로 사라졌고 새로 생겨났다. 컴퓨터Comput-er가 본래 직업의 이름이었다는 사실은 이제 호사가들의 이야깃거리로나 남았다.

문제는 점점 더 빨라지는 혁신에 사람들이 대처하기 어려워진다는 점이다. 발생한 혁신이 전파되는 속도, 혁신이 발생하는 빈도 둘 다. 고도로 발달한 교통과 통신은 전 세계를 하나의 시장으로 통합하고 있는데, 시장이 통합되면 혁신의 전파 속도가 빨라진다(8.3장). 오늘날 세계 어디선가 발생한 혁신은 무역(9.4장)과 통신망을 통해 수개월 내로 다른 대륙까지 전파된다. 게다가 현재 대부분 국가가 가입된 특허협력조약이 국제적으로 특허권을 보호하고 있기 때문에(9.4장) 사람들은 다른 나라에서 이미 개발된 발명품을 중복해서 개발할 필요가 없다(9.1장).

무엇보다 과학은 배제성을 부여하기 어려운 기초 학문(9.1장)이다. 언어(2.4장), 교통, 통신을 통해서, 전 세계 사람들은 최신의 과학을 공유하고, 함께 연구해 동시다발적으로 연구결과를 내놓고, 그 결과를 또다시 공유한다. 이렇게 공유된 유용한 과학 이론은 새로 개발되는 공학과 기술의 기반이 되고(2.5장), 발전한 기술은 더 정교한 과학 실험과 검증을 가능하게 한다. 이처럼 기술은 그때까지 축적된 지식과 기술을 통째로 딛고 발전하므로, 그 속도가 마치 복리 이자가 붙는 것처럼 기하급수적으로 가속된다. 청동기 시대(기원전 약 3300년)가 철기 시대(기원전 약 1200년)로 바뀌는 데는 2,000년 정도가 걸렸지만, 라이트 형제가 동력 비행기를 개발하고(1903년) 아폴로 11호가 달에 사람을 보내기까지는(1969년) 100년이 채 걸리지 않았다.

통합된 시장과 공유된 과학은 시간이 갈수록 더 잦은 창조적 파괴(8.3장)를, 그리고 그에 따른 기술적 실업(9.2장)을 불러일으킨다. 이때 압제적 정부라면 민간의 혁신과 생산성 향상을 규제해 기술적 실업을 회피하려고 시도할 수도 있겠다. 예컨대 녹음된 음악의 재생을 금지하면 가수의 생산성이 떨어지므로 일거리가 늘어난다. 무분별한 음악 재생으로 발생할 소음을 예방한다거나 아무 때나 음악을 들으면 그 감동이 덜해질 거라는 게 듣기 좋은 입법 취지(7.1장)가 될 것이다. 19세기의 경제학자 프레데리크 바스티아가 지적했듯 모든 사람의 오른손을 잘라 내면 효과적으로 일자리가 늘어날 것이다.

만약 혁신이 주는 효용 증가를 계속 누리면서 사람들이 경제적 악순환에 빠지는 것도 방지하고 싶다면 메타선진국처럼 복지제도를 이용하는 방법도 있다. 적절한 복지제도는 기술적 실업을 맞닥뜨린 시민이 다른 일거리를 탐색하는 과정을 보조한다(9.2장). 혁신을 금지하는 국가, 복지제도를 도입한 국가, 그리고 기술적 실업에 아무 대처도 하지 않은 국가 중 어느 곳이 미래의 선진국(사람들이 살고 싶은 국가)으로 남을지 관찰하는 것도 흥미로워 보인다.

　　인공지능은 이 거대한 추세의 연장延長에 불과하다. 다만, 사람들이 우려하는 점은 이번에는 대체되는 일거리의 범주가 '인간이 할 수 있는 모든 일'까지 확대될지도 모른다는 것이다. 모든 분야에서 인간 노동의 가격이 그것을 대체할 로봇을 구입, 임대하는 비용보다 비싸진다는 뜻이다. 이것을 기술적 인류 실업이라고 부르자. 생산 비용을 줄이려는 생산자들(8.3장)은 로봇을 투입해 재화를 생산할 것이고, 재화를 더 싸게 사려는 소비자들(8.2장)은 로봇이 생산한 재화를 구입할 것이다. 그렇다면 로봇을 소유, 임대하지 못하는 사람들은 시장에서의 거래에 참여하기 어렵게 된다. 우선 자신이 생산자인 시장에서 퇴출되는데, 생산자로서 새로 진입할 수 있는 시장도 없다. 소비할 돈을 벌지 못하니 곧 소비자로서의 시장에서도 퇴출된다. 인류 전체가 소비할 재화를 노동의 고통 없이 생산할 능력을 갖추었다는 바로 그 이유로, 그 능력이 사용되지 못하는 우스꽝스러운 비극이 일어나는 것이다.

　　1WCC의 가치가 30달러쯤 되면, 매일 30달러어치 재화를 소비하는 데 만족해 일하지 않는 사람들이 제법 생길 것이다. 추가적인 소득으로 얻는 효용보다 추가적인 노동이 주는 고통이 더 크다고 판단한 사람들이다. 300달러라면 아예 일하려는 사람이 드물 수도 있다. 8.3장에서 소개한 조지프 슘페터의 말처럼 "만약 실업자들의 개인적 생활이 실업에 의해 크게

영향을 받지 않는다면, 실업은 더 이상 공포의 대상이 아니다".

기술적 인류 실업을 포함해, 어떤 혁신이 언제 어떻게 일어날지 정확히 예측하는 것은 불가능하다(9.2장). WCC의 또 다른 장점은 각종 혁신의 시기와 영향력을 예측할 필요가 없다는 데 있다. 앞서 보았듯 WCC의 구매력은 인류 전체의 재화 생산량과 자동으로 연동된다. 만약 1WCC가 300달러까지 오르는 동안 일하는 사람이 점점 줄어들다가 결국 극소수만 남게 되었다면, 그것은 그 남은 노동력만으로 적어도 인구× 300달러어치의 재화가 매일 생산, 소비되고 있다는 뜻이다. 정의定義에 따라, 효용은 노동이 아니라 최종 재화의 소비에서 나온다(8.1장).

WCC의 실현은 세계 시민들의 거대한 협력을 필요로 한다. 만약 성공한다면 시민들에게 꾸준히 경제적 기회를 제공하며, 절대적 빈곤과 언제 어떻게 일어날지 모르는 기술적 실업에 대처할 유용한 도구가 될 것이다.

선택된 윤리

초판 1쇄 발행 2022년 08월 25일
2판 1쇄 발행 2024년 07월 25일

지은이 이한소
이메일 hansolee2022@gmail.com ｜ **인스타그램** @selected_ethic

펴낸이 류태연
펴낸곳 렛츠북
주소 서울시 영등포구 문래북로 116, 1005호
등록 2015년 05월 15일 제2018-000065호
전화 070-4786-4823 ｜ **팩스** 070-7610-2823
홈페이지 http://www.letsbook21.co.kr ｜ **이메일** letsbook2@naver.com
블로그 https://blog.naver.com/letsbook2 ｜ **인스타그램** @letsbook2

ISBN 979-11-6054-716-0 (03190)